Gregory J.P. Godek

1001
FAÇONS
D'ÊTRE
romantique

et de surprendre votre partenaire...

Les Éditions
Goélette inc.

Pour la présente édition
© Les Éditions Goélette inc.
1350, Marie-Victorin
Saint-Bruno (Québec) Canada J3V 6B9
Téléphone : 450-653-1337

Tous les noms de marques et de produits apparaissant dans ce livre sont les marques de commerce, les marques enregistrées ou les noms commerciaux de leurs dépositaires respectifs. Sourcebooks Inc. et les Éditions Goélette Inc. ne sont pas associées à aucun produit ou fournisseur mentionnés dans ce livre. Nous avons pris soin de nous assurer que l'information contenue dans cet ouvrage était exacte au moment de sa publication. Veuillez prendre note que les adresses, numéros de téléphone et adresses Internet peuvent changer et que les entreprises peuvent également fermer ou apporter des modifications à leurs produits et services.

« GREG GODEK DEVRAIT ÊTRE EN NOMINATION POUR LE PRIX NOBEL DE LA PAIX POUR AVOIR ENSEIGNÉ *1001 FAÇONS D'ÊTRE ROMANTIQUE.* »
— *BOSTON MAGAZINE*

Publié, à l'origine, en 1999, sous le nom de *1001 Ways to Be Romantic — Author's Annotated Edition*. Cette édition est la version révisée.

Coordination et infographie : Katia Senay
Traduction et adaptation : Geneviève Rouleau

« Gouvernement du Québec - Programme de crédit d'impôt pour l'édition de livres - Gestion Sodec »

Le Dépôts légaux :
Quatrième trimestre 2008
Bibliothèque nationale et archives du Québec
Bibliothèque nationale du Canada

Imprimé au Canada

ISBN : 978-2-89638-432-7

« CE LIVRE EST UNE BIBLE À LIRE ET À RELIRE QUE JE CONSULTE TRÈS SOUVENT. »
— B. WICKER, LECTEUR

Dédicaces

- À tous les romantiques — qui en veulent plus tout simplement.
- À tous les cyniques (les romantiques de demain).
- À tous ceux qui voudraient être de nouveau amoureux.
- À tous ceux qui veulent retirer le romantisme des mains des scientifiques et des psychologues — et le rendre aux poètes et aux rêveurs et aux amoureux.
- À mon fils, le futur auteur, Thomas Valentine Godek.
- À ma nouvelle mariée, ma meilleure amie, mon âme sœur, Karyn Lynn Godek …
(Qui est plus drôle que toi et moi? Personne.)

INDICATIF MUSICAL DE LA PAGE DE DÉDICACE : [CELLE-CI EST DESTINÉE À] *CELLE QUE J'AIME,* DE PIERRE BERTRAND.

« J'AIME BEAUCOUP VOTRE LIVRE *1001 FAÇONS D'ÊTRE ROMANTIQUE*! IL REMPLIT VOTRE CERVEAU DE TOUTES SORTES D'IDÉES ROMANTIQUES. J'AIME PARTICULIÈREMENT LE NUMÉRO 584! »
— OPRAH WINFREY

Aussi de Greg Godek

- ❤ *10 000 Ways To Say I Love You*
- ❤ *Love Coupons*
- ❤ *I Love You Coupons*
- ❤ *Romantic Questions : 264 Outrageous, Sweet and Profound Questions*
- ❤ *Your Relationship Report Card*

« Ces livres valent la peine d'être appris par cœur. »
— Boston Herald

Indicatif musical :
Paperback Writer,
des Beatles

Remerciements

- ♥ Deborah Werksman
- ♥ Bruce Jones
- ♥ Kate Broughton
- ♥ Dale Koppel
- ♥ Mary Ann Sabia
- ♥ Mary-Lynn Bohn
- ♥ Bonnie Robak
- ♥ John et Jean
- ♥ Warren et Judy
- ♥ Steven Jobs
- ♥ Lou Rizzo et UPS
- ♥ Sam et The Group
- ♥ Wolfgang Amadeus Mozart

INDICATIF MUSICAL DE LA PAGE DE REMERCIEMENTS : *THANK YOU*, DE CHRISTINA AGUILERA

« *1001 FAÇONS D'ÊTRE ROMANTIQUE*. ÇA ME SEMBLE *VRAIMENT* BEAUCOUP! JE VEUX DIRE, LES GARS QUE, SI LES *MILLE* PREMIÈRES NE FONCTIONNENT PAS — QUELLES SONT LES CHANCES QU'ELLE RESTE SI VOUS LUI DITES '*OK. JUSTE UNE DE PLUS*' ?! »
— JAY LENO

Table des matières

GREGORY J.P. GODEK

GREGORY J.P. GODEK

GREGORY J.P. GODEK

Introduction

Le mot « amour » fait peut-être tourner le monde, mais c'est l'amour *romantique* qui rend la balade si agréable. Nous avons *besoin* d'amour, mais nous mourons d'envie de vivre des histoires sentimentales (exactement comme le *besoin* de brocoli par rapport à l'*envie impérieuse* de chocolat!) C'est l'amour romantique qui vous fait prendre un ton solennel et déclarer vos sentiments à l'aide d'un « Je t'aime », bien senti, exprimé avec emphase. Tout est dans le ton.

Cet ouvrage a pour but d'attiser la passion et de donner une dimension plus profonde à l'intimité. Il s'adresse aux personnes jeunes et plus âgées, célibataires ou mariées, de sexe masculin ou féminin. C'est le livre qu'il vous faut, si vous souhaiter transformer votre relation en une véritable histoire d'amour.

Pourquoi tant de mariages sont-ils médiocres et ennuyeux? Ce n'est pas un manque d'amour, c'est un manque de romantisme. L'amour est tiède et confortable — alors que les histoires d'amour sont empreintes de passion et d'exaltation! Tout le monde veut vivre une passion romantique dans sa vie. Mais —

♥ Certaines personnes ne savent pas initier le romantisme. Ce livre vous montrera comment.

♥ Certaines personnes sont coincées dans les stéréotypes culturels. Ce livre vous apprend à apprécier votre partenaire, comme une personne unique et spéciale.

♥ Certaines personnes, par cynisme ou par frustration, ont cessé leur quête de romantisme. Ce livre vous inspirera de nouveau.

« JE RESPECTE ET JE SALUE AUTANT LES OUVRAGES DE GREG GODEK SUR L'AMOUR, QUE LES PIÈCES DE WILLIAM SHAKESPEARE. » — MARGIE LaPANJA, AUTEURE DE THE *GODDESS' GUIDE TO LOVE*

L'amour, au XXIe siècle, se définit par la mise en pratique des valeurs traditionnelles, auxquelles on insuffle une petite touche contemporaine. Il se concrétise en honorant les valeurs intemporelles d'honnêteté, d'engagement et de bienveillance, tout en les exprimant de façon créative, unique et passionnée. C'est ici que le romantisme fait son entrée. Le romantisme, voyez-vous, est l'expression de l'amour. Le romantisme donne *vie* à l'amour, en ce monde. Sans romantisme, l'amour est un concept doux, mais vide.

Je crois que l'expression de l'amour est notre raison d'être, en tant qu'êtres humains. Ainsi, tout ce qui peut vous aider à atteindre ce but est une *bonne chose*.

IL EXISTE DES MILLIERS, DES MILLIONS DE FAÇONS D'EXPRIMER L'AMOUR. CES MILLE ET UNE IDÉES NE REPRÉSENTENT QUE LA POINTE DE L'ICEBERG.

« GREG GODEK EXPLIQUE
COMMENT AJOUTER UN ZESTE
DE FANTAISIE À NOTRE MANIÈRE
DE FAIRE LA COUR. »
— COSMOPOLITAN

Il était une fois...

... deux personnes qui s'aimaient. *Exactement comme vous.*
Ils faisaient toutes les activités romantiques classiques.
Malgré cela, la passion a commencé à s'estomper
après seulement quelques mois. Était-ce *inévitable*?

À   Il lui a offert une douzaine de roses et une boîte de chocolats à la Saint-Valentin.

B   Elle lui a écrit de longues lettres d'amour, très romantiques. Il lui a envoyé des cartes de vœux.

C   Ils ont parlé et roucoulé pendant des heures au téléphone. Au travail. Et tard le soir.

LES ACTIVITÉS ROMANTIQUES « CLASSIQUES » SONT TOUT À FAIT *APPROPRIÉES* AU DÉBUT. MAIS *APRÈS*??

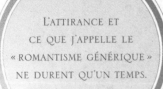

L'ATTIRANCE ET CE QUE J'APPELLE LE « ROMANTISME GÉNÉRIQUE » NE DURENT QU'UN TEMPS.

D   Il sont allés voir tous les films romantiques de l'année.

E   Il lui a offert du parfum, elle aussi.

F   Ils ont célébré les occasions spéciales avec du champagne.

G   Elle lui a préparé des soupers aux chandelles. Il lui a servi le petit-déjeuner au lit.

… Ils vécurent heureux et eurent beaucoup d'enfants

Allez au-delà du « romantisme générique ».
Les couples qui vivent une relation A+*
connaissent le secret qui consiste à exprimer
leur amour d'une façon unique et personnelle.

---

*Comment décririez-vous votre relation?

A = Passionnée, stimulante, aimante, pleinement satisfaisante;
  pas *parfaite* — mais excellente.

B = Très bonne, solide, meilleure que la plupart des relations,
  constante, toujours *en train de s'améliorer*.

C = Moyenne, acceptable, stagnante,
  correcte — mais, hum-hum, parfois *ennuyeuse*.

D = En dessous de la moyenne, malheureuse, lugubre;
  mauvaise — mais pas désespérée.

E = Désespérée, déprimante, dangereuse; tout a été tenté,
  rien n'a fonctionné.

Offrez une douzaine de roses à votre partenaire — mais faites preuve
de *créativité*. Donnez-lui *onze* roses rouges et une rose blanche.
Joignez une note qui se lit comme suit :

> « *Dans tous les bouquets se trouve une fleur
> qui se distingue — tu es celle-là.* »

17

3 Envoyer une carte à l'occasion de son anniversaire n'est pas seulement une bonne idée, c'est un geste romantique obligatoire. Mais que pourriez-vous faire de *différent*, cette année? Le jour de l'anniversaire de l'homme ou de la femme de votre vie, faites parvenir une carte de remerciements à sa mère.

4 La galanterie ne se démodera jamais *vraiment*. Ainsi, une fois de temps en temps, baisez-lui la main de façon théâtrale. Note : la façon adéquate de faire un baisemain est de vous pencher pour déposer vos lèvres sur sa main et *non* de hausser sa main vers vos lèvres.

5 La prévenance n'est que le début! Les vrais romantiques savent comment faire preuve d'un « dévouement exceptionnel » : après un bain de mousse que vous aurez préparé pour elle, enveloppez-la dans une serviette que vous aurez préalablement *réchauffée dans la sécheuse.*

VOICI LES SECRETS POUR TRANSFORMER VOTRE RELATION EN UNE VÉRITABLE HISTOIRE D'AMOUR.

De petites choses qui en disent long

6 Enveloppez, dans du papier-cadeau, une boîte à bijoux contenant un os à souhaits. Faites-la lui parvenir, accompagnée d'une note disant : « Tu me manques. »

7 Débranchez la télévision. Apposez cette proposition sur l'écran : « Allume-*moi*, à la place. »

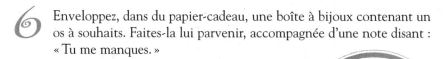

INDICATIF MUSICAL
DE CE CHAPITRE :
LA BOHÈME, DE
CHARLES AZNAVOUR

8 Passez les portes tournantes ensemble.

9 Gardez des chandelles dans la voiture. Dînez à la chandelle, la prochaine fois que vous irez chez McDonald's.

10 Passez-vous les mains à l'eau chaude avant de retrouver votre partenaire au lit.

11 Regardez — non, fixez votre regard, les yeux dans les yeux, plus souvent.

12 Écrivez-lui un petit mot d'amour. Insérez-le dans le livre qu'il est en train de lire.

CUEILLEZ DES
FLEURS SAUVAGES
DANS UN CHAMP
OU SUR LE
CÔTÉ DE LA
ROUTE.

LE SECRET D'UNE
RELATION AMOUREUSE
QUI N'EST PAS VRAIMENT UN
SECRET : EXPRIMEZ VOTRE
AMOUR DE MAINTES
FAÇONS DIFFÉRENTES.

Plus, c'est mieux

13 Allez-y à FOND. Ne laissez rien vous arrêter. N'hésitez pas. Soyez scandaleusement romantique.

14 Des BANNIÈRES GÉANTES sont offertes chez Supergram. Les bannières sont imprimées sur du papier blanc ou de couleur et on peut également les faire laminer. Elles mesurent environ 30 cm de haut et peuvent s'étaler sur deux, trois ou dix mètres ou plus, selon votre message. Visitez le www.supergram.net.

15 Fabriquez une carte de souhaits GÉANTE, à l'aide d'une grande boîte de carton.

> FAITES UN GESTE AUSSI GRAND QUE VOTRE CŒUR.

16 Réalisez une bannière personnalisée — une GRANDE bannière — pour saluer son retour à la maison, après un voyage (ou, tout simplement, pour lui dire que vous l'aimez.) Utilisez du papier de construction et des crayons, un tableau d'affichage et des marqueurs ou des vieux draps et de la peinture en aérosol.

17 Craig aimait faire les choses en grand. Il était du type exubérant et théâtral (bien qu'adorable). Marie, de son côté, était plutôt tranquille et toujours à sa place (et tout aussi adorable). Il arrivait parfois à Craig de critiquer Marie et de lui reprocher de ne pas être assez extravertie et expressive, de ne pas oser assez. Jusqu'à ce que Craig, un jour, revienne à la maison, après un voyage d'affaires, et soit accueilli par Marie — et deux cent quarante-trois membres de la fanfare de l'école secondaire — devant la maison. (La plupart des gens ne trouvent pas les marches de John Philip Sousa très romantiques — à part Craig!)

> VOUS, AUSSI, POUVEZ PROBABLEMENT ENGAGER LA FANFARE DE VOTRE ÉCOLE LOCALE EN ÉCHANGE D'UN DON QUI LUI EST DESTINÉ.

Cadeaux créatifs

18 Les roses sont toujours appréciées — mais une simple marguerite peut vraiment communiquer vos sentiments, si vous l'offrez avec panache. Choisissez une seule marguerite. Accompagnez-la d'une note disant : « *Elle m'aime beaucoup, passionnément, à la folie.* » (Mais ne courez aucun risque : assurez-vous que le nombre de pétales corresponde à « … à la folie », en *retirant* ceux qui sont de trop.)

19 Vous pouvez organiser une soirée, dont le thème sera « cadeau et geste » en choisissant la chanson appropriée :

💛 Trouvez *Jeux interdits*, de Narciso Yepes et louez le film du même nom, de René Clément, dans lequel on peut entendre la chanson.

💛 *Un homme et une femme*, interprétée par Nicole Croisille et Pierre Barouh, dans ce célèbre classique de Claude Lelouch.

💛 *My Heart Will Go On*, interprétée par Céline Dion pour le film *Titanic*, de James Cameron.

20 Voici comment créer un mot d'amour sans fin. Écrivez un poème d'amour, en vers ou en prose, qui tourne sur lui-même (le dernier mot revient au premier). Recopiez-le sur une bande de Möbius*. Pour ce faire :

💛 Premièrement, coupez une bande de papier d'environ 10 cm de large par 45 cm de long.

💛 Maintenant, composez votre mot d'amour (inspirez-vous de l'exemple présenté à droite, si vous le souhaitez).

> MOT D'AMOUR « INFINI » :
> JE T'AIME.
> TU M'AIMES.
> C'EST TOUT CE QUI IMPORTE.
> DEMANDE-MOI POURQUOI
> ET JE TE RÉPONDRAI QUE
> JE T'AIME,
> TU M'AIMES…

- Copiez votre poème sur les deux côtés du ruban.

- Tournez l'une des extrémités du papier à 180 degrés et collez-la, à l'aide de ruban gommé, à l'autre extrémité.

- Vous venez de fabriquer une bande de Möbius.

* Une bande de Möbius est un phénomène géométrique curieux, par lequel vous pouvez littéralement transformer un morceau de papier à deux faces en une *surface à un seul côté*.

> OFFREZ À VOTRE AMOUR
> DEUX PETITS CADEAUX
> ET UN GROS. DEUX CADEAUX
> ROUGES ET TROIS VERTS.
> UN CADEAU DRÔLE ET
> DEUX CHARMANTS.

Gestes créatifs

21 Provoquez une panne d'électricité à la maison (dévissez les fusibles ou fermez les disjoncteurs de surcharge). Sans télévision pour vous tenter… sans ordinateur pour vous tenir occupés… sans chauffage… vous n'aurez vraiment *pas d'autre choix* que de sortir les chandelles, vous pelotonner devant le foyer et être romantiques!

> C'EST CE QUI EXPLIQUE
> POURQUOI, NEUF MOIS
> APRÈS TOUTE PANNE
> D'ÉLECTRICITÉ D'IMPORTANCE,
> LE TAUX DE NAISSANCES
> AUGMENTE. C'EST VRAI!

22 Étant une femme libérée, la future mariée souhaitait mettre un *trait d'union* à son nom de famille, une fois son statut modifié. Étant un homme romantique, son futur époux lui fit remarquer le trait d'union représentait aussi le symbole de la soustraction. *Hum — comment régler ce dilemme?* Créatif, le couple a décidé de signer ainsi : M. et Mme J. Smith+Brown.

23 Quand elle voyage seule, prenez des dispositions avec un agent de bord pour qu'un cadeau ou des fleurs lui soient livrés après le décollage.

RECOPIEZ UN POÈME ROMANTIQUE SUR DU BEAU PAPIER PARCHEMIN. ROULEZ-LE, NOUEZ UN RUBAN ROUGE AUTOUR ET REMETTEZ-LE À VOTRE AMOUR.

24 Son mari aime bricoler, démanteler des choses et les remonter ensuite. Elle lui a offert un DVD sophistiqué pour son anniversaire. Mais, voilà la petite touche de créativité : elle l'a tout défait et emballé dans seize petites boîtes différentes.

25 Jouez à *Poursuite triviale*. (En préparation de votre partie, fabriquez certaines cartes sur mesure et posez des questions anecdotiques sur votre relation).

Romantisme économique

26

A Écrivez-lui une lettre d'amour. Envoyez-la par la poste. Coût : 0,52 $*.

B Cueillez des fleurs sur le bord de la route. Coût : zéro.

C Regardez les étoiles filantes ensemble. Coût : nada

D Marchez tous les deux, main dans la main. Coût : rien.

E Mémorisez son poème favori ou le passage d'un livre — et récitez-le pendant vos ébats amoureux. Coût : zilch.

> VOUS POUVEZ ÊTRE ROMANTIQUE DE FAÇON ÉCONOMIQUE SANS DONNER À VOS INITIATIVES DES ALLURES DE PACOTILLE.

> VOYAGE À COÛT MODIQUE : QUAND LE DOLLAR CANADIEN EST FORT, EN COMPARAISON À D'AUTRES DEVISES, VOYAGEZ À L'ÉTRANGER. EN REVANCHE, S'IL EST FAIBLE, DEMEUREZ AU PAYS.

F Embrassez-vous pendant cinq bonnes minutes. Coût : c'est absolument gratuit.

G Partez en vacances hors saison. Coût : de 20 % à 50 % de moins que le prix régulier.

♥ ♥ ♥

*Les coûts du service postal sont fixés par le gouvernement du Canada et sujets à changement.

Peu importe la dépense

27

A La meilleure façon de dépenser le *plus* d'argent possible pour le plus *petit* cadeau est d'acheter des *diamants*.

B La meilleure façon de dépenser le *plus* d'argent possible pour de la *nourriture* est de manger dans un *restaurant cinq étoiles*.

JOUEZ
AU MONOPOLY
ENSEMBLE. UTILISEZ
DE L'ARGENT
VÉRITABLE!

C La meilleure façon de dépenser le *plus* d'argent possible pour de la *lingerie* est d'acheter un ensemble de La Perla.

LA PERLA N'EXPLOITE PAS DE
BOUTIQUE AU CANADA, MAIS
PLUSIEURS AUX ÉTATS-UNIS. ON
PEUT AUSSI ACHETER EN LIGNE
AU WWW.LAPERLA.COM.

D La meilleure façon de dépenser le *plus* d'argent possible pour *voyager* est d'acheter des billets en première classe.

E La meilleure façon de dépenser le *plus* d'argent possible pour des *vêtements masculins* est de faire faire un *habit sur mesure*.

F La meilleure façon de dépenser le *plus* d'argent possible pour des *vêtements féminins* est de lui offrir de la *haute couture*.

G La meilleure façon de dépenser le *plus* d'argent possible pour une *chambre d'hôtel* est de réserver la *suite nuptiale*.

« LE VÉRITABLE AMOUR EST
ÉTERNEL, INFINI, TOUJOURS
SEMBLABLE À LUI-MÊME ; IL EST
ÉGAL ET PUR, SANS DÉMONSTRATIONS
VIOLENTES ; IL SE VOIT EN
CHEVEUX BLANCS,
TOUJOURS JEUNE DE CŒUR. »
— HONORÉ DE BALZAC

GREGORY J.P. GODEK

Les choses les plus importantes que j'ai apprises pendant mes vingt années passées à donner des cours sur les relations amoureuses

28

- *Comment* est plus important que *pourquoi*.
- Les stéréotypes associés au sexe vous empêchent de voir l'unicité de votre partenaire.
- La vitesse de l'amour représente 2,7 kilomètres à l'heure.
- Tout le monde veut vivre une relation A+.
- L'amour n'est pas justifiable. Il n'a jamais besoin d'être expliqué ou défendu.
- Une « bonne chimie » n'a rien à voir avec la compatibilité.
- Vous ne pouvez maintenir l'éblouissement — mais vous pouvez maintenir la passion.
- Le processus doit être respecté. (Il n'y a pas de raccourcis).
- Tout le monde est amateur en matière d'affaires du cœur.
- Les métaphores que vous utilisez en amour créent votre réalité.
- Les romantiques sont généralement plus heureux que la plupart des gens.
- La « communication » ne représente environ que 10 % d'une relation A+. Créer une relation amoureuse à long terme est le défi le plus difficile, le plus vorace en temps et le plus compliqué auquel vous ferez face au cours de votre vie. C'est également le plus gratifiant.
- La passion est plus importante qu'une fin heureuse. La vie est trop courte pour ne pas être romantique.

> « L'AMOUR, COMME LA RIVIÈRE, EMPRUNTERA UNE NOUVELLE VOIE CHAQUE FOIS QU'UN OBSTACLE SE PRÉSENTERA. »
> — CRYSTAL MIDDLEMAS

LA VIE EST TROP COURTE POUR *NE PAS* ÊTRE ROMANTIQUE.

Les dix commandements des couples qui s'aiment

1. Cent pour cent tu donneras.

2. Ton amour, comme l'être unique qu'il est réellement, tu traiteras.

COMME VOUS CONSIDÉREZ VÉRITABLEMENT L'AMOUR COMME UNE PRIORITÉ DE LA PLUS HAUTE IMPORTANCE. VOUS NE VOUS « SACRIFIEZ » JAMAIS POUR VOTRE PARTENAIRE.

3. Dans l'action comme dans les mots, branché tu demeureras.

4. Le changement et ta croissance personnelle, comme celle de ton amour, tu appuieras et accepteras.

5. Ton amour tu vivras.

6. L'amour comme la crainte, le labeur comme le jeu, tu partageras.

7. D'écouter, écouter, écouter tu t'efforceras.

8. La sagesse subtile du cœur tu honoreras et la puissante lucidité de l'esprit tu écouteras.

9. Un idiot ou une enquiquineuse tu ne seras.

10. La pureté de l'amour spirituel, la passion de l'amour physique et le pouvoir de l'amour émotionnel tu amalgameras.

« IL N'Y A RIEN DE PLUS BÉNI. DANS CETTE VIE QUI EST LA NÔTRE, QUE LA PREMIÈRE CONSCIENCE DE L'AMOUR. LE PREMIER BRUISSEMENT DE SES AILES DE SOIE. »
— HENRY WADSWORTH LONGFELLOW

GREGORY J.P. GODEK

L'hémisphère gauche du cerveau

30 Pour ceux qui aiment analyser et calculer :

- ♥ Passez 10 p. cent plus de temps ensemble.
- ♥ Générez 33 p. cent plus de rire dans votre vie.
- ♥ Accordez-lui 100 p. cent de votre attention quand vous l'écoutez.
- ♥ Créez une augmentation de 10 p. cent dans le plaisir que vous avez ensemble.
- ♥ Renoncez à 10 p. cent de votre temps libre pour l'offrir à votre partenaire.
- ♥ Réduisez le nombre de plaintes de 50 p. cent.
- ♥ Réduisez le nombre de critiques de 62 p. cent.
- ♥ Dites « je t'aime » 300 p. cent plus souvent.
- ♥ Consacrez 10 p. cent du temps que vous passez devant la télévision à vous embrasser.
- ♥ Augmentez la créativité de 25 p. cent au sein de votre relation.
- ♥ Faites preuve de 10 p. cent de plus de prévenance/délicatesse.
- ♥ Si vous êtes de nature bavarde, parlez 20 p. cent moins et écoutez 20 p. cent plus.
- ♥ Si vous êtes de nature plus secrète, ouvrez-vous et parlez 20 p. cent plus.

> *LES PERSONNES QUI SE SERVENT PLUS DE L'HÉMISPHÈRE GAUCHE DU CERVEAU ONT TENDANCE À ÊTRE LOGIQUES ET PRATIQUES. ELLES RÉFLÉCHISSENT D'ABORD ET RESSENTENT ENSUITE.*

QUE C'EST ROMANTIQUE, CE COUCHER DE SOLEIL.	EN FAIT, LE SOLEIL NE SE COUCHE PAS DU TOUT, C'EST UNE ILLUSION CRÉÉE PAR LA ROTATION DE	LA TERRE... LAQUELLE...	MAIS C'EST TEEELLLEMENT ROMANTIQUE!

B.C. © 1978. AVEC LA PERMISSION DE JOHNNY HART ET DE CREATORS SYNDICATE, INC.

31 Comparez la fréquence de vos ébats amoureux à celle de vos gestes romantiques. Existe-t-il une corrélation? (Hum… Peut-être en tirerez-vous une *leçon*?)

L'hémisphère droit*

32 Caractéristiques du véritable romantique :

- Pige dans sa créativité régulièrement.
- Est un peu coquin.
- Prend l'amour au sérieux —
  mais a un grand sens de l'humour.
- Considère sa relation amoureuse comme
  une priorité de toute première importance.
  Pose des gestes romantiques sans autre
  motivation.
- Fait preuve de souplesse.
- Célèbre la sexualité.
- Apprécie le caractère unique de sa ou son partenaire.
- Rend hommage tant aux aspects féminins que masculins.
- A une grande facilité à deviner les autres.
- Voit le monde avec un certain recul.
- Entretient un lien profond et spirituel avec son ou sa partenaire.
- Fait preuve de spontanéité.
- Se définit lui-même ou elle-même comme un(e) amoureux(se), sans égard
  aux autres rôles.
- N'oublie pas les dates importantes et les anniversaires.
- Évolue et apprend sans cesse.

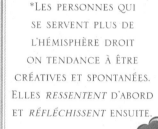

*LES PERSONNES QUI SE SERVENT PLUS DE L'HÉMISPHÈRE DROIT ON TENDANCE À ÊTRE CRÉATIVES ET SPONTANÉES. ELLES *RESSENTENT* D'ABORD ET *RÉFLÉCHISSENT* ENSUITE.

- Est en contact avec ses sentiments.
- Recherche les expériences nouvelles et différentes.
- Donne sans entretenir d'attente.
- Fait de nombreuses petites choses.
- Donne sans qu'on ait à le demander.

33 Un matin, sans raison particulière, Susanne est sortie du lit sans faire de bruit, a marché sur la pointe des pieds jusqu'au système de son, a choisi *Fanfare pour l'homme ordinaire*, de Aaron Copeland, a monté le volume au *maximum*, a fait jouer la musique et a sauté allègrement sur un Michel très surpris (mais ravi).

AUTRES PIÈCES AYANT LE MÊME EFFET :
- L'OUVERTURE DE *GUILLAUME TELL*, DE GIOACCHINO ROSSINI
- L'*OUVERTURE 1812*, DE PIOTR ILITCH TCHAÏKOVSKI

QUI FONT LES MEILLEURS AMANTS, CEUX QUI UTILISENT L'HÉMISPHÈRE GAUCHE OU CEUX QUI SE SERVENT SURTOUT DE L'HÉMISPHÈRE DROIT? TOUT LE MONDE CROIT QUE CE SONT CEUX DU DERNIER GROUPE, DE TYPE CRÉATIF. MAIS DE NOMBREUSES PERSONNES, QUI UTILISENT SURTOUT L'HÉMISPHÈRE GAUCHE, SONT TERRIBLEMENT ROMANTIQUES. CELLES QUI PRIVILÉGIENT LE CERVEAU DROIT SONT PLUS SPONTANÉES ET EXTRAVERTIES, MAIS CELLES QUI SONT DE TYPE PLUS LOGIQUE FONT D'EXCELLENTES PLANIFI-CATRICES DE SURPRISES ET NOTENT DES PETITES CHOSES PARFOIS BIEN IMPORTANTES, CHEZ LEURS PARTENAIRES.

Le romantisme pour les nuls

34 Mettez en pratique le principe «Romantique les jours pairs/impairs» : les jours *pairs*, c'est à votre tour d'être romantique et les *impairs*, c'est au tour de votre *partenaire*. Ou vice versa.

> VARIATION SUR
> UN THÈME : ROMANTISME
> À PILE OU FACE

> (CHUT! GARDEZ CELA
> DANS VOTRE MANCHE!)

35 Pas le temps — ou trop paresseux — d'emballer ces cadeaux? Procurez-vous des sacs de fantaisie et des boîtes décorées pour y déposer vos présents.

36 Demandez de l'aide à sa meilleure amie — ou à sa mère. Allez magasiner avec elle (secrètement!). Dites-lui que vous aimeriez qu'elle vous consacre un après-midi de magasinage, pour trouver autant de *cadeaux qu'il en faut pendant un an*, pour votre partenaire. Établissez un budget, demandez-lui d'y penser pendant une semaine et rendez-vous dans les magasins avec elle.

37 Placez une *commande permanente* auprès d'un fleuriste local. Donnez-lui la date de votre anniversaire de mariage, sa date de naissance et demandez-lui d'envoyer des fleurs *systématiquement* ces jours-là, de même qu'à la St-Valentin, à la Fête des mères, s'il y a lieu, et — juste pour être bien certain — une fois par mois. Remettez au fleuriste votre numéro de carte de crédit, pour qu'il vous facture automatiquement. Cette technique est particulièrement destinée à ceux qui oublient tout et aux désorganisés finis! Je sais bien que les véritables romantiques seront *horrifiés* par cette suggestion, mais sachez que, parfois, la fin justifie les moyens.

> « CAR TES
> CHUCHOTEMENTS NE SONT
> PAS PARVENUS À MES OREILLES,
> MAIS À MON CŒUR. TU N'AS
> PAS EMBRASSÉ MES LÈVRES,
> MAIS MON ÂME. »
> — JUDY GARLAND

Romantisme pour les futés

38 Écrivez une lettre d'amour codée. Lancez un défi à votre amour :

- 💜 Essayez un message d'amour en morse (voir l'illustration à droite).
- 💜 Le suivant est un code simple. Il s'agit de faire avancer les lettres de l'alphabet d'une place. (Le A devient ainsi le B; le B est un C, etc.)

39 Visitez un musée. Une galerie d'art. Marchez dans un jardin classique. Allez au concert. À l'opéra.

DIFS BNPVS,

KF U'BJNF, KF U'BEPSF

K'BJ CFTPJO EF UPJ FU KF UF EFTJSF

EFT NJMMJFST EF CBJTFST

NPJ

NOTE : L'OPÉRA N'EST PAS AUSSI PÉNIBLE QUE VOUS LE CROYEZ PEUT-ÊTRE. POURQUOI NE PAS ESSAYER?

40 $(\sqrt{144} \times 3) + (8\pi \times 2/\pi)$ Assistez à une conférence. Prenez un cours ensemble au cégep local. Élargissez vos horizons et approfondissez votre relation.

De quel «style» romantique êtes-vous?
(Hommes)

41 Quelle personne ou personnage est le plus proche du style de romantisme de votre partenaire? Identifier les similitudes et les différences peut vous aider à mieux connaître vos propres forces et faiblesses et à exprimer votre amour de la façon qui sera la plus appréciée par votre tendre moitié.

- Le type *Roméo* : passionné et impulsif
- Le type *Fred Astaire* : sophistiqué et élégant
- Le type *Humphrey Bogart* : dur, mais avec un cœur d'or
- Le type *Jimmy Stewart* : le gars d'à côté
- Le type *James Bond* : le séducteur briseur de cœurs
- Le type *Indiana Jones* : l'aventurier un brin gaffeur
- Le type *Rhett Butler* : arrogant, mais charmant
- Le type *Don Quichotte* : irrépressible et extravagant
- Le type *Don Juan* : séducteur et charmeur
- Le type *Cyrano de Bergerac* : spirituel et lettré
- Le type *Paul Newman* : farouche et tranquille
- Le type *James Dean* : rebelle et méchant garçon
- Le type *Sean Connery* : fougueux et expérimenté
- Le type *Vincent van Gogh* : artiste et d'humeur changeante
- Le type *Lord Byron* : poète et rêveur
- Le type *Frank Sinatra* : dur, mais mielleux
- Le type *James T. Kirk* : séducteur et aventurier
- Le type *Clark Gable* : calme et brillant

MON PETIT MONSTRE
ROMANTIQUE, VA!

GREGORY J.P. GODEK

De quel « style » romantique êtes-vous?
(Femmes)

42 D'accord, mesdames. C'est à votre tour. De quel style romantique êtes-vous? (Les gars : de quel style romantique est votre douce moitié?)

- ♥ Le type *Scarlett O'Hara* : courageuse et dramatique
- ♥ Le type *Meg Ryan* : la fille d'à côté, gentille et adorable
- ♥ Le type *Juliette* : passionnée et impulsive
- ♥ Le type *Jane Eyre* : romantique et idéaliste
- ♥ Le type *Marilyn Monroe* : sensuelle et séductrice
- ♥ Le type *Billie Holiday* : artiste et loyale
- ♥ Le type *Jane Seymour* : classique et élégante
- ♥ Le type *Élizabeth Barrett Browning* : poète et artiste
- ♥ Le type *Cher* : exotique et créative
- ♥ Le type *Mae West* : impertinente et audacieuse
- ♥ Le type *Ingrid Bergman* : calme et mystérieuse
- ♥ Le type *Madonna* : provocante et créative
- ♥ Le type *Greta Garbo* : sensuelle et énigmatique

> VOTRE STYLE ROMANTIQUE EST-IL SUBTIL OU ÉVIDENT?

> « LES HOMMES VEULENT TOUJOURS ÊTRE LE PREMIER AMOUR D'UNE FEMME. C'EST LÀ LEUR VANITÉ MALADROITE. LES FEMMES ONT UN SENS PLUS SÛR DES CHOSES. CE QU'ELLES AIMENT, C'EST ÊTRE LE DERNIER AMOUR D'UN HOMME. »
> — OSCAR WILDE

Fleurs

43 « Une fleur par jour éloigne l'avocat en droit de la famille pour toujours. » (Entendu un soir, pendant le cours sur les relations amoureuses.)

44 Saviez-vous… que les couleurs des roses ont des significations différentes?

- ♥ Roses rouges = AMOUR ET PASSION
- ♥ Roses roses = Amitié *romantique*
- ♥ Roses jaunes = Amitié et respect
- ♥ Roses blanches = Pureté et adoration

INDICATIF MUSICAL
DE CE CHAPITRE :
*LA CHANSON
DES FLEURS,*
DE LYNDA LEMAY

POUR TOUS LES
AMOUREUX DES FLEURS,
DE LA NATURE OU DES ARTS :
OFFREZ À VOTRE PARTENAIRE
UNE MAGNIFIQUE ILLUSTRATION
BOTANIQUE PERSONNALISÉE, AVEC
VOTRE MESSAGE OU VOTRE CITATION
CALLIGRAPHIÉE. VISITEZ LE
WWW.HEARTSTRINGS
DESIGNS.COM

Vous, célibataires, faites preuve d'une vigilance particulière à ce sujet. Si la relation est jeune, il est peut-être trop tôt pour envoyer des roses rouges. Si vous n'êtes pas absolument *certains* que vous êtes tous deux follement, passionnément amoureux — *n'offrez pas* de roses *rouges*! Envoyez plutôt des roses roses ou jaunes.

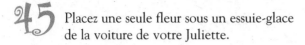

45 Placez une seule fleur sous un essuie-glace de la voiture de votre Juliette.

46 Fleurs Canadiana (livraison partout au pays) : 1-888-265-7673, www.canadianflowershop.ca

IL EST DIFFICILE DE SE TROMPER, AVEC DES FLEURS!

Chocolat

47 De source sûre, on apprend que le chocolat est un *véritable* aphrodisiaque. (Bonne nouvelle pour les chocolatomanes!) Le chocolat contient en effet de grandes quantités de phényléthylamine, un produit chimique que notre corps produit naturellement lorsque nous ressentons de l'amour.

48 Offrez les *meilleurs* chocolats à votre partenaire. Vous trouverez, sur Internet, les meilleurs artisans chocolatiers du pays (Geneviève Grandbois, L'œuf, Chocolaterie de l'Île d'Orléans, etc.) et le site d'ELLE Québec contient également de nombreuses adresses, classées par région : www.ellequebec.com.

FRANÇAIS :
« EXCUSEZ-MOI, OÙ EST LE CHOCOLAT LE PLUS PROCHE? »
ANGLAIS :
« EXCUSE ME, WHERE IS THE NEAREST CHOCOLATE? »
ALLEMAND :
« ENTSCHULDIGEN SIE BITTE, WO IST DIE NÄCHSTE SCHOKOLADE? »

49 (Inspiré de *Charlie et la chocolaterie*).
Créez un concours sur mesure, juste
pour votre chocolatomane préféré. Fabriquez
des *billets d'or* (comme ceux de Willy
Wonka), que vous insérerez dans les
emballages des barres de chocolat, et
qui pourront être échangés contre
des cadeaux ou des attentions
romantiques. Si vous mettez
votre imagination à profit, cette
seule idée pourrait assurer le
plaisir romantique du couple
pendant des *années*.

« QU'EST-CE QUI EST
LE PLUS IMPORTANT,
DANS LA VIE ? » LORSQUE VOUS
SONDEZ LES GENS, VOUS OBTENEZ
PLUS OU MOINS CES RÉPONSES —
DANS CET ORDRE :
1) L'AMOUR,
2) LE SEXE,
3) L'ARGENT,
4) LE CHOCOLAT.

50

❤ Geneviève Grandbois, 514-394-1000,
www.chocolatsgg.com
❤ Choco-musée Érico, 418-524-2122,
www.chocomusée.com
❤ L'œuf, 450-248-7529
❤ Chocolaterie de l'Île d'Orléans, 1-800-363-2252,
www.chocolaterieorleans.com
❤ La Maison du chocolat de Paris, +33 (0) 1 55 51 83 44,
www.lamaisonduchocolat.com, cette dernière pouvant aussi servir de
prétexte à un voyage à Paris, à New York, ou dans le pays de l'une ou
l'autre de ses succursales dans le monde.

51 Offrez-lui un diamant taillé en forme de cœur. (Ce n'est pas la taille
la plus *brillante*, mais certainement la plus *significative*.)

Pierres précieuses

52

- Cachez une bague à diamant dans un gâteau.
- Enfouissez un collier dans une tarte.
- Enroulez un collier de perles autour du cou de son ourson en peluche.

Note : Consultez votre bijoutier ou joaillier local avant de cuisiner, de faire cuire ou de cacher des pierres précieuses dans de la nourriture. Pourquoi? Tout simplement parce que les perles se dissolvent dans le champagne et que les rubis craquent s'ils sont chauffés!

> EN MATIÈRE DE BIJOUX, LA TAILLE *N'EST PAS* SYNONYME DE QUALITÉ. LA *QUALITÉ* EST SYNONYME DE QUALITÉ. EN D'AUTRES TERMES, N'ESSAYEZ PAS D'IMPRESSIONNER AVEC UNE PIÈCE DE GRANDE TAILLE, SA QUALITÉ EST VRAIMENT CE QUI COMPTE.

53

Voici les douze pierres d'anniversaire — et leur signification symbolique.

Joignez au bijou que vous offrez en cadeau un petit poème d'accompagnement pour expliquer la signification symbolique de sa pierre d'anniversaire :

> L'ACQUISITION DE BIJOUX RAFFINÉS N'A RIEN À VOIR AVEC LA FAÇON D'EFFECTUER D'AUTRES ACHATS. IL S'AGIT D'UN INVESTISSEMENT QUI DEVRAIT DURER PLUSIEURS VIES! POUR EN SAVOIR PLUS, VISITEZ LE *JEWELRY INFORMATION CENTER,* AU WWW.JIC.ORG.

- Janvier : *grenat* – loyauté et constance
- Février : *améthyste* – bonheur et sincérité
- Mars : *aigue-marine* – courage et espoir
- Avril : *diamant* – innocence et joie
- Mai : *émeraude* – paix et tranquillité
- Juin : *perle* – pureté et sagesse

- ♥ Juillet : *rubis* – noblesse et passion

- ♥ Août : *sardonyx* – plaisir et pouvoir

- ♥ Septembre : *saphir* – vérité et espoir

- ♥ Octobre : *opale* – amour tendre et confiance

- ♥ Novembre : *topaze* – fidélité et amitié

- ♥ Décembre : *turquoise* – succès et compréhension

CHANSONS POUR
ACCOMPAGNER LES BIJOUX
QUE VOUS OFFREZ :
MARYLIN MONROE
DIAMONDS AND PEARLS, PRINCE
DIAMONDS ARE A GIRL'S BEST FRIEND,
LA ROCKEUSE DE DIAMANTS, CATHERINE LARA
LA CROQUEUSE DE DIAMANT, ZIZI JEANMAIRE
DIAMANTS, DALIDA
FIELDS OF GOLD, STING
SAPPHIRE, THE CLASH
PEARL, SADE

Parfum

54 Le parfum n'existerait probablement pas sans amour romantique. Pensez-y un instant. Nous aurions certainement du champagne, du chocolat, des fleurs et des bijoux. Mais nous n'aurions absolument aucune raison d'inventer le parfum, si l'amour n'existait pas. On pourrait donc avancer que :

$$Parfum = amour$$

Le parfum est peut-être l'essence de la romance. L'amour romantique, distillé dans une bouteille. Intéressant, n'est-ce pas?

55 Vous *pourriez* commander un parfum fabriqué sur mesure pour votre unique dulcinée! Faites correspondre la fragrance à sa personnalité : est-elle légère et enjouée, sophistiquée et attirante, sexy et sensuelle?

Caswell-Massey, 212-755-2254,
www.caswellmassey.com

Plus près de nous :
Claude André Hébert Parfums,
514-303-7426, www.claudeandrehebert.com

Créations Aromix : 450-895-0894,
www.creationsaromix.com

56 Procurez-vous « toute la famille de produits », associée à son parfum préféré (huile de bain, savons, crèmes, chandelles, etc.)

57 *Bien sûr*, vous pourriez simplement acheter un parfum qu'elle aime. Et une fragrance qui reflète sa personnalité. *Et* un arôme que *vous* aimez!

ENVOYEZ-LUI UN MESSAGE
OU CRÉEZ UN THÈME.
EN VOUS INSPIRANT
DU NOM D'UN PARFUM :

ALLURE
ANGEL
ATTRACTION
CHAMADE
CHANCE
HYPNÔSE
ETERNITY
INTUITION
JOY
L'AIR DU TEMPS
L'HEURE BLEUE
OBSESSION
PASSION
RUMEUR
INSOLENCE

Champagne

58 Calcul romantique : champagne = célébration.

59 Acheter une caisse de champagne.
Étiquetez chacune des douze bouteilles :

1. Son anniversaire de naissance
2. Votre anniversaire de naissance
3. Collation de minuit
4. Anniversaire (de votre rencontre)
5. Anniversaire (de mariage)
6. Pique-nique
7. Avant vos ébats amoureux
8. Célébration d'une étape importante au travail
9. Noël/Hannoucah/vacances
10. Premier jour du printemps
11. Première neige
12. Réconciliation après une dispute

INDICATIF
MUSICAL DE
CE CHAPITRE :
CHAMPAGNE, DE
JACQUES HIGELIN

60 Achetez du vin et du champagne *à la caisse. Vous obtiendrez habituellement une réduction de 20 p.* cent sur le prix que vous paieriez si vous achetiez à l'unité. Vous économiserez et aurez toujours une bonne bouteille sous la main pour les « célébrations spontanées ».

61 Assurez-vous de toujours avoir une bouteille de Dom Pérignon sous la main. (Pour les occasions très spéciales).

62 Assurez-vous de toujours avoir plusieurs bouteilles d'un bon vin mousseux (comme le Sieur d'Arques – Bulle de Limoux, ou le Roederer Estate – Brut mousseux) pour les petites célébrations spontanées.

VOUS AVEZ, BIEN
ENTENDU, DES FLÛTES
EN CRISTAL POUR
DÉGUSTER VOTRE
CHAMPAGNE,
N'EST-CE PAS ?!

Lingerie

63 La lingerie est l'amalgame de l'amour, de la sexualité et du romantisme. C'est pourquoi ce sujet est tellement attrayant, tellement sexy et tellement *sensible*.

- ♥ Les filles : les gars aiment vraiment, vraiment, vraiment, *vraiment* quand les filles portent de la lingerie
- ♥ Les gars : faites preuve de sensibilité, quand vous aborderez ce sujet.

64
- ♥ Les filles : en cas de doute, portez des bas et des porte-jarretelles.
- ♥ Les gars : en cas de doute, plus de préliminaires.

65 Feuilletez son catalogue *Victoria's Secret* ou autre et notez les articles de un à dix. Écrivez votre évaluation dans la marge.

SI VOUS VISITEZ
LOS ANGELES, EN CALIFORNIE :
VISITEZ LE *LINGERIE MUSEUM* (MUSÉE DE
LA LINGERIE), LEQUEL PRÉSENTE DES ARTICLES
AYANT APPARTENU, NOTAMMENT, À MAE WEST,
ZSA ZSA GABOR ET MADONNA, DE MÊME QUE
LES QUARANTE ANS D'HISTOIRE DE LA LINGERIE.
LE MUSÉE SE TROUVE CHEZ FREDERICK'S OF
HOLLYWOOD, AU 6608, HOLLYWOOD
BOULEVARD, À HOLLYWOOD. COMPOSEZ
LE 323-466-8506.

66 Les gars : étendez sur le lit la lingerie que vous aimeriez qu'elle porte.

67 Plusieurs hommes qui ont suivi mes cours m'ont demandé de transmettre ce message aux filles : « Rien ne complète mieux un ensemble de lingerie qu'une paire de chaussures à talons aiguilles. »

Petit commentaire destiné aux filles qui se préoccupent des effets des talons sur la santé : « Vous n'aurez pas à être sur vos pieds plus d'une minute ou deux. »

Chèque-cadeau
Lingerie

Robes de nuit! Combinés! Porte-jarretelles!

Ce chèque-cadeau
est échangeable
contre 100 $ d'articles.

Les détenteurs doivent être âgés de 18 ans et plus.

Ce n'est pas ce que vous faites —

68 N'entrez pas dans la maison comme vous le faites habituellement. Arrêtez-vous sur le seuil, appuyez sur la sonnette d'entrée et accueillez votre bien-aimée avec une rose rouge et une bouteille de champagne.

69 N'offrez *jamais* de cadeau sans l'avoir préalablement emballé. Procurez-vous du très beau papier d'emballage et des boucles de fantaisie. Si vous avez vraiment les mains pleines de pouces, demandez au magasin d'emballer votre présent pour vous.

70 Une dame qui suivait mon cours nous a dit que son mari utilisait toujours son ours en peluche préféré pour lui présenter un cadeau.

- ♥ Il lui a offert des boucles d'oreilles à diamants en les plaçant sur les oreilles de son ours en peluche.
- ♥ Il a enroulé des perles autour du cou de l'ourson.
- ♥ Il a emballé l'ours en peluche dans l'une des boîtes qui contenaient des cadeaux.
- ♥ Il a collé des notes humoristiques sur les pattes de l'ourson.

71 Ce n'est pas vraiment important, mais je me demandais…

- ♥ Pourquoi avons-nous l'habitude des gâteaux d'anniversaires et des gâteaux de mariage, mais qu'il n'y a pas de gâteau, lors de l'anniversaire de mariage ou de la Saint-Valentin?
- ♥ Pourquoi décorons-nous un arbre à Noël, mais ne prévoyons-nous aucune décoration pour d'autres occasions spéciales?
- ♥ Pourquoi l'Action de Grâces est-elle une journée fériée à l'échelle nationale et pas la Saint-Valentin?
- ♥ Pourquoi est-il impoli de faire des blagues stéréotypées sur les races et les religions mais acceptable de faire preuve de sexisme à l'égard des stéréotypes masculins et féminins?

> FAITES-LE
> AVEC STYLE.
> FAITES-LE AVEC ÉLÉGANCE.
> PORTEZ UNE ATTENTION
> PARTICULIÈRE AUX DÉTAILS.
> FAITES-LE DE FAÇON
> THÉÂTRALE.

— Mais comment vous le faites

72 Vous voulez donner un peu de « oumph » à la présentation d'un repas spécial? Achetez une petite quantité de glace sèche. Mettez-la dans un bol d'eau que vous placerez sur votre plateau de service. Des nuages mystérieux s'élèveront en volutes blanches!

73 Il paraît qu'on peut trouver des rangs de perles dans les huîtres des restaurants chics…

> POURQUOI NE PAS PRÉSENTER DES PERLES, AU SON DE *A STRING OF PEARLS*, DE GLENN MILLER?

74 Et que de nombreuses bagues à diamant se sont retrouvées au fond d'un verre de champagne.

75 D'accord. Disons que vous avez décidé de lui offrir la collection complète des albums des Moody Blues (son groupe favori). Faites preuve de créativité. Au lieu de simplement emballer les CD et de les lui remettre, faites ceci :

- ♥ Retirez les CD de leurs pochettes.
- ♥ Cachez-les partout dans la maison.
- ♥ Emballez les pochettes séparément.
- ♥ Accompagnez chacun des cadeaux d'une petite note…
- ♥ Comprenant des indices sur la localisation de chacun des CD…
- ♥ Indices qui s'inspirent des titres des disques.

> LES PLUS BELLES CHANSONS D'AMOUR DES MOODY BLUES :
> « *NIGHTS IN WHITE SATIN* »
> « *WATCHING AND WAITING* »
> « *WANT TO BE WITH YOU* »
> « *SO DEEP WITHIN YOU* »
> « *IN MY WORLD* »

- *Days of future passed* est caché dans un album de photos.
- *To Our Children's Children's Children* est dans la boîte de jouets des enfants.
- *On the Threshold of a Dream* se trouve dans votre chambre.
- *Long Distance Voyager* est caché avec des billets d'avion pour Tahiti.

À faire

76 Inscrivez des « rappels romantiques » sur votre liste de choses à faire au bureau. (À quoi bon connaître un grand succès au travail si votre vie personnelle est un échec lamentable?) Les rappels romantiques vous permettront de ne pas oublier qu'une autre partie de votre vie est, elle aussi, très importante.

77

- Un samedi après-midi romantique à faire : deux bicyclettes, cinq heures, une bouteille de vin.
- Un rendez-vous romantique à faire : deux billets de cinéma, une grosse portion de popcorn, deux coca-cola.
- Un pique-nique romantique à faire : une miche de pain, un gros morceau de fromage, une bouteille de vin.
- Un dimanche après-midi romantique à faire : un canot, une journée paisible, deux amoureux.

> UN BON LIVRE :
> *TO-DO LISTS*
> *OF THE DEAD*,
> DE JONATHAN KATZ

78 Soyez très attentifs aux signaux subtils, aux indices non verbaux, au langage corporel et au ton de voix des amoureux.

79 *Prévoyez* votre partenaire

> S'IL N'Y A
> AUCUNE FORME DE
> ROMANTISME DANS VOTRE
> LISTE DE CHOSES À FAIRE,
> VOUS DEVRIEZ PEUT-ÊTRE
> RÉÉVALUER VOS
> PRIORITÉS.

- Est-il stressé au travail? Apprécierait-il un bon massage ou un peu de temps seul?
- A-t-elle besoin d'un dîner à l'extérieur ou d'un bon film à la maison?
- A-t-il besoin de plus de sommeil ou de rapports sexuels imprévus?
- Prenez bien soin d'elle pendant les jours plus difficiles de son cycle menstruel.

Oui, je le veux

 Des sélections musicales spéciales pour élaborer une liste de morceaux de mariage à télécharger sur votre iPod et à partager avec votre femme ou votre mari le jour des noces.

- ♥ *You are so Beautiful (To Me)*, de Joe Cocker, sur l'album *I Can Stand a Little Rain*
- ♥ *L'amour existe encore*, de Céline Dion
- ♥ *La fille qui m'accompagne*, de Francis Cabrel
- ♥ *Ils s'aiment*, de Daniel Lavoie
- ♥ *Your Song*, d'Elton John
- ♥ *L'Hymne à l'amour*, d'Édith Piaf
- ♥ *What a Wonderful World*, de Louis Armstrong

INDICATIF MUSICAL
DE CE CHAPITRE :
I DO (CHERISH YOU),
DE 98 DEGREES

81 Pour ceux qui souhaitent une cérémonie de mariage non conventionnelle :

♥ Mariez-vous en *skis* — à l'Heavenly Resort, à Lake Tahoe, au Colorado, en Californie. Composez le 1-800-HEAVENLY ou visitez le www.skiheavenly.com. Au Québec, il est probablement possible de se marier sur les pentes également. Visitez le site de l'Association des stations de ski du Québec, au www.maneige.com.

> MARIAGE SOUS-MARIN —
> À L'AMORAL DIVE RESORT
> À KEY LARGO, EN FLORIDE.
> COMPOSEZ LE 1-800-4AMORAL,
> OU VISITEZ LE WWW.AMORAL.COM

♥ Ou sur une plage, sur l'île tropicale de Fiji. Visitez le www.bulafiji.com ou communiquez avec votre agence de voyages pour connaître les forfaits disponibles dans d'autres paradis.

♥ Créez un mariage de conte de fées à Walt Disney World, à Orlando, en Floride. Composez le 407-828-3400 ou visitez le www.disneyweddings.com.

82 Planifiez d'avance — *longtemps* d'avance! Demandez à un ami d'acheter cinquante des plus importants journaux qui seront offerts au kiosque à journaux, le jour de votre mariage. (De *La Presse* au *New York Times*, en passant par le *Elle Québec* et le *Playboy* ; le *Time Magazine* et le *Sept Jours*, le *Journal de Montréal* (ou de Québec) et *The Gazette*.)

Mettez-les de côté dans un endroit sombre, sec et frais, et présentez-les à votre douce moitié — le jour de votre vingt-cinquième anniversaire de mariage!

Choses à faire et à ne pas faire

83

■ N'achetez pas de roses pour la Saint-Valentin —
❏ Achetez des fleurs dont le nom commence par la première
lettre de son prénom.

♥ ♥ ♥

■ N'allez pas à la plage pendant les fins de semaine occupées —
❏ Allez-y au milieu de la semaine.

♥ ♥ ♥

■ Ne prenez pas vos vacances dans les endroits à la mode
pendant la haute saison —
❏ Allez-y juste avant ou juste après.

♥ ♥ ♥

■ Ne faites pas de vous un martyr —
❏ Mais faites quelques sacrifices l'un pour l'autre

♥ ♥ ♥

■ Ne lisez pas le journal pendant le petit déjeuner —
❏ Conversez ensemble pendant ce temps.

♥ ♥ ♥

■ Ne lui offrez pas un cadeau pour son anniversaire —
❏ Mais donnez-lui sept cadeaux, un pour chaque jour de la
semaine de son anniversaire.

♥ ♥ ♥

■ Ne limitez pas vos ébats amoureux au moment où vous allez dormir —
❏ Mais réservez plus de temps pour les préliminaires.

■ Ne faites pas l'amour toujours de la même manière —
❏ Éliminez les distractions pendant deux ou trois heures.

♥ ♥ ♥

■ Ne faites pas l'amour en vitesse —
❏ Ralentissez! Vous vous sentirez mieux dans votre peau et mieux avec votre partenaire.

♥ ♥ ♥

■ Ne négociez pas — comme si votre relation était une entente commerciale —
❏ Apprenez l'art délicat du compromis amoureux.

♥ ♥ ♥

■ N'agissez pas en fonction de votre âge —
❏ Faites des folies, exprimez votre côté excentrique, faites preuve de créativité.

■ N'ATTENDEZ *PAS*.
❏ *SOYEZ* ROMANTIQUE.

(JE VEUX DIRE MAINTENANT — *TOUT DE SUITE*! DÉPOSEZ CE LIVRE ET FAITES QUELQUE CHOSE DE ROMANTIQUE!)

À faire et à ne pas faire

84 Ne tentez pas d'avoir une *relation parfaite*. Cela n'existe pas. Vous attendre à cela ne fera que vous paralyser. Une fois éliminé le but de la perfection, rien ne pourra vous arrêter! Vous n'aurez plus peur de « ne pas faire comme il faut ». Vous n'aurez plus peur de courir des risques. Et les gens qui prennent des risques, qui vivent d'une façon créative et spontanée, ont des vies beaucoup plus satisfaisantes et passionnantes.

■ N'achetez pas de cadeau à la dernière minute. (Vous ne trouverez probablement rien de bien et vous paierez le plein prix.)

❏ Planifiez d'avance. (Moins de stress pour vous, plus de plaisir pour votre partenaire, moins grand impact sur votre portefeuille.)

Indicatifs musicaux
pour ce chapitre :
NE ME QUITTE PAS, DE JACQUES BREL
NE JOUE PAS, DE DALIDA
NE PLEURE PAS, DE JOHNNY HALLYDAY
SI TU NE ME LAISSES PAS TOMBER,
DE GÉRARD LENORMAN
JE N'OUBLIE PAS, DE MICHEL SARDOU
NE ME LAISSE PAS L'AIMER, DE BRIGITTE BARDOT
NE PARS PAS, DE SOFIA MESTARI
UN AMOUR QUI NE VEUT PAS MOURIR,
DE RENÉE MARTEL
NE ME LAISSE JAMAIS PARTIR,
D'HÉLÈNE SEGARA

GREGORY J.P. GODEK

86 Ne considérez pas votre partenaire comme un stéréotype. Il s'agit d'une personne et non d'une statistique, une personne unique qui n'est «pas comme toutes les autres femmes». Aujourd'hui, les articles dans les journaux, les tendances des émissions-débats et les sondages portant sur le sexe ont une pertinence limitée, en ce qui a trait à vous, votre partenaire et votre relation. Considérez tout cela avec un énorme grain de sel. Vous serez toujours gagnant si vous traitez votre douce moitié comme une personne spéciale, unique.

ENCORE PLUS D'INDICATIFS
MUSICAUX POUR CE CHAPITRE
(ET UN BON CONSEIL) :
NE ME LAISSE PAS M'EN ALLER,
DE DANIEL BALAVOINE
JE NE SAIS PAS, DE JACQUES BREL
NE M'OUBLIE PAS,
DE MICHEL JONASZ
NE SOIS PAS SI STUPIDE,
DE JOHNNY HALLYDAY
L'AMOUR N'EST PAS PRESSÉ,
DE PATRICK JUVET

À faire

87

- *Faites quelque chose d'inhabituel pour lui ou elle.* Être romantique seulement quand cela vous convient est comme de donner des fleurs à la Saint-Valentin — votre partenaire s'y attend et, franchement, ce n'est rien d'extraordinaire!
- Allez toujours chercher votre partenaire à l'aéroport après un voyage — peu importe l'heure d'arrivée.
- Offrez de passer au magasin avant d'arriver à la maison après le travail.
- Prenez soin des enfants quand «ce n'est pas à votre tour».

> ÉBLOUISSEZ-LE/LA
> HONOREZ-LE/LA
> COURTISEZ-LE/LA
> SORTEZ-LE/LA
> STIMULEZ-LE/LA
> NOURRISSEZ-LE/LA
> COMPRENEZ-LE/LA
> APPUYEZ-LE/LA
> SURPRENEZ-LE/LA
> ENCHANTEZ-LE/LA

88 Décidez de tomber amoureux de nouveau. C'est cela — prenez la *décision*. Vous n'avez pas besoin de consulter des livres pour analyser votre relation. Vous n'avez pas besoin d'une thérapie. Vous n'avez qu'à décider de tomber amoureux de nouveau.

Pensez à la magnifique occasion qui se présente : moins vous aurez été romantique, plus le changement sera important! Certains de mes étudiants ont tout simplement fait le choix d'être plus romantiques. Ils ont indiqué que le simple fait d'avoir pris cette décision les a amenés à tomber amoureux de leur femme de nouveau.

89 Accompagnez-vous l'un l'autre lors de vos rendez-vous chez le médecin. Être ensemble pour les examens de routine vous donne l'occasion de prendre un café tous les deux. Et, si des problèmes difficiles surgissent, vous pourrez soutenir émotionnellement votre partenaire.

90 Écoutez! Écoutez avec vos deux oreilles, votre esprit et votre cœur. Écoutez pour connaître la signification de ses actes. Écoutez pour comprendre le message qui se cache sous les mots.

À ne pas faire

♥ Ne pavoisez pas quand vous avez raison.
♥ Ne boudez pas quand vous n'obtenez pas ce que vous vouliez.
♥ Ne vous en faites pas — soyez heureux.
♥ Ne tentez pas d'en faire trop durant la fin de semaine.
♥ Ne surchargez pas vos vacances.
♥ Ne faites pas la même erreur deux fois.
♥ Ne minez pas l'autorité de votre partenaire sur vos enfants.
♥ Ne révélez pas l'issue d'un film!
♥ Ne passez pas vos « heures prioritaires » devant la télévision.
♥ Ne conduisez pas si vous avez bu — jamais.
♥ N'arrêtez pas.
♥ Ne soyez pas un « voleur de couvertures » quand vous dormez.
♥ Ne l'interrompez pas lorsqu'il/elle parle.
♥ N'attendez pas – manifestez votre amour tout de suite.
♥ Ne gardez pas rancune.
♥ Ne vous tenez pas l'un l'autre pour acquis.
♥ Ne passez pas une seule journée sans dire : « je t'aime ».
♥ Ne laissez votre esprit divaguer pendant une conversation.

INDICATIF MUSICAL DE CE CHAPITRE : *DON'T SAVE IT ALL FOR CHRISTMAS DAY*, DE CÉLINE DION

- N'attendez pas que votre partenaire devine ce que vous avez en tête.
- Ne signez pas votre carte de la Saint-Valentin à l'aide d'un simple « Avec amour », soyez éloquent.
- Ne succombez pas si facilement à l'envie de juger.
- N'attendez pas à la dernière minute pour faire votre réservation, à l'occasion du dîner de la Saint-Valentin.
- Ne pensez même pas à quitter la maison pendant un blizzard. Restez emmitouflés et prenez un congé romantique.

« GÂTEZ VOTRE MARI, MAIS PAS VOS ENFANTS. »
— LOUISE SEIER GIDDINGS CURREY

Vous devez vous rappeler de ceci

92 Rappelez-vous : une idylle n'est pas une ronde de négociations! Vous perdrez chaque fois que vous adopterez un comportement romantique dans le but d'obtenir une faveur ou de vous faire pardonner. Les « ententes non verbales » qui suivent peuvent avoir bénéficié d'une certaine validité dans le passé, mais elles ne fonctionnent plus : « Je t'inviterai au restaurant et à voir un film si tu dors avec moi. » « Je te préparerai à souper mais il faudra que tu me laisses t'enquiquiner. » « Je te donnerai des fleurs si tu me pardonnes d'avoir agi comme un idiot. »

VOUS DEVEZ VOUS RAPPELER — DE LA *DATE DE SON ANNIVERSAIRE*! SINON, ATTENDEZ-VOUS À AVOIR LES PIRES ENNUIS!

Le romantisme sert à exprimer votre amour pour une personne spéciale. Ce n'est pas une monnaie d'échange. Si vous l'utilisez ainsi, vous dégraderez votre geste, dévaloriserez votre relation et augmenterez la mise pour la prochaine ronde d'échanges.

GREGORY J.P. GODEK

93

- Commencez à conserver des souvenirs de votre vie ensemble. Créez une « boîte de souvenirs ».
- Conservez les programmes de théâtre, les reçus de restaurants.
- Conservez des coquillages et du sable, lors de vos vacances au soleil.
- Conservez les étiquettes des bouteilles de vin et les bouchons des bouteilles de champagne.
- Conservez les menus et les napperons des restaurants.
- Conservez les itinéraires de vos voyages en voiture.
- Conservez les billets d'avion, les billets de théâtre, les billets d'événements spéciaux, les billets de cinéma, etc.

VOUS DEVEZ VOUS RAPPELER — *DE VOTRE ANNIVERSAIRE DE MARIAGE*! POURQUOI NE PAS PRENDRE UN CONGÉ DE CIRCONSTANCE?

- Utilisez ces souvenirs pour créer un cadeau unique à l'occasion d'un anniversaire spécial. Faites un collage, un parchemin, une boîte de souvenirs ou un album.

VOUS DEVEZ VOUS RAPPELER — *DE LA SAINT-VALENTIN*! ALLEZ! OFFREZ-LUI DES FLEURS ET DU CHOCOLAT!

Un baiser n'est qu'un baiser

94

- Offrez-lui une papillote de Hershey (*Hershey's Kiss*).
- Offrez-lui *mille* papillotes de Hershey.
- Retirez les languettes (sur lesquelles est inscrit le mot *Kisses*) d'environ deux cents papillotes. Déposez-les dans un coffre à bijoux et emballez-le avant de le lui présenter.
- Rédigez un certificat subtil indiquant que chaque petite languette peut être échangée contre un baiser.

POUR VOTRE INFORMATION :
HERSHEY FABRIQUE
33 MILLIONS DE *KISSES*
CHAQUE JOUR.

95 Les plus beaux baisers du cinéma :

- *Les pages de notre amour* : Quand Noah et Allie, trempés et ne pouvant plus faire fi des sentiments qu'ils ressentent l'un pour l'autre, s'embrassent sous la pluie.

POUR VOTRE INFORMATION — POUR LES LETTRES ET LES COURRIELS : LES X SIGNIFIENT LES BAISERS, LES O, LES ÉTREINTES.

UTILISEZ LES X MAJUSCULES POUR LES BAISERS LANGOUREUX ET LES X MINUSCULES POUR LES PETITES BISES. MÊME CHOSE POUR LES O : LES O MAJUSCULES SYMBOLISENT LES ÉTREINTES BRÛLANTES, LES MINUSCULES, LES ACCOLADES.

- *L'homme araignée* : Quand Mary Jane ne découvre que la bouche de Parker sous son masque et qu'elle l'embrasse alors qu'il est suspendu la tête en bas.

- *Autant en emporte le vent* : Quand Rhett vole un baiser langoureux à Scarlett, alors qu'il l'aide à fuir et qu'Atlanta brûle.

GREGORY J.P. GODEK

 Les plus belles chansons à propos des baisers :

- ♥ *Embrasse-moi*, Édith Piaf
- ♥ *Dans leur baiser*, Édith Piaf
- ♥ *Kiss Me*, Sixpence None the Richer
- ♥ *Hold Me, Thrill Me, Kiss Me, Kill Me*, U2
- ♥ *Viens m'embrasser*, Julio Iglesias
- ♥ *The Kiss*, The Cure
- ♥ *Le baiser*, Alain Souchon
- ♥ *This Kiss*, Faith Hill
- ♥ *Le dernier baiser*, Serge Lama
- ♥ *Let's Just Kiss*, Harry Conning Jr
- ♥ *A Kiss to Build a Dream On*, Louis Armstrong

POUR VOTRE INFORMATION : QUAND VOUS EMBRASSEZ, VOUS UTILISEZ TRENTE-QUATRE MUSCLES FACIAUX.

Un soupir n'est qu'un soupir

97 Parsemez la chambre de pétales de rose.

98 Vous croyez être le seul à écrire des poèmes sirupeux et exubérants? Pensez-y bien …

> *Tu me manques,*
> *tu me manques, tu me manques ;*
> *Tout ce que je fais*
> *Trouve son écho dans ton rire*
> *Et dans ta voix.*
> *Tu es à tous les coins,*
> *Tous les tournants, à la*
> *croisée de tous les chemins.*
> *Chaque endroit familier*
>
> *Est marqué par ton absence.*
> *Oh! Tu me manques, tu me manques!*
> *Mon Dieu! Tu me manques, ma belle!*
> *Un silence étrange et triste pèse*
> *Au milieu de ce tourbillon*
> *Et toutes les petites choses*
> *Que je fais quotidiennement*
> *Attendent avec moi, espérant*
> *Un mot de toi.*

—David Cory, extraits de *Miss You*

99 Une lettre d'amour bien écrite fera soupirer votre amour. Ces lettres font également des souvenirs précieux. Par contre, de nombreuses personnes m'ont fait part de leur malaise : elles se sentent parfois ridicules d'écrire une vraie lettre d'amour. Certains croient qu'il est démodé d'exprimer ses véritables sentiments, sa passion et sa fébrilité.

> RÉDIGEZ UN « POÈME EN CINQ MINUTES ». DÉPOSEZ CE LIVRE — MAINTENANT — ET CONSACREZ LES CINQ PROCHAINES MINUTES À LA RÉDACTION D'UN COURT POÈME D'AMOUR. (FAITES CET EXERCICE UNE FOIS PAR JOUR PENDANT UNE SEMAINE ET VOUS PERFECTIONNEREZ VOS COMPÉTENCES!)

Peut-être seriez-vous mieux inspiré si vous pouviez seulement voir les lettres d'amour de quelqu'un d'autre? Pourquoi pas un extrait d'un billet doux de Napoléon à Joséphine de Beauharnais :

> « Je me réveille plein de toi. Ton portrait et le souvenir de
> l'enivrante soirée d'hier n'ont point laissé
> de repos à mes sens. Douce et incomparable Joséphine,
> quel effet bizarre faites-vous sur mon cœur! »

Les principes fondamentaux s'appliquent

100 Les romantiques établissent leurs priorités. Quelles sont-elles? Je veux dire quelles sont vos véritables priorités? En d'autres termes, *que faites-vous de vos temps libres?* Ce que vous en faites reflète vos priorités réelles. (La plupart des gens déclarent que la maison et la famille représentent ce qui est le plus important pour eux, mais leurs *actes* révèlent le contraire).

Vivre une vie remplie d'amour signifie aligner votre comportement sur vos convictions.

« POUR VIVRE UN
MARIAGE HEUREUX,
LE SECRET EST DE
COMPRENDRE QUE CET
ENGAGEMENT DOIT ÊTRE
TOTAL, PERMANENT
ET ÉGAL. »
— FRANK PITTMAN

Faites une évaluation honnête de la façon dont vous passez le temps. Faites une grille dans laquelle vous indiquerez comment se déroule une semaine moyenne. Vous allez probablement faire des découvertes surprenantes!

Dites-lui : « Pourquoi ne pas planifier une sortie spéciale : un dîner ou un souper en tête-à-tête, une soirée au cinéma, — qu'importe. Tu choisis l'heure et l'endroit et j'y serai — *peu importe si j'avais déjà prévu autre chose.* » Cela indique qu'elle représente votre principale priorité — au-delà du travail, des amis, des loisirs, etc.

Vous faites des heures supplémentaires, parfois, n'est-ce pas? Pourquoi ne pas consacrer un peu de temps supplémentaire à votre relation?

101 Les romantiques savent que l'amour est un *processus*. Si, d'un côté, nous, les romantiques, avons tendance à vivre le moment présent, nous nous attendons également à être là pour longtemps — ainsi, nous ne nous inquiétons pas trop des problèmes qui se posent aujourd'hui. Nous savons que l'amour, comme la vie, est un *processus*. Les choses changent. Les choses évoluent. L'avenir est devant nous et il est probablement rempli de bonheur!

Ajustez un peu votre horaire quotidien, de façon à faire avancer le processus amoureux dans votre vie.

Certaines lectures pourraient vous aider à mieux comprendre ce processus. Je vous suggère, notamment : Love & Respect : *The Love She Most Desires, The Respect He Desperately Needs*, du Dr Emerson Eggerichs.

> VOUS APPRÉCIEREZ PEUT-ÊTRE AUSSI LE LIVRE INTITULÉ : *LOVE — THE COURSE THEY FORGOT TO TEACH YOU IN SCHOOL*, D'UN DÉNOMMÉ GODEK.

Alors que le temps passe

102 L'amour est intemporel. Pour le *prouver*, couvrez toutes les horloges de la maison pendant une fin de semaine complète. (Rappelez-vous que l'une des meilleures choses, pendant les vacances, est le fait d'être libéré des horaires, de l'heure et des rendez-vous. Vous pouvez créer des mini-vacances, en vous libérant de la tyrannie des horloges pendant 48 heures).

INDICATIF MUSICAL
DE CE CHAPITRE :
LE TEMPS PASSE, DE
MICHEL PAGLIARO

103 Offrez-lui une montre-bracelet. Faites inscrire : «*J'ai toujours du temps pour toi.*»

104 Procurez-vous une petite bouteille (peut-être une bouteille ancienne ou un petit pot bien particulier). Remplissez-le de sable. Fermez-le. Étiquetez-le avec l'inscription suivante : «Temps supplémentaire». Offrez-le à votre partenaire.

> INSPIRÉ DE LA CHANSON
> DE JIM CROCE :
> *TIME IN A BOTTLE.*

105 Il lui a donné une boîte à musique toute simple, qui faisait entendre la mélodie *As Time Goes By*. Dans la carte, il a écrit : «*Alors que le temps passe*, je t'aime de plus en plus.»

106 Vous dites que vous auriez besoin de *plus de temps* pour être romantique? Créez-en! Les stratégies pour savoir comment se trouvent dans un petit livre intitulé : *No Time for Sex : Finding the Time You Need for Getting the Love You Want*, de David et Claudia Arp.

(Encore, Sam)

A   Multiples projections du film préféré de votre amour.

B   Multiples lunes de miel. (Pas seulement pour les nouveaux mariés!)

C   Multiples orgasmes (!)

INDICATIFS MUSICAUX DE CE CHAPITRE : *POUR QUE TU M'AIMES ENCORE*, DE CÉLINE DION *ENCORE ET ENCORE*, DE FRANCIS CABREL

108 Renouvelez vos vœux de mariage. Vous pouvez organiser une petite cérémonie privée, juste tous les deux. Ou encore refaire tout un mariage officiel!

109 Retournez à l'endroit où vous avez demandé sa main. Apportez une bouteille de champagne. Buvez à votre chance d'être ensemble.

110 ♥ Revivez votre premier rendez-vous.
♥ Revivez votre première *nuit* ensemble.

111 À quand remonte la dernière fois où vous vous êtes assise sur ses genoux et où vous vous êtes cajolés comme à l'époque de l'école secondaire?

LES GESTES FAMILIERS — EFFECTUÉS AVEC UNE PETITE TOUCHE DE CRÉATIVITÉ — CARACTÉRISENT LES GENS QUI VIVENT UNE RELATION A+.

63

Petits mots d'amour (1)

112 Écrivez « Je t'aime » sur le miroir de la salle de bain à l'aide d'un morceau de savon.

> OUI, L'AUTEUR DOIT NETTOYER LE MIROIR.

113
- ♥ Écrivez-lui une lettre d'amour ou un poème sur une feuille de papier. Collez-la sur un carton mince que vous couperez en morceaux, comme un casse-tête, et envoyez-lui, pêle-mêle, toutes les pièces par la poste.
- ♥ Ou postez un morceau par jour!

114 Écrivez « Je t'aime » sur chacune des feuilles d'un paquet de languettes adhésives (*Post-It*) et collez-les *partout* dans la maison!

115
- ♥ Écrivez des petits mots d'amour sur les œufs, dans le réfrigérateur.
- ♥ Dessinez des grimaces amusantes sur les œufs, dans le réfrigérateur.

116 Découpez des titres intéressants/suggestifs/inhabituels/drôles dans les quotidiens. Quand vous en aurez environ vingt-cinq, mettez-les tout simplement dans une enveloppe et postez-les à votre douce moitié.

117 Écrivez une note brève à votre partenaire, qui s'étalera sur plusieurs cartes postales. Rédigez une courte phrase sur chacune d'entre elles et mettez-les à la poste, une à la fois. Vous créerez ainsi une certaine anticipation à l'égard de la conclusion romantique qui sera dévoilée, lors de la réception de la dernière carte postale. (Vous pourriez peut-être livrer cette carte *vous-même*.)

Petits mots d'amour (2)

118 Vous rappelez-vous des mots que nous passions de l'un à l'autre, dans la classe? Vous rappelez-vous comment les plier pour en faire des carrés minuscules? *Si ce n'est pas le cas, demandez à un ado de vous aider.*

INDICATIF MUSICAL DE CE CHAPITRE : *LETTRE D'AMOUR,* DE BEAU DOMMAGE

119 Placez des petites notes sur différents produits :

💜 Liquide à laver la vaisselle de marque Joy : « Chaque jour avec toi est une véritable joie. »
💜 Savon Caresse : « C'est ce que j'ai l'intention de faire avec toi ce soir. »
💜 Bouteille de sauce Tabasco : « Tu pimentes ma vie! »
💜 Splenda : « Ils ont dû s'inspirer de toi pour donner ce nom à un produit aussi sucré! »

120

NE SIGNEZ PAS VOS LETTRES D'AMOUR EN DISANT « IL N'Y EN A QU'UNE SUR UN MILLION, COMME TOI. » (CELA SIGNIFIERAIT QU'IL Y A *SIX MILLE* EXEMPLAIRES D'ELLE DANS LE MONDE.)

💜 Envoyez-lui un paquet d'allumettes par la poste, accompagné de la note suivante : « Je *brûle* pour toi ».
💜 Envoyez-lui une paire de gants de cuisine par la poste, accompagnée de la note suivante : « Je *brûle* pour toi ».
💜 Envoyez-lui une bouteille de sauce Tabasco, accompagnée de la note suivante : « Je *brûle* pour toi ».
💜 Envoyez-lui votre slip le plus sexy par la poste, accompagné de la note suivante : « Je *brûle* pour toi ».

GREGORY J.P. GODEK

121 Envoyez un télégramme, comme dans le bon vieux temps. Visitez le www.westernunion.com.

122 Écrivez des mots amusants sur un rouleau de papier hygiénique.

Écrivez des mots d'amour sur des ballons, à l'aide d'un marqueur.

Tracez vos initiales dans la poussière de la table à café.

Écrivez des petites notes amusantes dans la marge de son *Cosmo*.

Écrivez des notes sexy dans la marge de son *Playboy*.

Griffonnez des mots d'amour dans son agenda.

Écrivez des rappels romantiques sur sa liste de choses à faire.

Leçons de niveau élémentaire

123 Le romantisme se traduit par un *état d'esprit*. Si vous avez le bon, vous pouvez faire du nettoyage de la salle de bain une activité romantique. Avec un *mauvais* état d'esprit, même une promenade au clair de lune sur la plage s'avérera une expérience pénible.

124 Le romantisme est une *façon d'être*. Une façon de transformer vos sentiments en actions. C'est la reconnaissance que l'amour, dans l'*abstrait*, n'a aucune signification! « L'amour dans l'action » est peut-être la meilleure définition du romantisme. L'amour est le *sentiment* — le romantisme se reflète dans l'action. Vous comprenez? Le romantisme *commence* souvent par un état d'esprit, mais il doit évoluer au-delà des pensées et des intentions et être communiqué à votre partenaire — à l'aide de mots, de cadeaux, de petits gestes, de petites caresses, de regards — au moyen *d'actions*.

125 Le romantisme se reflète dans les *petites choses*. Il s'agit plus de petits gestes — ceux qui rendent votre vie de couple si spéciale — que de gestes extravagants et coûteux.

126 Il existe deux types de romantisme : 1) celui qui est *obligatoire*, 2) celui qui est facultatif. Le romantisme obligatoire est régi par la loi. Par exemple, si vous n'envoyez pas de roses à la Saint-Valentin, il est préférable que vous ne risquiez pas de vous présenter pas à la maison! Mais le romantisme *facultatif* est beaucoup plus efficace! Il est plus sincère. Il se traduit par des gestes romantiques que vous effectuez alors que *vous n'y êtes pas obligé*. Comme le fait d'arriver à la maison un mardi soir avec une bouteille de champagne — pour rien! Comme les massages et les messages. Comme les cartes et les chandelles et les chansons et…

Leçons de niveau secondaire

127 Évoluez au-delà de ce que j'appelle le « romantisme générique ».

C'est ce que notre culture définit comme étant romantique : le chocolat, le champagne, les soupers, les diamants, les films, les roses, la lingerie, le parfum, les fleurs, les cartes et les bonbons. Oui, toutes ces choses sont romantiques — oui, j'offre parfois des roses à mon épouse, Karyn — mais ce n'est qu'un début, c'est l'écrémage de la surface.

Si vous souhaitez que votre relation survive (qu'elle profite plus ou moins) pendant au moins cinquante ans, vous devez aller biiiiiieeen au-delà du romantisme générique.

128 Le choix du bon moment est *crucial*.

♥ Faire des surprises demande une grande acuité temporelle.
♥ Les cartes d'anniversaire en retard devraient être interdites par la loi.
♥ Le chocolat est romantique — *sauf si elle est à la diète*.
♥ S'il est préoccupé par un important projet, au travail, ne considérez que les petits gestes romantiques (réservez les grands pour un moment plus opportun, quand il pourra les apprécier vraiment.)

129 Flirtez avec elle dans une réception, comme si vous étiez tous deux célibataires.

♥ Niveau débutant : flirtez juste un peu. Faites-lui des clins d'œil. Complimentez-la.
♥ Niveau secondaire : agissez comme si vous teniez absolument à rentrer avec elle, mais sans qu'aucun autre invité ne sache ce que vous faites.
♥ Niveau intermédiaire : continuez de vivre ce fantasme pendant le retour à la maison!
♥ Niveau supérieur : agissez comme si vous teniez absolument à rentrer avec elle pendant une réception — et retirez-vous dans un endroit isolé, une chambre, un placard, une véranda et faites l'amour follement, passionnément!

ÊTES-VOUS PRÊT À ALLER AU-DELÀ DU ROMANTISME GÉNÉRIQUE?

Leçons de niveau intermédiaire

130 Transformez les événements quotidiens et courants en « petites célébrations » — des occasions d'exprimer l'amour que vous ressentez à l'égard de votre partenaire. Nous ne parlons pas de passion, ici, mais bien de tendresse. (Nous traiterons de la passion plus loin…). Un peu de prévoyance peut transformer ce qui est ordinaire en quelque chose de très spécial. Nouez un ruban autour d'une tasse de thé sirotée juste avant le coucher. Faites éclater votre propre maïs soufflé quand vous visionnez un film, à la maison. Transformez le *jour* de son anniversaire en un *mois* d'anniversaire. Offrez-lui une bouteille de champagne pour la remercier d'avoir fait l'épicerie. Déposez une carte de remerciements sur le siège de la voiture pendant qu'il s'apprête à aller faire les courses.

INDICATIF MUSICAL
DE CE CHAPITRE :
APPRENDS-MOI
« TORRENO »,
DE MIREILLE
MATHIEU

131 Reconnaissez qu'*un* seul mode d'expression est vraiment insuffisant. Nous adoptons des attitudes qui nous viennent naturellement : des comportements qui sont faciles, naturels, habituels ; des modes d'expression que nous utilisons sans même y penser. Ces modes d'expression ne sont pas nécessairement innés au sexe (bien que les auteurs de pop psychologie déclarent le contraire). Est-ce que vous *parlez* de vos sentiments — ou si vous agissez en fonction de vos sentiments ? Êtes-vous vif et spontané — ou lent et méthodique ? Traitez-vous d'abord l'information dans votre tête — ou dans votre cœur ? Vous exprimez-vous de façon directe — ou plus subtilement ?

Il ne s'agit pas de déterminer ici si vous avez « tort » ou « raison » — c'est « votre » façon de faire et celle de votre partenaire. La première leçon est d'accepter que votre partenaire exprime ses sentiments de manières de toutes sortes. Célébrez et respectez ces différences et je vous promets que, même si vous ne faites que cela, vous verrez une nette amélioration de votre relation!

La deuxième leçon est de reconnaître vos propres modes de communication. La meilleure façon de mieux communiquer est de faire appel aux canaux de communication que vous utilisez naturellement.

> « L'AMOUR EST LE TRIOMPHE DE L'IMAGINATION ET DE L'INTELLIGENCE. »
> — H.L. MENCKEN

Leçons de niveau supérieur

132

WOW! TOUTES CES CHOSES QUE VOUS APPRENEZ QUAND VOUS LISEZ DES OUVRAGES DE VRAIE PSYCHOLOGIE AU LIEU DE VOUS FIER À LA POP PSYCHO!

- ♥ Biologie de niveau supérieur : En matière de sexe et de sexualité, les hommes et les femmes sont *différents*!

- ♥ Psychologie de niveau supérieur : Mais quand il s'agit d'émotions et d'amour, les hommes et les femmes présentent plus de similitudes que de *différences*.

133 Vous pouvez être vous-même : ça marche! Je suis toujours étonné de constater que, pour bon nombre de personnes, « être romantique » signifie, d'une certaine façon, être autre chose que « soi-même ».

Les hommes ne s'attendent pas vraiment à ce que les femmes soient des *playmates* et les femmes ne s'attendent pas vraiment à ce que les hommes soient des héros de romans Harlequin. Ce que nous recherchons est l'étincelle, la magie, la fébrilité de l'amour : l'expérience que nous connaissons tous au début d'une relation amoureuse. Cette expérience peut être recréée par le romantisme — par l'expression de vos sentiments. Vous n'aurez jamais besoin d'être quelqu'un d'autre que vous-même, mais vous vous devrez de rester en contact avec vos sentiments et d'agir en fonction d'eux.

134 Commencez par n'importe quel concept romantique de base, puis *ajoutez-lui une petite touche spéciale* — bâtissez-le, étendez-le, exagérez-le, faites preuve de créativité, marquez-le de votre empreinte personnelle — et vous vous créerez un inventaire *infini* de nouvelles idées romantiques.

Le Boudoir

135 La chambre à coucher est votre refuge privé et romantique. Ne la transformez pas en débarras.

- ♥ Sortez ce téléviseur!
- ♥ Pas de lumière trop forte!
- ♥ Pas d'exerciseurs!
- ♥ Mettez des fleurs sur la table de nuit.
- ♥ Ayez toujours des chandelles sous la main.
- ♥ De l'huile à massage est essentielle.

136 Au lieu d'un simple petit-déjeuner au lit, organisez un *élégant festin*! Concoctez quelque chose de spécial : des crêpes aux bleuets? Des rôties à la cannelle? Le jus d'oranges fraîchement pressées? Un café de torréfaction française?

Utilisez votre plus beau service de vaisselle et des verres de cristal. Ajoutez de nombreuses chandelles. Et des fleurs.

INDICATIF MUSICAL DE CE CHAPITRE : *MA CHAMBRE*, DE CÉLINE DION

LORSQU'ELLE S'EST ENDORMIE, PLACEZ UNE CARTE DE VŒUX DEVANT SON RÉVEILLE-MATIN. AVANT QU'ELLE SE LÈVE, DEMANDEZ-LUI L'HEURE.

137 « Un petit déjeuner au lit est très agréable — mais assez *courant*, trouvez-vous? », a déjà fait remarquer un couple, dans une de mes classes. « Nous pensons que le groupe serait intéressé par l'un de nos passe-temps préférés : le *souper* au lit! »

138
- ♥ Lit à baldaquin : le plus romantique des lits/catégorie féminine
- ♥ Lit de cuivre : le plus romantique des lits/catégorie masculine

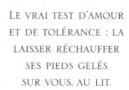

LE VRAI TEST D'AMOUR ET DE TOLÉRANCE : LA LAISSER RÉCHAUFFER SES PIEDS GELÉS SUR VOUS, AU LIT.

La cuisine

139 Faites connaissance avec le propriétaire, le gérant ou le maître d'hôtel de votre restaurant préféré. Devenez un « client régulier » et vous obtiendrez les meilleures tables, le meilleur service et les meilleurs vins, de même que des conseils sur ce qui est *vraiment* bon au menu, ce soir.

INDICATIF MUSICAL
DE CE CHAPITRE :
HUNGRY.
D'ERIC CLAPTON

140 « À la recherche du restaurant le plus romantique en ville ». Dressez une liste des candidatures que vous aurez recueillies, à partir des critiques dans les médias et des conseils de vos amis. Visitez un restaurant par semaine. Accordez-leur une note, suivant vos propres critères.

141 Votre partenaire a-t-il ou elle un plat favori qu'il ou elle choisit *toujours* lorsque vous sortez pour dîner? Si c'est le cas, rédigez une description personnalisée et collez-la secrètement dans son menu. (« Pasta Prima Patricia ». « Bœuf Bob Wellington ». « Œufs à la Lisa ».)

142 Dînez ou soupez dans un endroit *inhabituel*. Les musées, par exemple, abritent des cafés raffinés. Les aéroports ont des restaurants qui offrent une vue splendide. Les restaurants ouverts toute la nuit peuvent être amusants à fréquenter.

143 Levez-vous de très bonne heure, un matin de semaine, et allez déjeuner avec votre douce moitié. C'est une façon inusitée de commencer la journée.

Mots d'amour (3)

144 Écrivez-une lettre d'amour qui se déclinera sur vingt-cinq fiches que vous cacherez partout dans la maison. Les trouver représentera le premier défi. Les mettre en ordre sera le *second*!

145 Les bandes dessinées peuvent parler pour vous. Collez-les sur le réfrigérateur. Glissez-les dans son sac. Cachez-les dans son porte-documents. Entassez-les dans sa mallette.

- ♥ Charlie Brown et ses amours sans réciprocité
- ♥ Obélix et l'amour qu'il a pour Falbala
- ♥ L'amour qu'Achille Talon se porte à lui-même
- ♥ Toutes les déclarations d'amour des Schtroumpfs à la Schtroumpfette
- ♥ Dilbert et ses tentatives de rencontres qui tournent toujours au désastre
- ♥ Les insécurités d'Agrippine et de Cellulite, les personnages de Claire Bretécher

146 Si vous êtes peu doué pour les activités épistolaires, créez une lettre d'amour *audio*. Asseyez-vous avec un enregistreur électronique et parlez-lui pendant dix minutes. Téléchargez ensuite le message sur votre ordinateur et envoyez-le lui par courriel.

> ÉCRIVEZ UNE LETTRE D'AMOUR, MAIS EN *LETTRES INVERSÉES*. VOTRE DOUCE MOITIÉ DEVRA DONC TENIR UN MIROIR POUR POUVOIR LA LIRE.

147 Ajoutez un peu de fantaisie à vos mots d'amour et à leurs enveloppes en utilisant des timbres de caoutchouc festifs, extravagants ou personnalisés. (Vous pouvez même faire faire une photographie sur un tel timbre!) Postes Canada vous offre la possibilité de vous procurer des timbres poste personnalisés. Visitez le www.postescanada.ca. Pour les timbres en caoutchouc, rendez-vous au www.creativemode.com ou au www.createstamp.com.

Mots d'amour (4)

148 Trouver une signification spéciale à différents articles est une habitude romantique utile, qu'il vous faut développer. Voici quelques titres de disques qui pourraient vous aider.

Joignez une note appropriée au CD et offrez-le à votre partenaire. Ou créez un « Coupon d'amour » musical dont le thème est jumelé au titre du CD.

♥ *Second time around*, Oliver Jones
♥ *Love Scenes*, Diana Krall
♥ *August*, Eric Clapton
♥ *Hier encore : Best of Studio et Live à l'Olympia*, Charles Aznavour
♥ *L'œuvre intégrale*, Jacques Brel
♥ *No Ordinary Love*, Sade
♥ *Docteur Tendresse*, Daniel Lavoie
♥ *Paris Texas*, Ry Cooder
♥ *No Angel*, Dido
♥ *Savage Garden*, Savage Garden
♥ *L'Essentiel 1977-2007*, Francis Cabrel
♥ *Comment le dire*, Patrick Normand

QUELS ALBUMS DANS VOTRE COLLECTION ONT UN TITRE QUI A UNE SIGNIFICATION SPÉCIALE?

RECOMMANDATION PERSONNELLE DE L'AUTEUR : LE NOUVEL ALBUM D'AARON SKYY, *SKYY'S THE LIMIT*. IL COMPREND QUELQUES BELLES CHANSONS ROMANTIQUES R & B COMME « LOVE LETTER », « CAN'T STOP LOVING YOU » ET LE SUCCÈS « THE ONE ».

♥ *You Light Up My Life*, Leann Rimes
♥ *La ligne orange*, Mes Aïeux
♥ *Beaucoup de Bécaud*, Gilbert Bécaud
♥ *Blues on The Bayous*, B. B. King
♥ *You Sing to Me*, Marc Antony
♥ *Back the Bedlam*, James Blunt
♥ *Come Away with Me*, Norah Jones
♥ *Pretty Woman*, Roy Orbison
♥ *D'eux*, Céline Dion
♥ *Love to Love You Baby*, Donna Summer
♥ *The Complete Tom Jones*, Tom Jones
♥ *Tous les sens*, Ariane Moffatt
♥ *Éternel*, Joe Dassin

Je t'aime

149 *« Je t'aime »*. Ces deux petits mots polyvalents, souvent répétés… que nous ne nous fatiguons pas d'entendre. Dites-les. Dites-les souvent. Dites-les avec *conviction*. Avec intention.

150 Des timbres poste collés à l'envers signifient « je t'aime ».

> INDICATIFS MUSICAUX
> DE CE CHAPITRE :
> JE T'AIME, LARA FABIAN
> JE T'AIMAIS, JE T'AIME, JE T'AIMERAI,
> FRANCIS CABREL
> JE T'AIME ENCORE, CÉLINE DION
> JE T'AIME, MIREILLE MATHIEU
> IDIOTE JE T'AIME,
> CHARLES AZNAVOUR

151 Vous pourriez apprendre à dire « je t'aime » en langage gestuel. Ces ressources vous enseigneront comment : *Prêt à signer : Guide de conversation en langue des signes*, collectif, chez Monica Companys et un DVD : *Langue des signes française*, chez LCJ Éditions.

Si vous êtes plus ambitieux, vous pourriez aller au-delà du simple « je t'aime », dans votre apprentissage, et découvrir comment entretenir des conversations amoureuses intimes et silencieuses, au milieu d'une foule.

152 Appelez-la du bureau seulement pour lui dire que vous l'aimez.

> CETTE TRADITION A ÉTÉ LANCÉE
> PENDANT LA PREMIÈRE GUERRE
> MONDIALE, ALORS QUE LES SOLDATS
> ET LEURS DULCINÉES S'ENVOYAIENT
> DES LETTRES D'AMOUR QUI
> COMPORTAIENT CE CODE AMOUREUX.

Ai Shite Imasu

153

1. Allemand : Ich liebe dich
2. Anglais : I love you
3. Apache : Shi ingôlth-a
4. Arabe : Ahebbek
5. Arménien : Sírem zk ez
6. Aztèque : Nimitzlaco'tla
7. Bengali : Ami tomake bhalo basi
8. Birman : Chítte
9. Bulgare : Obícom te
10. Cambodgien : Khñoms(r) alañ ' neak
11. Cantonais : Kgoh òi nei
12. Cherokee : Kykéyu
13. Cheyenne : Ne-méhotatse
14. Chinois : Wo ài nei
15. Coréen : Na nun tangshinul sarang hamnida
16. Danois : Eg elskar dig
17. Égyptien : Anna bahebek
18. Espagnol : Te amo
19. Finnois : Mínä rákistan sínua
20. Français : Je t'aime
21. Gaélique (Irlande) : Mo ghradh thú
22. Gallois : Rwy'n dy garu di
23. Grec : Sàs agapo
24. Hawaïen : Aloha wau ia oe
25. Hébreu : Aní ohev otakh
26. Hindi : Man toojh ko pyár karta hun
27. Hollandais : It hous van jou
28. Hongrois : Szeretlék
29. Indonésien : Saja tjinta padamu
30. Inuit : Nagligivaget
31. Irlandais : Thaim in grabh leat
32. Islandais : Eg elska pig
33. Italien : Ti amo
34. Japonais : Ai shite imasu
35. Kurde : Asektem
36. Latin : Ego te amo
37. Mandarin : Wo ài ni
38. Mohawk : Konoronhkwa
39. Norvégien : Jeg elsker deg
40. Perse : Aseketem
41. Polonais : Ja cie kocham
42. Portugais : Eu te amo
43. Russe : Ya lyablyu tyebya
44. Samoan : O te alofa ya te oe
45. Sanskrit : Aham twan sneham karomi

GREGORY J.P. GODEK

46. Sioux : Techi 'hila	54. Turc : Seni severim
47. Somalien : Wandkudja'alahai	55. Tzigane : Mándi komova toot
48. Suédois : Jag älskar dig	56. Ukrainien : Ya vas Kikháyu
49. Swahili : Mimi nakupenda	57. Vietnamien : Anh yëu em
50. Taïwanais : Ngùa ai di	58. Yiddish : Ich libe dich
51. Tchèque : Miluji vás	59. Yougoslave : Ja te volim
52. Thaïlandais : Pom rak khun	60. Zoulou : Ngi ya thandela wena
53. Tibétain : Khyod-la cags-so	

Faites preuve de créativité

154 Inventez un « pot d'idées créatives ».

♥ Écrivez une centaine d'idées romantiques sur autant de petites bandes de papier. Remplissez-en le pot. Une fois par semaine, l'un de vous deux tire une idée au sort et doit la réaliser durant la semaine. Vous pigerez à tour de rôle.

♥ Ou, numérotez 1 001 bouts de papier. Pigez un numéro et référez-vous à l'idée correspondante dans ce livre. (Pour cette activité, vous souhaiterez peut-être sauter le chapitre « Peu importe la dépense » !)

♥ Ou, numérotez des bandelettes de papier de un à dix mille (!) — et utilisez le pot d'idées romantiques pour choisir un article de mon livre, 10 000 *Ways to Say I Love You.*

CHACUN DE NOUS A UN ÉNORME POTENTIEL DE CRÉATIVITÉ. VOUS N'AVEZ QU'À PIGER DEDANS!

155 Est-elle une fanatique des mots croisés? Faites-en un *sur mesure* pour elle. Donnez des indices qui se rapportent à votre relation et à votre vie à deux : des blagues privées, des phrases drôles et le nom de vos chansons préférées. (Et peut-être un peu de matière suggestive… hein?)

Pour lui faire une vraie surprise, collez soigneusement les mots croisés que vous avez concoctés sur ceux de son journal — et attendez qu'elle les découvre!

156 Retirez le mécanisme d'une carte de souhait musicale et installez-le sous une assiette ou à l'intérieur d'une boîte de chocolats en forme de cœur.

Soyez prêts

157 Soyez prêts — à *tout*! Créez un placard de cadeaux. Achetez les cadeaux d'avance ; profitez des soldes ; commandez des articles en grande quantité et bénéficiez de rabais ; procurez-vous des choses lors des soldes de fin de saison ; faites des achats sur un coup de tête. Ensuite, entreposez-les et conservez-les pour plus tard.

- ♥ Vous n'aurez plus jamais à courir à la dernière minute pour trouver un cadeau d'anniversaire.
- ♥ Vous n'aurez jamais autant de plaisir à offrir des cadeaux.
- ♥ Votre partenaire l'appréciera.
- ♥ Vous épargnerez de l'argent!
- ♥ Vous serez prêt à la surprendre chaque fois que vous en aurez envie.

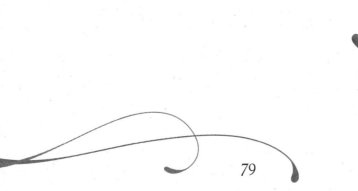

Si vous habitez une toute petite maison ou un appartement exigu, créez plutôt un « tiroir de cadeaux » ou une boîte de cadeaux que vous placerez sous le lit.

158 Soyez prêts pour des escapades amoureuses spontanées. Prévoyez des sacs de voyage pour lui et pour elle qui seront prêts en tout temps. Gardez-les sous le lit ou dans le coffre de la voiture.

159 Préparez-vous à faire les magasins! Connaissez bien toutes les tailles de votre partenaire! Vous devriez être en mesure d'acheter *n'importe quel* vêtement pour lui ou pour elle et de faire en sorte que 80 p. cent de vos achats sont de la bonne taille.

> CELA SEMBLE PARADOXAL, MAIS CELA NE L'EST PAS VRAIMENT : « PRÉPAREZ-VOUS À ÊTRE SPONTANÉS! »

- ♥ Pouvez-vous lui acheter n'importe quel article de lingerie? Un manteau? Un chandail?
- ♥ Pouvez-vous lui offrir une paire de chaussures? Des gants? Un *chapeau*?

> SOYEZ PRÊTS —
> AYEZ TOUJOURS SOUS LA MAIN :
>
> - UNE BOUTEILLE DE CHAMPAGNE
> - UNE CARTE DE VŒUX ROMANTIQUE
> - UNE CARTE DE SOUHAITS SEXY
> - L'ESTAMPILLE D'UN MESSAGE AMOUREUX
> - UN CALENDRIER DES ÉVÉNEMENTS LOCAUX OU RÉGIONAUX
> - QUELQUES CHANDELLES
> - UN PRODUIT MOUSSANT ET PARFUMÉ POUR LE BAIN
> - UNE PETITE BABIOLE AMUSANTE EN GUISE DE CADEAU
> - UN PEU D'ARGENT ADDITIONNEL
> - UN CD DE MUSIQUE ROMANTIQUE
> - UNE BOUTEILLE D'HUILE À MASSAGE

Toujours, toujours, toujours

160 Toujours, toujours, *toujours*, demeurez toujours en contact avec les façons particulières, mémorables et uniques d'avoir du *plaisir* ensemble.

- ♥ Quel est le plus grand plaisir que vous ayez connu habillés? Alors, recommencez!
- ♥ Quel est le plus grand plaisir que vous ayez connu déshabillés? *Alors…?!*

161 Découvrez ce qui déclenche la colère de votre partenaire — et faites le vœu de ne jamais vous en servir.

- ♥ Découvrez les bêtes noires de votre partenaire — et évitez-les.
- ♥ Découvrez les faiblesses de votre partenaire — et faites en sorte de l'aider à y faire face.
- ♥ Découvrez les points sensibles de votre partenaire — et contentez-les.
- ♥ Découvrez ce qui rebute votre partenaire — et évitez d'adopter ces comportements.
- ♥ Découvrez ce qui excite votre partenaire — et répétez, répétez, *répétez*!

VOUS RAPPELEZ-VOUS
LA DERNIÈRE FOIS OÙ
VOUS AVEZ VRAIMENT
JOUÉ ENSEMBLE?

GREGORY J.P. GODEK

**162** Gardez toujours à l'esprit qu'il existe de nombreuses — des milliers, des *millions* — façons d'exprimer l'amour. Et rappelez-vous que votre partenaire a parfaitement le droit d'exprimer son amour par des moyens auxquels vous ne vous attendez pas ou que vous ne souhaitez pas. Quand vous prétendez avec insistance que l'amour doit prendre une forme *particulière*, vous manifestez votre rigidité ou votre insécurité.

Suggestions de livres pour avoir encore plus de plaisir dans la vie :

Play Therapy with Adults, de Charles E. Schaefer

Play Therapy : The Art of Relationship, de Garry Landreth

Beyond Love and Work : Why Adults Need to Play, de Lenore Terr

Vous avez, bien sûr, le droit de voir certains aspects de l'amour prendre la forme que vous désirez. Mais ne vous atten-dez pas à ce que votre partenaire devine vos pensées! Si vous voulez quelque chose, dans la vie, vous devez assumer la responsabilité de l'exprimer. Vous pourriez simplement parler avec votre partenaire de vos désirs et de vos besoins. Certaines personnes peuvent reconnaître les indices subtils, alors que d'autres doivent dresser des listes et utiliser des aide-mémoire.

Si vous composez avec la personnalité de votre partenaire au lieu de vous y confronter, votre relation sera beaucoup plus heureuse.

Jamais, jamais, jamais

163 N'interrompez jamais, jamais, *jamais* votre partenaire lors d'une conversation téléphonique, pour prendre un autre appel à l'aide du dispositif d'appel en attente. Laissez votre service de messagerie téléphonique prendre l'appel entrant!!! Les couples qui ont une relation A+ savent qu'il est important de se consacrer mutuellement une attention suivie et exclusive.

164

- ❤ Ne posez jamais, jamais, *jamais* de papier peint ensemble.
- ❤ Ne manquez jamais, jamais, *jamais* de respect à son égard.
- ❤ Ne l'embarrassez jamais, jamais, *jamais* en public.
- ❤ Ne remettez jamais, jamais, *jamais* de chèques en guide de cadeaux.
- ❤ Ne l'embêtez jamais, jamais, *jamais*.
- ❤ N'oubliez jamais, jamais, *jamais* l'anniversaire de votre partenaire.
- ❤ Ne jetez jamais, jamais, *jamais* aux ordures quelque chose qui lui appartient.
- ❤ Ne dévoilez jamais, jamais, *jamais* une confidence.
- ❤ Ne faites jamais, jamais, *jamais* référence à votre épouse en l'appelant « ma bonne femme ».
- ❤ Ne lui offrez jamais, jamais, *jamais* de cadeaux pratiques.
- ❤ Ne dites jamais, jamais, *jamais* « oui, ma chérie » dans le seul but de la calmer.
- ❤ Ne faites jamais, jamais, *jamais* de blague à propos de son SPM.
- ❤ Ne le privez jamais, jamais, *jamais* de relations sexuelles pour le punir.
- ❤ Ne lui faites jamais, jamais, *jamais* la tête.
- ❤ Ne lui remettez jamais, jamais, *jamais* sa voiture avec un réservoir d'essence vide.
- ❤ Ne demandez jamais, jamais, *jamais* « ce qu'il y a pour dîner » avant d'avoir dit « je t'aime ».

NE JAMAIS, JAMAIS, *JAMAIS* DIRE « JE TE L'AVAIS DIT ».

GREGORY J.P. GODEK

Cadeaux, cadeaux, cadeaux

165 Les quarante-six types de cadeaux

1. Le cadeau surprise
2. Le cadeau d'une babiole
3. Le cadeau « c'est ce que j'ai toujours voulu »
4. Le cadeau romantique classique
5. Le cadeau de parfum
6. Le cadeau sexy
7. Le cadeau « Oh! Tu n'aurais pas dû! — mais j'adore! »
8. Le cadeau obligatoire
9. Le cadeau facultatif
10. Le cadeau fou
11. Le cadeau souvenir
12. Le cadeau « Mais où as-tu trouvé ça? »
13. Le cadeau fait à la maison
14. Le cadeau incroyablement cher
15. Le cadeau drôle
16. Le cadeau qui continue de donner
17. Le cadeau constitué d'un seul article gigantesque
18. Le cadeau à thème
19. Le cadeau personnalisé
20. Le voyage cadeau
21. Le cadeau culinaire
22. Le cadeau de sa couleur préférée
23. Le cadeau significatif
24. Le cadeau amusant
25. Le cadeau pratique
26. Le cadeau frivole
27. Le cadeau de première classe
28. Le chèque-cadeau romantique personnalisé
29. Le cadeau de type cadeau-dans-un-cadeau-dans-un-cadeau
30. Le cadeau enveloppé avec goût
31. Le cadeau d'anniversaire de naissance
32. Le cadeau d'anniversaire de mariage
33. Le cadeau de temps
34. Le cadeau d'argent
35. Le chèque-cadeau
36. Le cadeau de vous-même
37. Le cadeau abordable

38. Le cadeau adorable
39. Le cadeau fleuri
40. Le cadeau sans raison particulière
41. Le cadeau « héritage familial »
42. Le cadeau d'un objet d'art
43. Le cadeau décadent
44. Le cadeau de chocolat
45. La croisière-cadeau
46. Le cadeau d'un paquet
tout petit, minuscule

CETTE LISTE PEUT VOUS AIDER À Y PENSER, À VOUS DONNER UN PETIT ÉLAN CRÉATIF OU SIMPLEMENT SERVIR D'AIDE-MÉMOIRE.

Sexe, sexe, sexe

166 Voici quelque chose qui pourrait surprendre : « La Torah oblige un homme à satisfaire sa femme de façon à ce qu'elle atteigne l'orgasme avant lui. » Ce conseil pratique/sexuel/spirituel provient de l'étonnant ouvrage du rabbin Shmuley Boteach, *Kosher Sex : A Recipe for Passion and Intimacy.*

167
- Chronométrez-vous. Combien de temps vous faut-il pour faire l'amour *rapidement*?
- Chronométrez-vous : Combien de temps pouvez-vous *faire durer* votre relation sexuelle?

INDICATIF MUSICAL DE CE CHAPITRE : *SEXYBACK*, DE JUSTIN TIMBERLAKE

GREGORY J.P. GODEK

168

- Augmentez la fréquence de vos rapports amoureux de 33 p. cent.
- Augmentez le temps que vous accordez aux préliminaires de 150 p. cent.
- Augmentez la qualité de vos ébats de 21 p. cent.
- Réduisez de 15 p. cent les inhibitions que vous avez quand vous faites l'amour.

ACCROCHEZ DU GUI AU-DESSUS DE VOTRE LIT. (PAS SEULEMENT PERTINENT À NOËL!)

169

Apprenez à programmer votre DVD-vidéo — cela pourrait vous amener à avoir plus de relations sexuelles! Enregistrez son émission préférée. *Faites l'amour* pendant cet intervalle. (Conseil : choisissez son émission préférée d'une *heure* et non sa comédie de situation d'une *demi-heure*.)

170

Utilisez des *accessoires* pour améliorer vos ébats amoureux. Voici votre devoir pour ce soir : achetez un *chapon melon*. (Oui, un chapeau melon. Un de ces chapeaux de la belle-époque). Louez ensuite le film l'*Insoutenable légèreté de l'être*. Vous y apprendrez comment vous servir efficacement d'un chapeau melon.

LE CATALOGUE *PLAYBOY*. COMPOSEZ LE 1-800-423-9494 OU VISITEZ LE WWW.PLAYBOY.COM

Mots d'amour (5)

171 Placez un tout petit mot dans un ballon. Insérez le message, soufflez le ballon et nouez-le. Attachez une épingle à la corde.

172 Ne soyez pas à court de cartes de souhaits. En fin de semaine, accordez-vous un budget de 50 $ pour vous approvisionner. Ne posez pas de questions, *contentez-vous de le faire*! Foncez au magasin de cartes de souhaits le plus proche et passez une bonne heure à lire des centaines de cartes. Procurez-vous des cartes sentimentales. Des cartes sexy. De nombreuses cartes pour les anniversaires. Des cartes pour célébrer l'amitié. Des cartes sans inscription, qui vous permettent de mettre votre créativité à l'épreuve.

> « L'AMOUR EST L'ÉTAT OÙ LE BONHEUR D'UNE PERSONNE EST INDISPENSABLE AU VÔTRE. » — ROBERT A. HEINLEIN

♥ N'oubliez pas de remplir certaines de ces cartes au bureau.
♥ Apposez des timbres (personnalisés) à l'avance sur les enveloppes. Vous épargnerez ainsi du temps plus tard.

173 Voici quelques petites touches de créativité que vous pourrez ajouter aux lettres d'amour, aux mots d'amour, à la poésie, aux vers et aux tournures romantiques.

♥ Rédigez-les sur du beau papier parchemin.
♥ Faites-en des rouleaux que vous entourerez d'un ruban.
♥ Faites-les encadrer.
♥ Faites-les recopier par un calligraphe.
♥ Mettez vos poèmes en musique.
♥ Enregistrez cette nouvelle chanson.
♥ Publiez vos lettres d'amour dans un livre.
♥ Placez un mot d'amour dans les annonces classées.
♥ Créez une affiche pour un poème amoureux.
♥ Tapez-les à l'ordinateur. Ajoutez des fioritures.
♥ Écrivez une lettre en code.

> BONNE IDÉE! METTEZ VOTRE POÈME EN MUSIQUE!
>
> CONSULTEZ LE WEB POUR TROUVER UN « FABRICANT DE CHANSONS ».

Mots d'amour (6)

174 Lorsque vous voyagez, offrez-lui un bouquet de roses : une pour chaque jour où vous serez séparés. Annexez-lui une petite note disant quelque chose comme ceci :

METTEZ VOTRE CRÉATIVITÉ À PROFIT ET AYEZ DU PLAISIR, AVEC VOS NOTES!

> *« Ces trois fleurs représentent les trois jours où je serai éloigné de toi. Elles illustrent aussi l'amour, le bonheur et les rires que nous partageons ensemble. »*

175 Voici une autre combinaison fleurs-et-petite-note que vous pourrez utiliser en prévision d'une courte séparation. Offrez-lui un bouquet de myosotis, la fleur du souvenir.

> *« Souviens-toi de moi pendant mon absence. Tu n'es jamais loin dans mes pensées et toujours dans mon cœur. »*

176 Envoyez une rose à votre amoureux, accompagnée du message suivant : *« This bud's for you! »*

177 Retirez toutes les épines d'une douzaine de roses rouges avant de les offrir à votre douce moitié. La note :

> *« Ces roses symbolisent mon amour pour toi : parfait, pur, sans épines blessantes. Je ne suis pas parfait, mais mon amour pour toi l'est. »*

178 Donnez-lui des Gloire du matin. Je vous laisse le soin de trouver vous-même un lien à faire dans la note qui les accompagnera.

> ALERTE AUX CALEMBOURS!

Amour fou

179 Envoyez *cinq* arrangements floraux de grande taille à son bureau, un par heure, à partir de 13 h. Déclinez votre mot d'amour en cinq parties, pour accompagner chacun des bouquets.

180 Lors de leur premier rendez-vous, elle a ramassé un sou sur le sol en disant : « Un sou contre tes pensées. » Il a alors révélé ses pensées et elle lui a remis le sou. (Il l'a gardé.) Pendant qu'ils se fréquentaient, ils se sont souvent offert des sous en guise de petits jetons d'amour. Un jour, deux ans plus tard, il lui a présenté deux écrins de bague. Pendant qu'elle les ouvrait, il lui a dit : « Un sou contre tes pensées et un diamant contre ton cœur. Veux-tu m'épouser ? »

À l'occasion de leur dixième anniversaire de mariage, il lui a donné un sou du XIXe siècle, très rare, serti dans un pendentif. Lors de leur vingtième anniversaire, ils ont fait la visite de la Monnaie américaine pendant leurs vacances. Ils collectionnent désormais les sous dans des pots géants destinés à leurs deux petits-enfants.

« CE QU'IL Y A DE BIEN, QUAND ON TOMBE AMOUREUX, EST QUE, SI VOUS LE FAITES COMME IL FAUT, VOUS N'AUREZ PAS À TOUCHER LE SOL. »
— KENDALL LEPITZKI

181 Allez voir un film moche (*par exprès*) : asseyez-vous au balcon et embrassez-vous dans le noir.

Ordonnances d'amour

182 Première ordonnance romantique : Complimentez-la. Répétez toutes les quatre à six heures.

183 Deuxième ordonnance romantique : Dites-lui « je t'aime » au moins trois fois par jour. Maintenez cette dose *pour le reste de vos jours.*

184 Troisième ordonnance romantique : Prenez-la dans vos bras. Souvent!

185 Prenez un contenant de pilules vide. Remplissez-le de M&M et créez une étiquette maison. Quelque chose comme :

PATIENT : (LE SURNOM AFFECTUEUX QUE VOUS DONNEZ À VOTRE PARTENAIRE).
MÉDICATION : LIBÉRATEUR DE LIBIDO — EXTRA FORT!
EFFETS SECONDAIRES : AMOUR FOU ET BOUFFÉES DE CHALEUR.
POSOLOGIE : UNE POIGNÉE OU DEUX.
RENOUVELLEMENT : VOIR LE MÉDECIN TRAITANT SEULEMENT!
MÉDECIN : Dr (VOTRE NOM), SPÉCIALISTE DE L'AMOUR

INDICATIF MUSICAL DE CE CHAPITRE : *DOCTEUR,* DE FRANCIS CABREL

ÉCRIVEZ-LUI UNE ORDONNANCE INDIQUANT LA PRISE D'UNE DOUZAINE DE BISCUITS AUX BRISURES DE CHOCOLAT. REMPLISSEZ ENSUITE L'ORDONNANCE.

Idées supplémentaires :

♥ Créez une étiquette d'ordonnance sexy pour une bouteille d'huile à massage.
♥ Une étiquette d'ordonnance pour une bouteille de sirop contre la toux remplie d'une liqueur fine.
♥ Persuadez son médecin traitant de lui « prescrire » l'une de ces concoctions!
♥ Persuadez le pharmacien local de lui remettre l'une de ces créations!

Aide pour les nuls

186 De l'aide romantique est disponible en ligne! Des conseils! Des produits! Des livres! Tout ce qu'il est possible d'imaginer est disponible gratuitement ou peut être livré de nuit. En voici un bref exemple :

♥ Pour obtenir des propositions pour améliorer vos mots d'amour : www.mon-poeme.fr.
♥ D'autres propositions : www.poemes-amour.fr
♥ Des chansons sur mesure sont offertes notamment à l'adresse suivante : www.playbacksurmesure.com.
♥ Bon nombre de sites proposent des cartes gratuites, des idées, des poèmes, tel que le : www.soulagora.com.
♥ Trucs et idées romantiques au www.1001waystoberomantic.com (site de l'auteur, en anglais seulement).

CONNAISSEZ VOS ANNIVERSAIRES. *TOUS* VOS ANNIVERSAIRES.

LA PREMIÈRE FOIS QUE VOUS AVEZ FAIT L'AMOUR.
LE JOUR OÙ VOUS VOUS ÊTES RENCONTRÉS.
VOTRE PREMIÈRE VRAIE DISPUTE.
LE JOUR OÙ VOUS AVEZ ACHETÉ VOTRE MAISON.
LE JOUR DE LA CONCEPTION DE VOTRE PREMIER ENFANT.
LA PREMIÈRE FOIS OÙ VOUS LUI AVEZ DIT « JE T'AIME ».
VOTRE PREMIER RENDEZ-VOUS.
LE JOUR OÙ VOUS AVEZ EMMÉNAGÉ ENSEMBLE. VOTRE PREMIER BAISER.

187 Êtes-vous prêts? Il est temps maintenant de prendre des notes. Voici quatorze façons créatives de célébrer la Saint-Valentin :

1. Réservez la suite nuptiale de l'hôtel de votre région.
2. Prenez congé le jour de la Saint-Valentin.
3. Une seule journée n'est pas assez! Célébrez toute la semaine!
4. Achetez dix boîtes de friandises de la Saint-Valentin pour les enfants et *inondez* votre partenaire!
5. Donnez-lui une carte de souhaits toutes les heures, à l'heure juste.
6. Préparez une fournée de biscuits en forme de cœur.
7. Dessinez une carte de la Saint-Valentin géante au verso d'une affiche annonçant une destination de voyage —
8. et collez les billets d'avion (vers cet endroit) sur l'affiche.
9. Planifiez toute une journée de musique romantique.
10. Séjournez au gîte touristique local.
11. Envoyez dix cartes de la Saint-Valentin.
12. Envoyez *cent* cartes de la Saint-Valentin!
13. Passez la journée entière à regarder des films romantiques.
14. Offrez un bijou ancien à votre partenaire bien actuelle.

Un espoir pour les nuls

188 Pour vous aider dans votre planification romantique, voici les *vingt-trois différents types de surprises romantiques :*

1. Des surprises qu'il faut faire « une fois dans sa vie »
2. Des surprises à déplier
3. Des surprises « appât et substitution »
4. Des surprises frappantes
5. Des surprises « événement mystère »
6. Des surprises totales
7. Des grosses surprises
8. Des petites surprises
9. Des surprises attendues mais pas si tôt
10. Des surprises dispendieuses
11. Des billets surprises
12. Des surprises de groupe
13. Des vacances surprises
14. Des surprises publiques
15. Des surprises privées
16. Des surprises impliquant un collaborateur
17. Des surprises de minuit
18. Des surprises au travail
19. Des surprises sexy
20. Des surprises drôles
21. Des surprises significatives
22. Des surprises contraires à sa nature
23. Des surprises sucrées

Coupon pour une surprise
romantique

Surprise!

Un gîte nous attend pour une escapade d'amoureux en fin de semaine!

Conseils pour les voyages

189 Rendez-vous secrètement à l'aéroport, le soir précédant son départ. Apportez une rose avec vous. Louez un de ces casiers de rangement dans le terminal de la compagnie aérienne. Déposez-y la fleur. Filez à la maison. Juste avant qu'elle quitte en direction de l'aéroport, remettez-lui la clé du casier.

> J'AIME CELUI-CI!

190 Si vous voyagez sans elle : envoyez-lui une carte ou une note que vous mettrez à la poste le jour *précédant* votre départ. Elle la recevra donc pendant que vous êtes absent.

191 Si vous voyagez sans lui, laissez-lui une carte de souhaits pour chaque jour où vous serez absente.

192 Quand vous voyagez seul pendant plusieurs jours, laissez derrière vous une pile de petits paquets lui rappelant que vous pensez à elle.

💜 Procurez-vous une enveloppe en papier manille pour chaque journée passée à l'extérieur.

💜 Apposez sur chacune d'elles une étiquette indiquant le jour de la semaine et remplissez-la de *choses*. Des choses comme ses friandises préférées, des poèmes, de petits mots d'amour, des magazines, une photo de vous accompagnée d'une note humoristique, un «coupon d'amour» à utiliser à votre retour et un ensemble de lingerie auquel vous annexerez un mot précisant : «J'aimerais que tu le portes à mon retour.»

193 Avant de partir, collez votre photo sur votre oreiller.

> SI VOUS AIMEZ TOUS LES DEUX LA NATURE. GARDEZ VOTRE ÉQUIPEMENT DE CAMPING DANS LE COFFRE ARRIÈRE DE LA VOITURE POUR ÊTRE PRÊTS À PARTIR EN TOUT TEMPS FAIRE DES EXCURSIONS SPONTANÉES.

Un porte-documents rempli d'amour

194

- Glissez une carte dans son porte-documents. Glissez-en une douzaine!
- Cachez des petits mots d'amour partout : dans ses bas, ses chaussures, les poches de ses chemises, de ses pantalons et de son veston, son attaché-case et son porte-documents et son portefeuille et ses carnets de notes et son portable et ses dossiers.
- Placez-y ses friandises préférées (tout ce qui ne fond pas).

> DÉFINITION DE *SPONTANÉITÉ* : DÉCIDER, CET APRÈS-MIDI, DE PARTIR POUR UNE DESTINATION INDÉTERMINÉE — N'IMPORTE OÙ — CE SOIR. PARTIR SANS AUCUN BAGAGE. ACHETER CE DONT VOUS AUREZ BESOIN EN CHEMIN.

195

Offrez-lui une sélection sur mesure pour son iPod, juste avant qu'il parte pour un voyage d'affaires. Dites-lui de ne pas la faire jouer avant le décollage de l'avion.

196

Lorsqu'elle part en voyage toute seule, offrez-lui une « trousse de survie ». (Il serait préférable de l'emballer dans une boîte-cadeau ou un beau sac, mais ce n'est pas obligatoire. Vous pouvez l'offrir dans un sac d'épicerie ou une boîte à chaussures dont l'inscription aura été faite à l'aide d'un marqueur.) Remplissez la trousse de choses humoristiques, de friandises, de mots d'amour, etc.

> PLANIFIEZ UN VOYAGE SURPRISE. REMPLISSEZ SA VALISE DE BALLONS À L'HÉLIUM ET COLLEZ SUR CHACUN D'ENTRE EUX UNE PETITE NOTE COMPORTANT UN INDICE SUR VOTRE DESTINATION.

GREGORY J.P. GODEK

197 Demandez l'aide des concierges d'hôtel! Ils font d'excellentes personnes-ressources et pourront pratiquement obtenir *tout* ce que vous demandez, des choses les plus normales, comme une livraison d'une bouteille de champagne et d'un mot d'amour de votre part à sa chambre, aux plus particulières — comme le fait de remplir sa chambre d'une centaine de ballons… ou de cacher un cadeau spécial dans la baignoire… ou toute autre extravagance que vous pourriez imaginer.

198 Envoyez une carte de souhaits à *son hôtel*, qui l'attendra à son arrivée.

Plaisir et jeux

199 Créez un véritable jeu du fait d'être romantique. Prenez un ancien jeu de société muni d'une aiguille tournante, couvrez les instructions d'origine et divisez le cercle en douze parties. Inscrivez différentes activités romantiques dans chacune d'entre elles. Chaque semaine, à tour de rôle, faites tourner l'aiguille.

200 Rendez-vous ensemble à un carnaval, à une foire ou dans un parc d'amusement. Montez dans les manèges. Participez à tous les jeux. Mangez des hot-dogs et de la barbe à papa. Remportez un animal en peluche pour elle. Embrassez-vous dans le Tunnel de l'amour.

> LES HOMMES CROIENT QUE LE FAIT D'ÊTRE ROMAN-TIQUES DEVRAIT LEUR PERMETTRE DE GAGNER DES « POINTS ». ESSAYEZ! FAITES UN JEU DE L'AMOUR ET OCTROYEZ-LUI DES POINTS. CELA POURRAIT ÊTRE L'UN DES MOMENTS LES PLUS COCASSES QUE VOUS AUREZ CONNUS DE TOUTE L'ANNÉE!

201 Visitez un magasin de location d'articles de théâtre et louez des costumes. (Pas seulement à l'occasion de l'Halloween, mais pour les couples qui aiment l'aventure…)

- ♥ Hommes : transformez-vous en cowboy, en médecin, en policier, en mécanicien, en astronaute…
- ♥ Femmes : transformez-vous en ballerine, en policière, en docteure, en meneuse de claque…

202 Rendez-vous au centre commercial, pour y faire une «Chasse à la babiole». Voici comment procéder : vous bénéficiez tous deux de dix dollars et de trente minutes pour magasiner l'un pour l'autre. Le but est de vous procurer autant de babioles amusantes/folles/importantes/absurdes que possible pour votre partenaire. Rencontrez-vous au milieu du centre commercial, ouvrez vos cadeaux et préparez-vous à crouler de rire!

Bizarre et délirant

203 Accueillez-le à la porte avec des confettis, des trompettes et des chapeaux de fête.

204 Exercez-vous à «l'amour télépathique». Si vous prévoyez être séparés pendant un certain temps, convenez d'une heure précise où vous vous arrêterez, peu importe ce que vous faites, et où vous *penserez intensément l'un à l'autre et à rien d'autre pendant une minute*.

205 Mettez en pratique le principe de «l'amour pendant une année bissextile». Le 29 février, prenez congé et déclarez cette date comme étant votre «Journée de l'amour» personnelle. Offrez du temps — vingt-quatre heures entièrement consacrées à votre partenaire!

206 Avez-vous déjà vu 10 000 $ en billets de un dollar éparpillés sur le sol de la salle de séjour de quelqu'un? Bien, moi non plus — mais une dame dans l'une de mes classes nous a raconté que son mari l'avait fait avec le chèque qui lui avait été remis en guise de commission sur une vente importante. Il lui avait donné un râteau en lui disant : «Chérie, tu peux dépenser comme tu veux tout l'argent qui pourra entrer dans ce sac de papier!» (Étant elle-même plutôt intelligente, elle a empilé les billets bien *proprement* et a *tout* empoché.)

Chiens et chats

207 Intégrez le plus souvent possible son animal adoré dans vos activités. Les amoureux des animaux peuvent devenir fanatiques, ne l'obligez donc pas à choisir entre Fido et vous, parce que Fido l'emportera très probablement!

Achetez des gâteries spéciales pour son chien. Célébrez l'anniversaire de son chat. Trouvez des hôtels qui acceptent d'héberger des animaux.

208 Il existe un musée du chat à Amsterdam, en Hollande. Appelé le Cabinet des chats, il propose des œuvres d'art soulignant le rôle des chats dans les arts et la société. Pour obtenir de plus amples renseignements, visitez le www.niederlande.de/be_fr/index.jsp. Pour une visite du musée, rendez-vous au www.kattenkabinet.nl.

> ONZE POUR CENT DES PROPRIÉTAIRES DE CHATS ONT DÉJÀ MIS FIN À UNE RELATION EN RAISON DE LEUR ANIMAL, RÉVÈLE UN SONDAGE.

209 Les chiens, qui ne sont pas en reste, ont également leur musée (*American Kennel Club Museum of the Dog*) près de Saint-Louis. Le musée se consacre à la collecte, à la préservation et à l'exposition d'œuvres d'art et littéraires qui portent sur le meilleur ami de l'homme. Le musée est situé dans la Trot Jarville House, un magnifique bâtiment de style *Greek Revival*, à Queeny Park, à près de quarante kilomètres de St-Louis. Composez le 314-821-3647.

CAT FANCY MAGAZINE : 1-800-365-4421
OU WWW.CATCHANNEL.COM

DOG FANCY MAGAZINE : 1-800-365-4421
OU WWW.DOGCHANNEL.COM

PASSIONNÉMENT CHIEN : 514-240-8061
OU WWW.PASSIONNEMENTCHIEN.COM

AQUARIUM MARIN : WWW.REEF-GUARDIAN.COM

ANIMAUX DOMESTIQUES QUÉBEC :
HTTP://QUEBEC.TO/ANIMAUX

210 Intégrez son animal domestique dans certains de vos gestes romantiques :

❤ Accrochez un petit cadeau au collier de Fido.
❤ Accrochez un petit mot d'amour au collier de Minou.
❤ Dans l'aquarium, faites flotter une bouteille dans laquelle vous aurez inséré un petit mot doux.
❤ Placez une bague à diamant dans un petit coffre au trésor, placez-le dans le fond de l'aquarium et donnez-lui des indices pour qu'elle découvre l'endroit où vous avez caché le cadeau.

Dentelle et satin

211 Mesdames, en ce qui a trait au côté sexuel de l'amour, si vous deviez ne vous rappeler que *d'une seule chose* provenant de ce livre, il faudrait que cela soit celle-ci : les hommes *adorent* la lingerie.

Dans mes classes, des milliers d'hommes ont confié qu'ils souhaitaient intensément que leur compagne porte de la lingerie plus souvent, mais qu'elle semblait vouloir faire preuve de retenue.

> N'OUBLIEZ PAS, MESDAMES, PLUS C'EST TRANSPARENT, MIEUX C'EST!

212 Allez acheter de la lingerie ensemble. Accompagnez-la dans la cabine d'essayage.

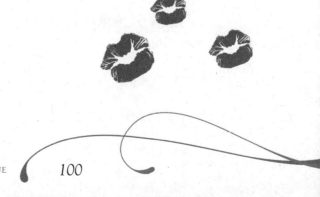

213 Embarrassé de vous rendre dans une boutique de lingerie? C'est pourquoi les catalogues existent!

- ♥ *Ainsi soit-elle* —1- 888-495-2289, www.ainsisoitelle.com
- ♥ *Les Dessous Chic* — 819-566-6526, www.lesdessouschics.ca
- ♥ *Kama Sutra* —1-877-SENSUEL, www.shopkamasutra.com
- ♥ *Éros et compagnie* — 1-866-969-EROS, www.erosetcompagnie.com.
- ♥ *Catalogue de Victoria's Secret* — 800-888-8200, www.victoriassecreet.com
- ♥ *Catalogue de Frederick's of Hollywood* — 800-323-9525, www.fredericks.com
- ♥ *Catalogue de Playboy* — 800-423-9494, www.playboy.com

Coupon pour de la
Lingerie

Il choisit son
ensemble de lingerie.

Elle choisit une
fantaisie sexuelle.

Les participants doivent être âgés de 18 ans et plus.

Stratégies et exemples

214 Inspirez-vous de votre propre histoire d'amour pour vous aider à choisir des cadeaux et à poser des gestes uniques et significatifs. Un couple s'était rencontré pour la première fois dans le métro de Boston.

- ♥ Un jour, il lui a offert un jeton du métro de Boston dans une boîte à bijoux, accompagné de la note suivante : « Voici le symbole de mon affection pour toi. »

- L'année suivante, il a fait transformer ce jeton en un pendentif, par un joaillier.
- Elle a déjà organisé une fête mobile en son honneur dans un wagon de métro. Tous ses amis se sont joints à eux en montant à bord à différentes stations, le long de Beacon Street, à Boston.
- Parce qu'ils se sont rencontrés sur la ligne verte, le vert était « leur couleur ». De nombreux présents qu'ils se sont mutuellement offerts étaient donc de cette couleur.
- Bien sûr, *leur* chanson préférée était *Métro*, d'Yves Montand.

215 Parfois, un concept, même très simple, peut, pendant *toute votre vie*, vous fournir des occasions d'offrir des cadeaux. Un de mes étudiants nous a raconté qu'il avait acheté un modeste collier de diamants à son épouse, pour souligner leur dixième anniversaire : une belle chaîne en or, ornée d'un petit diamant. Pour leur onzième anniversaire, il a ajouté un diamant ; un *autre* à Noël ; un *autre* pour son anniversaire. Et cela dure depuis vingt-trois ans !

Les années plus difficiles, sur le plan financier, il achète tout simplement des diamants moins chers. Quand tout va bien, il remplace le diamant de moindre qualité par une belle pierre !

Il est vraiment content, en raison du fait qu'il économise énormément de temps en n'ayant pas à courir les magasins (!) — et son épouse est ravie parce qu'elle croit que les « diamants sont réellement les meilleurs amis d'une femme ».

« LA RELATION ENTRE L'ENGAGEMENT ET LE DOUTE N'EST ABSOLUMENT PAS ANTAGONISTE. L'ENGAGEMENT EST PLUS SAIN LORSQU'IL EST PRIS NON PAS EN L'ABSENCE DE DOUTE, MAIS MALGRÉ LE DOUTE. »
— ROLLO MAY

Gîtes touristiques

216

- Andrie Rose Inn, Ludlow, Vermont. « Le plus romantique de la douzaine d'auberges que nous avons visitées. » Toute une gamme de chambres et de suites de style victorien attend les visiteurs au pied de l'Okemo Mountain. Composez le 802-223-4846 ou rendez-vous sur le site Internet à l'adresse suivante : www.andrierose.com
- Le Blue Lake Ranch, près de Durango, Colorado. « Tellement privé qu'aucune enseigne ne se trouve à la porte. » Choisissez le pavillon principal ou les petits cottages privés, disséminés autour du Blue Lake. Composez le 970-385-4537 ou visitez le www.bluelakeranch.com
- L'auberge Inn on Mont Ada, à Avalon, Californie. « La définition du romantisme : une île californienne du Pacifique où les voitures sont interdites! » Six chambres situées dans un magnifique manoir sont élégamment meublées d'antiquités et munies de foyers fonctionnels. Composez le 310-510-2030 ou visitez le www.innonmtada.com
- Le Don Gaspar Compound, à Santa Fe, Nouveau-Mexique. Cette maison de style Mission, en abobe classique, propose six suites privées qui surplombent un jardin intérieur. Composez le 505-986-8664 ou rendez-vous au www.dongaspar.com.
- L'auberge Inn at Long Lake, à Naples, Maine. Les chambres des invités ont été restaurées. Elles ont toujours cette chaleur champêtre si caractéristique et sont décorées de meubles anciens. Les lits sont recouverts de douillettes et d'oreillers en plumes. Composez le 207-693-6226 ou visitez le www.innatlonglake.com.

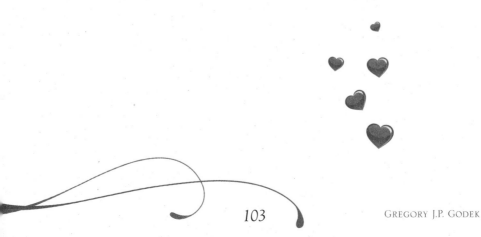

💜 La Terrell House, à la Nouvelle-Orléans, Louisiane. Construite en 1858, cette auberge est située dans le *Lower Garden District* de la Nouvelle-Orléans. La maison vous submerge de son charme sudiste, ses candélabres d'un autre âge, ses foyers de marbre et ses boudoirs élégants. Elle a pignon sur la même rue que celle où règnent les antiquaires et les boîtes de jazz. Composez le 504-237-2076 ou rendez-vous au www.terrellhouse.com.

💜 Le San Ysidro Ranch, à Santa Barbara, Californie. L'une des auberges préférées de l'élite de Hollywood : Vivien Leigh et Laurence Olivier y ont célébré leur mariage et Jean Harlow, Audrey Hepburn et Fred Astaire y ont séjourné. Composez le 805-565-1700 ou visitez le www.sanysidroranch.com.

POUR DES ESCAPADES
AU QUÉBEC, VOICI
DES RESSOURCES QUE VOUS
POURREZ CONSULTER SUR INTERNET :

WWW.GITEETAUBERGEDUPASSANT.COM

WWW.QUEBECBB.COM

WWW.TABLESETRELAISDUTERROIR.COM

WWW.INNS-BB.COM

Cadeaux et présents

217 Soyez bien certains de connaître la différence entre *cadeau* et *présent*.

- Le présent est quelque chose que vous offrez parce que vous voulez que la personne qui la reçoit l'obtienne.
- Le cadeau est une chose que vous savez être *désirée* par la personne à qui vous l'offrez. (Ne vous donnez pas la peine de consulter le dictionnaire. Techniquement, ces deux termes sont des synonymes. Mais alors, qu'est-ce que le *Larousse* connaît à l'amour?)

Quand un homme offre de la lingerie à une femme — savez-vous quoi?! — neuf fois sur dix, il s'agit d'un présent. Quand il lui offre son parfum préféré, il s'agit d'un cadeau. Ne croyez pas que l'un est préférable à l'autre. Les cadeaux et les présents sont seulement différents. Être en mesure de faire la distinction vous aidera tous les deux à vous entendre et vous évitera les attentes irréalistes et les déceptions possibles.

Remarque : Certains cadeaux peuvent aussi être des présents et vice versa. Cela dépend de l'objet et de sa relation avec la personnalité du récipiendaire.

> *CADEAU* — DES BILLETS POUR ASSISTER AU MATCH DE SON ÉQUIPE PRÉFÉRÉE.
> *PRÉSENT* — DES BILLETS POUR L'OPÉRA.
> *CADEAU* — DE LA LINGERIE ÉLÉGANTE EN SATIN.
> *PRÉSENT* — DES PETITES CULOTTES HUMORISTIQUES.
> *CADEAU* — UN NOUVEAU PUTTER PING
> *PRÉSENT* — DES VÊTEMENTS QUE VOUS AIMERIEZ LE VOIR PORTER.
> *CADEAU* — UN LIVRE DE SON AUTEUR FAVORI.
> *PRÉSENT* — UN LIVRE QUE VOUS AIMERIEZ QU'ELLE LISE.

GREGORY J.P. GODEK

 Choisissez consciemment les présents et les cadeaux qui *symbolisent* votre amour.

Les présents et les cadeaux sont des *choses* que nous donnons pour symboliser notre amour. Ce ne sont pas les choses elles-mêmes qui comptent, mais ce qu'elles *signifient*. Franchement, ce que les amoureux veulent, c'est un peu *plus l'un de l'autre* ! Plus de temps ensemble, plus d'expériences partagées, plus d'occasions de s'aimer.

Le rôle des présents et des cadeaux est de parler pour vous et de vous représenter en votre absence. Choisissez-les donc avec soin.

QUE DÉSIRE-T-IL *VRAIMENT* DEPUIS LONGTEMPS QUE VOUS VOUS ÊTES TOUJOURS RETENUE D'ACHETER ? C'EST LE MOMENT D'ALLER LE CHERCHER ET DE LUI OFFRIR !

Présents et cadeaux

219 Offrez des cadeaux et posez gestes selon un « thème ». Jumelez des objets et des idées similaires pour obtenir des cadeaux amusants et significatifs.

Offrez-lui ces trois cadeaux, emballés séparément, mais retenus ensemble à l'aide d'un ruban :

- ♥ Le très beau livre *Vive l'amitié*, regroupant une centaine de photographies, aux éditions Le Chêne
- ♥ Le film *Mon meilleur ami*, de Patrice Leconte, avec Daniel Auteuil et Dany Boon
- ♥ La chanson *Ton meilleur ami*, de Françoise Hardy

220 Un autre cadeau à thème : offrez-lui tous les livres « d'amour » de Leo Buscaglia :

- ♥ *Nous sommes nés pour l'amour*
- ♥ *S'aimer ou le défi des relations humaines*
- ♥ *Apprendre à vivre et à aimer*
- ♥ *Dire oui à l'amour*
- ♥ Et achetez-lui aussi l'une des merveilleuses conférences de Leo Buscaglia, sur DVD.

OFFREZ-LUI UN CADEAU *OPPORTUN.*

OFFREZ-LUI UN CADEAU *SIGNIFICATIF.*

OFFREZ-LUI UN CADEAU *DE SAISON.*

221

- ♥ « Les diamants sont les meilleurs amis d'une femme ». Offrez-lui en un.
- ♥ « Le chien est le meilleur ami de l'homme ». Offrez-lui en un.

222 Une autre suggestion de cadeau à thème :

- ♥ Offrez-lui une nouvelle paire de chaussures de marche ou de bottes de randonnée.
- ♥ Et un exemplaire du livre *Randonnée pédestre au Québec*, paru chez Ulysse.
- ♥ Et une invitation écrite pour une randonnée de trois jours.

Chaque jour et chaque semaine

223

A La liste de contrôle romantique *quotidienne*

- ♥ Passez vingt minutes ensemble sans interruption.
- ♥ Prenez des nouvelles pendant la journée.
- ♥ Posez un petit geste —*inattendu.*
- ♥ Dites « je t'aime » au moins trois fois.
- ♥ Remerciez votre partenaire pour *quelque chose.*
- ♥ Recherchez des concepts romantiques dans le journal.
- ♥ Prolongez d'un instant vos au-revoir.

> DIMANCHE : ADOPTEZ UNE ATTITUDE *NONCHALANTE*.
> LUNDI : FAITES LES *BOUFFONS*.
> MARDI : SOYEZ *CHARMANTS*.
> MERCREDI : SOYEZ *SEXY*.
> JEUDI : SOYEZ *DRÔLES*.
> VENDREDI : SOYEZ *ENJOUÉS*.
> SAMEDI : SOYEZ *ROMANTIQUES*.

B La liste de contrôle romantique *hebdomadaire*

- ♥ Apportez à la maison un *petit* cadeau ou présent inattendu.
- ♥ Partagez physiquement une forme d'intimité.
- ♥ Passez ensemble *tout* un après-midi ou une soirée *entière*.
- ♥ Partagez deux idées que vous avez apprises pendant la semaine.
- ♥ Écrivez au moins un petit mot d'amour.
- ♥ Postez *quelque chose* à votre partenaire.
- ♥ Faites l'amour!
- ♥ Planifiez une activité *spéciale* en fin de semaine.

> CONCENTREZ VOTRE ATTENTION SUR UN SENS DIFFÉRENT CHAQUE JOUR.
> DIMANCHE : LA *VUE*.
> LUNDI : L'*OUÏE*.
> MARDI : L'*ODORAT*.
> MERCREDI : LE *TOUCHER*.
> JEUDI : LE *GOÛT*.
> VENDREDI : LE *BON SENS*.
> SAMEDI : LE *SENS DE L'HUMOUR*.

Chaque mois et chaque année

C La liste de contrôle romantique *mensuelle*

- ❤ Prévoyez une *surprise* romantique ce mois-ci.
- ❤ Reconstituez vos stocks de cartes de souhaits.
- ❤ Allez dîner à l'extérieur une ou deux fois.
- ❤ Louez au moins deux films romantiques.
- ❤ Faites l'amour plusieurs fois!
- ❤ Planifiez une fin de semaine romantique de trois jours, au cours des trois prochains mois.
- ❤ Planifiez un événement romantique dont le *thème est saisonnier*.

D La liste de contrôle romantique *annuelle*

- ❤ Au Nouvel An, prenez la résolution de devenir des romantiques plus *créatifs*.
- ❤ Faites des projets pour votre prochain anniversaire.
- ❤ Pensez à une façon *particulière* de célébrer l'anniversaire de naissance de votre partenaire.
- ❤ Revoyez vos projets de vacances.
- ❤ Créez une catégorie spéciale « relation amoureuse » dans le budget de votre ménage.
- ❤ Planifiez la Saint-Valentin bien longtemps d'avance.

LOUEZ UNE COMÉDIE
ROMANTIQUE PAR MOIS :
JANVIER : *UN AMOUR À NEW YORK*
FÉVRIER : *LE COUPLE CHÉRI*
MARS : *GARDEN STATE*
AVRIL : *RÉELLEMENT L'AMOUR*
MAI : *SWEET HOME ALABAMA*
JUIN : *POUR LE PIRE ET POUR LE MEILLEUR*
JUILLET : *DROIT AU CŒUR*
AOÛT : *UN BAISER, ENFIN!*
SEPTEMBRE : *LA PRINCESSE BOUTON D'OR*
OCTOBRE : *COMMENT PERDRE SON MEC EN DIX JOURS*
NOVEMBRE : *LE CHANTEUR DE NOCES*
DÉCEMBRE : *VOUS AVEZ UN MESSAGE*

Le yin et le yang

224

Å De nombreux problèmes et malentendus
— des prises de becs conjugales aux guerres
mondiales — sont causés par des gens qui
ne savent pas que tout fonctionne suivant
le principe du yin et du yang. Tout élément
comprend son contraire ou fonctionne en
complémentarité avec lui : le masculin et
le féminin ; l'amour et la haine ; donner et
recevoir ; drôle et sérieux ; la vie et la mort.

INDICATIF MUSICAL
DE CE CHAPITRE :
YIN & YANG,
ADAM ANT

Beaucoup de sagesse et de vérité imprègnent les paires d'idées qui suivent —
bien que des suggestions opposées soient énoncées par chacune d'entre elles!
Ces paradoxes font partie du mystère et de la magie de la vie et de l'amour.

- Célébrez vos différences.
- Trouvez du réconfort dans vos similitudes.

- Vivez le moment présent! *Maintenant* est tout ce qui compte!
  Libérez-vous du passé.
- Gardez vos souvenirs bien vivants. La nostalgie alimente le romantisme.

- Lisez! Les livres vous permettent d'atteindre la sagesse, d'avoir de
  bonnes idées et de l'inspiration.
- Oubliez les livres! Soyez à l'écoute de votre petite voix intérieure.

LES ROMANTIQUES
ONT UN TALENT
PARTICULIER POUR
ÉQUILIBRER LES
OPPOSITIONS.

- Exprimez ce que vous ressentez au moment même
  où vous le ressentez. Soyez totalement *honnête*
  l'un envers l'autre.
  - Choisissez soigneusement les mots que vous
    utilisez. Ce que vous dites définit votre réalité.

Le yang et le yin

- ❤ Traitez-la en tant que votre *meilleure amie* — vous créerez de l'intimité.
- ❤ Traitez-la comme si elle était une *étrangère* — cela ajoutera du piquant à votre vie!

- ❤ Devenez plus légers! Ayez plus de plaisir ensemble. Faites l'expérience de la joie de vivre!
- ❤ Soyez sérieux! Les relations qui connaissent du succès demandent des efforts!

- ❤ Être romantique est facile! Vous n'avez qu'à vous exprimer. Le romantisme est un jeu pour adultes!
- ❤ Le romantisme est difficile! Planifier, magasiner, cacher, emballer, écrire, surprendre, livrer, conduire, appeler, se rappeler, courtiser!

> « L'AMOUR EST UNE FORCE PLUS FORMIDABLE QUE TOUTE AUTRE. IL EST INVISIBLE — IL NE PEUT PAS ÊTRE VU OU MESURÉ, POURTANT IL EST ASSEZ PUISSANT POUR VOUS TRANSFORMER DANS UN MOMENT, ET OFFRE PLUS DE JOIE QUE N'IMPORTE QUELLE POSSESSION MATÉRIELLE LE POURRAIT. »
> BARBARA DE ANGELIS

- ❤ Les actes parlent plus fort que les mots. *Faites* quelque chose, ne vous contentez pas de *parler* — parler ne vaut rien!
- ❤ La communication est la pierre angulaire d'une bonne relation.

LES ROMANTIQUES S'ALIMENTENT DE LA TENSION DYNAMIQUE!

GREGORY J.P. GODEK

- Les voyages inspirent le romantisme : les endroits exotiques, la nourriture étrangère, les nouvelles expériences, les grandes aventures!
- La maison est là où se trouve le cœur : un feu de foyer, une chambre à coucher romantique et un bain à remous!

- Secouez-vous! Participez à un séminaire de motivation! Offrez-vous quelque chose d'extravagant! Faites du parachutisme!
- Ralentissez le rythme de votre vie. Méditez. Recentrez-vous. Écoutez. Chuuuut!

Mozart

225 Douze des plus romantiques compositions de tous les temps?

1. Liszt-Siloti : Un Sospiro (Un soupir), Étude en *ré* majeur
2. Debussy : La fille aux cheveux de lin
3. Beethoven : Sonate à la lune, 1ᵉʳ mouvement, op. 27, n° 2
4. Debussy : Arabesque n° 1
5. Mendelssohn : Gondole vénitienne, op. 30 n° 6
6. Chopin : Valse en *do* mineur, op. 64, n° 2
7. Ravel : Pavane pour une infante défunte
8. Mendelssohn : Chanson sans parole, op. 62, n° 1
9. Chopin : Nocturne en *fa* mineur. Op. 48. n° 2
10. Brahms : Valse en *mi* majeur. Op. 39 n° 2.
11. Saint-Saëns : Le Cygne, extrait du *Carnaval des animaux*
12. Mahler : Adagio de la 5ᵉ Symphonie

226 Douze autres des plus romantiques compositions de tous les temps?

13. Rachmaninoff : La nuit… L'amour
14. Debussy : Clair de Lune
15. Granados : Danse espagnole n° 2 (Orientale)
16. Chopin : Rondo en *do* majeur, op. 73
17. Scriabine : Étude op. 8 n° 2
18. Debussy : Prélude à l'après-midi d'un faune
19. Bach : Que ma joie demeure
20. Ravel : Concerto pour la main gauche
21. Rameau : Le rappel des oiseaux
22. Schubert-Liszt : Sérénade
23. Ravel : Concerto en *sol* majeur
24. Mozart : Concerto pour piano n° 17 en *sol* majeur, K. 453-3

Elvis

227 Pour votre fan d'Elvis

♥ Visitez Graceland lors de vos prochaines vacances.
♥ Organisez une fête le 8 janvier de chaque année pour souligner son anniversaire.
♥ Lorsque vous lui envoyez quelque chose par la poste, utilisez *toujours* des timbres à l'effigie d'Elvis.
♥ Achetez les 147 disques d'Elvis qui ont été certifiés or, platine, ou multi-platine.
♥ Planifiez vos vacances à l'aide du livre : *The Field Guide to Elvis Schrines*, de Bill Yenne. Il s'agit d'une ressource vraiment *surprenante*.

TOUT LE MONDE A UN CHANTEUR OU UNE CHANTEUSE, UNE CHANSON, UN GROUPE OU UN STYLE DE MUSIQUE PRÉFÉRÉ. UTILISEZ VOS CONNAISSANCES POUR LES INTÉGRER DANS VOS GESTES ROMANTIQUES!

228 Remplacez la pochette originale d'un CD particulièrement apprécié de votre partenaire. Collez un nouveau titre qui comprend son nom ou une référence personnelle.
Ou appelez-le simplement : *Nos chansons*.

229 Achetez *tout, absolument tout* ce qui a été enregistré par son groupe préféré.

230

♥ Petit message d'amour musical : «Écoute le CD *The Emancipation of Mimi*, de Mariah Carey. Mon message pour toi est la deuxième chanson.»

> CHANSON N° 2 :
> *WE BELONG TOGETHER*

♥ Petit message d'amour musical : «Écoute le CD *D'eux*, de Céline Dion. Mon message pour toi est la neuvième chanson.»

> CHANSON N° 9 :
> *J'IRAI OÙ TU IRAS*

♥ Petit message d'amour musical : «Écoute le CD *Les indispensables* de Charles Aznavour. Mon message pour toi est la trentième chanson.»

> CHANSON N° 30 :
> *JE T'AIME COMME ÇA*

♥ Petit message d'amour musical : «Écoute le CD *Surfacing*, de Sarah McLachlan. Mon message pour toi est la deuxième chanson.»

> CHANSON N° 2 :
> *I LOVE YOU*

♥ Petit message d'amour musical : «Écoute le CD *A Day at the Races*, de Queen. Mon message pour toi est la deuxième chanson.»

> CHANSON N° 2 :
> *YOU TAKE MY BREATH AWAY.*

Excuses bidon (N^{os} un à quatre)

231

A   Première excuse bidon : « Les vrais hommes ne sont pas romantiques. »
     Qui a dit ça?? Un invité d'une émission-débat télévisée?? Le personnage
d'un film? Vos copains? (Tous des experts en matière de relations
amoureuses… Il ne fait aucun doute.) Laissez-moi
vous dire ceci : si les hommes, les vrais, ne sont pas
romantiques, ils sont alors bien seuls.

> C'EST FAUX!

B   Deuxième excuse bidon :
« Être romantique va me coûter une fortune! »
Les Beatles chantaient *Money can't buy me love*. C'est vrai. Avec de
l'argent, vous pouvez vous offrir la compagnie de quelqu'un, de l'attention,
des relations sexuelles et un statut — mais vous
ne pouvez acheter de l'*amour* ou du *bonheur*. Être
romantique peut en effet vous coûter une fortune,
mais ce n'est pas une condition *essentielle*. Il n'y a
aucune corrélation entre l'importance de vos
sentiments et celle du prix.

> PAS
> NÉCESSAIREMENT!

C   Troisième excuse bidon : « Je n'ai pas le temps. »
Voyons! Vous disposez de 1 440 minutes chaque
jour — comme tout le monde. La façon dont vous
les utilisez dépend de vous. Bien sûr, le travail est
important. Oui, votre partie de golf est importante.

> VOYONS DONC!

Mais devez-vous absolument voir cette reprise de *l'Île de Gilligan*? La vérité est
que nous avons toujours du temps pour ce qui *compte vraiment* pour nous.

D   Quatrième excuse bidon : « J'ai oublié. »
Ça va pour cette fois. *Mais ne le refaites plus.* Vous
avez le droit d'oublier *occasionnellement*, mais pas
d'une manière constante. Si le fait d'oublier est une
habitude, vous envoyez un message clair qu'il ou elle
ne compte pas tellement pour vous.

> OUPS!...

GREGORY J.P. GODEK

Excuses bidon (Nᵒˢ cinq à huit)

E Cinquième excuse bidon : « Je serai romantique plus tard — quand j'aurai atteint mes objectifs de carrière. »

> L'EXCUSE DU CADRE OCCUPÉ.

« Plus tard » requiert habituellement *quarante ans* pour se produire — une attente beaucoup trop longue pour la plupart des partenaires. Et je sais bien que ce que je vais vous dire est un cliché, mais c'est tellement, tellement vrai : personne ne regrette, sur son lit de mort, de n'avoir pas passé plus de temps au bureau.

F Sixième excuse bidon : « Je ne devrais pas avoir à prouver mon amour en étant romantique. »

> L'EXCUSE DU BELLIGÉRANT.

En amour, il ne s'agit pas de *prouver* quoi que ce soit. Il s'agit d'exprimer quelque chose.

G Septième excuse bidon : « Peut-être la semaine *prochaine*. »

♥ Première question : Depuis combien de semaines au juste dites-vous cela??

♥ Deuxième question : (Et je ne veux pas paraître morbide, *mais…*) Comment vous sentiriez-vous si votre amour mourait avant que vous n'ayez eu le temps de lui exprimer le véritable amour que vous ressentez envers lui ou elle?

> L'EXCUSE DU PROCRASTINATEUR.

H Huitième excuse bidon : « Qu'est-ce que vont penser *les gars?* » Premièrement, pourquoi devriez-vous vous *préoccuper* de ce que vos amis vont en penser? Deuxièmement, qui vous a dit qu'il vous fallait leur *mentionner* à quel point vous étiez romantique? Troisièmement, bien que nombreux sont ceux qui ne l'admettront pas, la plupart des hommes *adoreraient* connaître les secrets de ceux qui sont romantiques!

> L'EXCUSE DU PSEUDO-MACHO.

Excuses bidon (N^os neuf à douze)

Neuvième excuse bidon : « Voyons, elle *sait* que je l'aime ! »
Elle sait que vous l'avez aimée à un moment donné
— mais elle peut entretenir des doutes au sujet de
vos sentiments à *l'heure actuelle.* L'amour doit être
exprimé pour demeurer vivant. Sinon, il s'éteint
doucement. C'est tout.

> L'UNE DES
> EXCUSES LES PLUS
> COURANTES.

Dixième excuse bidon : « Être romantique ne correspond pas à
ma personnalité. »
Ce que vous voulez *probablement* dire est que vous
n'êtes pas *spontanément* romantique, ou que vous
n'êtes pas très démonstratif. C'est très bien, dans la
mesure où vous exprimez votre amour d'une *certaine*
façon, une façon qui fonctionne pour vous *et* que
votre partenaire comprend.

> TROUVEZ
> AUTRE CHOSE.

Onzième excuse bidon : « Je ne suis tout simplement pas créatif. »
Faux. *Tout le monde* est créatif. Il s'agit simplement de
savoir *où* vous appliquez cette créativité. La plupart
des gens s'en servent toute la journée au travail. Ils
arrivent donc à la maison et la mettent au repos.

> PAS FORT.

Douzième excuse bidon : « Je ne sais pas être éloquent. »
Bonne nouvelle, Molière ! Vous n'avez pas *besoin* d'être éloquent pour être
romantique ! Un simple « je t'aime » fait habituelle-
ment l'affaire. De plus, j'imagine qu'elle vous connaît
assez pour savoir que vos talents se trouvent ailleurs
que dans la poésie.

> PRENEZ
> DES RISQUES !

Excuses bidon (N^{os} treize et quatorze)

Treizième excuse bidon : « Je suis trop *fatigué* pour être romantique. »
Oh! Mon Dieu! Pauvre petit! Laissez-nous vous aider. Non, non, pas en levant vos pieds pour que vous puissiez regarder la télévision plus confortablement — mais en vous aidant *vraiment*. Premièrement, nous consulterons votre médecin pour nous assurer que vous ne souffrez pas d'anémie. Ensuite, nous vous prescrirons un programme d'exercices. Nous améliorerons votre alimentation. Nous vous inscrirons à des cours de yoga. Et nous nous assurerons que vous avez cessé les heures supplémentaires au bureau et que vous arrivez à la maison à une heure raisonnable pour retrouver la personne qui partage votre vie.

> Zzzzzzzzzzzzzz...

Quatorzième excuse bidon : « Ça fait tellement longtemps que j'ai posé un geste romantique que si je rapportais une douzaine de roses à la maison, sa première réaction serait de me demander ce qui se passe. »
Je dirais qu'elle a le *droit* d'être sceptique, qu'en pensez-vous? Elle veut simplement s'assurer que vous ne posez pas ce geste romantique tout simplement parce que vous l'avez lu quelque part (!). Elle veut être certaine que ce geste est vraiment sincère — et qu'il ne se produira pas qu'une fois. Vous la rassurerez avec le temps. (Croyez-moi, ça vaut vraiment le coup.)

> NE VOUS EN FAITES PAS AVEC ÇA!

> UNE EXCUSE BIDON OFFERTE *GRATUITEMENT* : « SI J'ÉTAIS ROMANTIQUE, J'AURAIS PEUR DE LA SURPRENDRE AU POINT QU'ELLE FASSE UNE CRISE CARDIAQUE ET QU'ELLE EN MEURE. »

Pour hommes seulement

232 Portez un smoking à la maison en rentrant du travail.

233 Journée de magasinage pour hommes (boutiques prédéterminées). Achetez un article dans chaque boutique. Emballez-les séparément dans des boîtes-cadeaux.

- Magasin spécialisé dans les produits pour le bain
- Boutique de lingerie
- Fleuriste
- Magasin d'alcools
- Magasin de cartes
- Bijoutier haut de gamme

234 Autre journée de magasinage pour hommes (produits prédéterminés) : achetez tous ces articles dans des fragrances coordonnées :

- Lotion pour le corps
- Gel moussant pour le bain
- Pot-pourri
- Revitalisant
- Chandelles parfumées
- Lotion pour les mains
- Poudre de talc
- Shampoing
- Savon parfumé
- Huiles

235 Idée romantique secrète pour hommes seulement. Enregistrez le Super Bowl sur cassette ou TiVo — et allez dîner au restaurant avec elle pendant le match!

Pensez-y : seulement cette fois-ci. Elle sera renversée. Elle dira à tous ses amis à quel point vous êtes extraordinaire. (Vous obtiendrez encore plus de points en prime!) Et vous aurez la possibilité de voir le match — seulement trois heures après tout le monde. En plus, la partie est habituellement décevante, de toute façon.

CELLE-LÀ VAUT DIX *MILLIARDS* DE POINTS AU SERVICE DE COMPTABILITÉ DE LA RELATION.

Pour femmes seulement

236 Envoyez-lui une lettre scellée avec un baiser. (Utilisez le rouge à lèvres le plus rouge que vous ayez.)

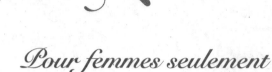

237 Envoyez-lui une lettre d'amour *parfumée*.

238 Envoyez-lui des fleurs au bureau.

239 N'affrontez pas ses passions. Je vous prie de ne pas le forcer à choisir entre vous et son golf/football/basketball/voitures/pêche! Il y a de la place pour le football *et* les femmes dans la vie de la plupart des hommes. Si vous êtes amoureuse d'un fanatique, vous devez lui rappeler pourquoi il a *déjà* été un fanatique de vous aussi — et que cela vaudrait le coup d'être partisan une fois de plus!

LES RÈGLES ONT CHANGÉ : IL EST DÉSORMAIS APPROPRIÉ ET TOUT À FAIT ACCEPTABLE QU'UNE FEMME OFFRE DES FLEURS À UN HOMME.

UNE RECONNAISSANCE SINCÈRE DES QUALITÉS POSITIVES, PUISSANTES, ATTENDRISSANTES ET DURABLES DES HOMMES SE TROUVE DANS *WHAT MEN WON'T TELL YOU BUT WOMEN NEED TO KNOW*, DE BOB BERKOWITZ ET ROGER GITTINES.

240 Lisez *Jean de Fer*, de Robert Bly. Cet ouvrage propose un regard rafraîchissant et perspicace sur la masculinité. Sachez que «l'homme sauvage», niché au fond de lui, ne doit pas le transformer en un macho insensible; découvrez la relation entre le masculin et le féminin que propose le livre. (Si votre amoureux n'a pas encore lu ce livre, prêtez-le lui quand vous l'aurez terminé.)

Pour célibataires seulement

2Իʓ

Ꭺ Penser comme une personne mariée : première stratégie

Créez de l'intimité
Comme style de vie, sortir peut être drôle pendant quelques années, mais la plupart des célibataires veulent vivre une relation sérieuse, monogame et intime. Quels *véritables* objectifs poursuivez-vous, quand vous sortez? (Jouer la comédie? Avoir fière allure? Avoir du succès?) Si l'intimité est votre but, vous vous dévoilerez plus tôt, vous communiquerez de façon honnête et vous serez mutuellement plus à l'écoute.

♭ Penser comme une personne mariée : deuxième stratégie

Pensez à long terme
Le cerveau des célibataires est dévoré par des objectifs à court terme. (Samedi soir. Qu'est-ce que je vais mettre? Va-t-il m'embrasser? Va-t-elle vouloir dormir avec moi, lors du deuxième rendez-vous?) *Décompressez,* célibataires! Voir les choses à long terme vous libérera de beaucoup de stress, vous aidera à être « vous-même » et à bénéficier d'une meilleure perspective d'ensemble.

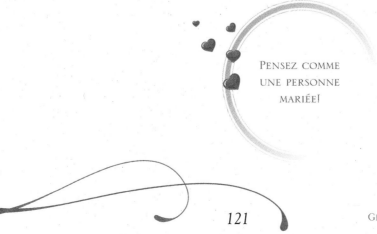

PENSEZ COMME
UNE PERSONNE
MARIÉE!

Penser comme une personne mariée : troisième stratégie

Communiquez!

Avez-vous déjà remarqué que les célibataires *parlent* souvent beaucoup sans pour autant *communiquer* réellement? Le milieu des célibataires est caractérisé par beaucoup de poses, de vantardise et de badinage intelligent. Les gens qui s'élèvent rapidement au-delà de toute cette superficialité sont ceux qui ont tendance à vivre les meilleures relations.

Pour personnes mariées seulement

Penser comme une personne célibataire : première stratégie

Flirtez!

Vous rappelez-vous de la dernière fois où vous avez vraiment flirté avec votre propre épouse/époux? Faites-le, la prochaine fois que vous vous trouverez tous deux en public. Vous donnerez un choc agréable à votre partenaire — et vous aurez du plaisir aussi. Rappelez-vous toutes ces petites choses dont vous aviez l'habitude, alors que vous vous faisiez mutuellement la cour — et réessayez-les à nouveau!

INDICATIF MUSICAL
DE CE CHAPITRE :
LA NOCE,
LES COWBOYS
FRINGANTS

**Penser comme une personne célibataire :
deuxième stratégie**

Recherchez la gratification instantanée
L'état d'esprit typique de la personne
mariée est marqué par le long terme.
Le côté positif reflété par cette façon
de penser est que le long terme signifie
« sécurité, engagement et confort ». Le
côté négatif est qu'il peut également
correspondre à l'ennui, la paresse et la com-
plaisance. Une bonne façon de contrer le côté
négatif de cet état d'esprit est de le régler comme celui d'une personne
célibataire et de chercher la gratification instantanée. Excité? — Faites
l'amour immédiatement. Vous pensez à elle? — Appelez-la immédiatement.
Vous l'appréciez? — Prenez-le immédiatement dans vos bras. Vous traversez
un centre commercial? — Arrêtez-vous immédiatement pour lui acheter
un petit quelque chose.

« UN MARIAGE
HEUREUX ABRITE TOUS LES
PLAISIRS DE L'AMITIÉ ET
CEUX DES SENS ET DE
L'ESPRIT, VRAIMENT TOUS
LES PLAISIRS DE LA VIE. »
— JOSEPH ADDISON

Penser comme une personne célibataire : troisième stratégie

Séduisez
À quand remonte la dernière fois où vous avez séduit votre partenaire? Vous
arrive-t-il souvent de vous donner la peine de créer l'ambiance, de mettre de
la musique, de vous habiller, de dire les mots justes, de vous attarder à tous
les petits détails? Rappelez-vous vos techniques de séduction du temps où
vous étiez célibataire. (Allez… ne prenez pas cet air innocent!)

PENSEZ COMME UNE
PERSONNE *CÉLIBATAIRE*.

Un mois de romantisme : première semaine

243 **Dimanche** : Achetez un guide de la ville ou de la région où vous habitez. Visitez un endroit où vous n'étiez jamais allés auparavant.

244 **Lundi** : Découpez l'horoscope de votre partenaire, publié dans le journal. Joignez-y une note indiquant que vous allez vous assurer que la prédiction astrologique s'avère. Remettez-les lui juste avant de partir pour le travail.

245 **Mardi** : Après que vous vous soyez dit « au revoir ». Retournez-vous une fois de plus et envoyez-lui un baiser.

246 **Mercredi** : Achetez un billet de loterie. Donnez-le lui, accompagné d'un petit mot : *« J'ai gagné le gros lot quand je t'ai épousée! »*

247 **Jeudi** : Jeudi est la « journée des cadeaux »! *(Pourquoi? Parce que c'est ce que j'ai dit, voilà pourquoi!)* Rapportez à la maison une bouteille d'huile parfumée. Servez-vous en!

> NOTES DE RECHANGE :
> TENTE TA CHANCE
> AVEC MOI!
> UNE SUR UN MILLION,
> C'EST TOI!

> INDICATIFS MUSICAUX
> DE CE CHAPITRE :
> SUNDAY, DE NO DOUBT
> A SUNDAY, DE JIMMY EAT WORLD
> LOVING YOU SUNDAY MORNING,
> DE SCORPIONS
> SUNDAY MORNING, DE MAROON 5
> ON SUNDAY, DE 'TIL TUESDAY
> SUNDAY KIND OF LOVE,
> D'ELLA FIRZGERALD
> TELL ME ON A SUNDAY, DE
> SARAH BRIGHTMAN

248 **Vendredi** : Regardez votre album de photos ensemble. Revivez les bons moments.

249 **Samedi** : Touchez-vous encore plus. Tenez-vous par la main. Caressez son cou. Massez ses pieds. Serrez-vous! Câlinez-vous!

Un mois de romantisme : deuxième semaine

250 **Dimanche** : Allez faire une promenade. (Écouteurs interdits.). Tenez-vous par la main.

251 **Lundi** : Réveillez-vous au lever du soleil. Profitez de votre matin, pour une fois, au lieu de courir sous la douche, d'avaler votre café en vitesse et de foncer au bureau!

252 **Mardi** : Réveillez-vous au lever du soleil. Faites l'amour. Allez travailler.

253 **Mercredi** : Prenez un cours ensemble. Inscrivez-vous à un cours de danse. Ou à un cours de cuisine. Ou à une dégustation de vins. Ou à un cours de massage.

254 **Jeudi** : Jeudi est la « journée des cadeaux »! Rapportez un bouquet de fleurs à la maison. Écrivez un petit poème sur ce qu'elles symbolisent.

255 **Vendredi** : Faites jouer « votre chanson » quand votre partenaire arrivera à la maison.

256   **Samedi** : Rendez-vous à la boutique d'un musée et achetez une affiche d'une œuvre de son artiste préféré. Faites-la encadrer pour elle. Peut-être la boutique offre-t-elle des cartes de souhaits, des cartes de correspondance, des revues, ou des livres en blanc illustrés des œuvres de son peintre favori?

INDICATIFS MUSICAUX
DE CE CHAPITRE :

COME MONDAY, DE JIMMY BUFFETT
ANOTHER MONDAY, DE JOHN RENBOURN
BORN ON A MONDAY, DE MICHEL QUATRO
BLUE MONDAY, DE NEW ORDER
MONDAY MONDAY, DE THE MAMAS & THE PAPAS
MANIC MONDAY, DE BANGLES
MONDAY LOVE, DE TARA KEMP
MONDAY MORNING IN PARADISE, DE TOM PAXTON
•••
TUESDAY'S GONE, DE LYNYRD SKYNYRD
RUBY TUESDAY, DE CAT STEVENS
BARELY OUT OF TUESDAY, DE COUNTING CROWS
LOVE YOU 'TIL TUESDAY, DE DAVID BOWIE
SWEET TUESDAY MORNING, DE BADFINGER

Un mois de romantisme : troisième semaine

257 **Dimanche** : Retirez les ampoules des lampes de votre chambre. Remplacez-les par des chandelles. Commencez à partir de là.

258 **Lundi** : Rendez-vous à votre magasin de musique local. Achetez le CD *Come Away With Me*, de Norah Jones.

259 **Mardi** : Commencez la journée d'une façon différente. Lisez à haute voix un passage inspirant d'un livre que vous appréciez.

260 **Mercredi** : Finissez la journée d'une façon différente. Donnez-lui un massage.

261 **Jeudi** : Oui — aujourd'hui, c'est la « journée des cadeaux » ! Achetez-lui une cravate extravagante. Offrez-lui un animal en peluche.

262 **Vendredi** : Partagez un bain de mousse.

263 **Samedi** : Faites l'amour ce soir — *sans vous servir de vos mains.*

INDICATIFS MUSICAUX
DE CE CHAPITRE :
WAITING FOR WEDNESDAY,
DE LISA LOEB
WEDNESDAY, DE TORI AMOS
IT'S ALREADY WEDNESDAY, DE FREYA
•••
MISTY THURSDAY, DE DUKE JORDAN
THURSDAY'S CHILD,
DE DAVID BOWIE
THURSDAY AFTERNOON,
DE BRIAN ENO

GREGORY J.P. GODEK

Un mois de romantisme : quatrième semaine

264 **Dimanche** : Passez *toute* la journée au lit. Lisez-lui à haute voix les bandes dessinées de votre journal du dimanche. Prenez votre petit déjeuner au lit. Faites une sieste. Regardez de vieux films à la télévision. Faites l'amour encore. Faites livrer de la pizza pour souper. Faites l'amour de nouveau.

265 **Lundi** : Appelez au bureau pour dire que vous n'êtes pas bien. Répétez la journée d'hier.

266 **Mardi** : Envoyez par télépathie des pensées amoureuses à votre partenaire.

267 **Mercredi** : Préparez un pique-nique. Allez le retrouver à son travail. Fermez la porte de son bureau. *Bon appétit!*

268 **Jeudi** : Une autre « journée des cadeaux ». Le cadeau d'aujourd'hui ne vous coûtera *pas un sou*. Dressez une liste des « dix raisons pourquoi je t'aime ». Remettez-la lui pendant le souper.

INDICATIFS MUSICAUX
DE CE CHAPITRE :
FRIDAY, DE DANIEL BEDINGFIELD
FRIDAY, I'M IN LOVE, DE THE CURE
FRIDAY'S ANGELS, DE GENERATION X
THANK GOD IT'S FRIDAY, DE R. KELLY
A FEW MINUTES ON FRIDAY, DE BRIGHT EYES

SATURDAY, DE FALL OUT BOY
DRIVE-IN SATURDAY, DE DAVID BOWIE
SATURDAY AFTERNOON,
DE JEFFERSON AIRPLANE
SENTIMENTAL SATURDAY,
DE SARAH HUDSON
SATURDAY IN THE PARK,
DE CHICAGO

269 **Vendredi** : La tâche d'aujourd'hui est de trouver une idée/concept/cadeau romantique dans le journal. Réalisez-la d'ici deux semaines.

270 **Samedi** : Préparez-vous deux bananes royales absolument *incroyables*. Assurez-vous d'utiliser les saveurs préférées de votre partenaire.

Les règles d'or du romantisme

271

A Le temps et les efforts qu'on consacre sont plus appréciés que l'argent dépensé. Les cadeaux sont appréciables, mais ils ne compensent pas pour le temps perdu. Entretenir un lien amoureux et romantique avec votre partenaire signifie de vous attarder au dîner, de passer de lents dimanches après-midis ensemble, de marcher et de parler, etc.

B La planification ne détruit pas la spontanéité — elle engendre l'occasion. Planifiez un geste spécial pour votre prochain anniversaire de mariage. Planifiez une fête surprise le jour de son anniversaire de naissance. Planifiez votre vie professionnelle en vous réservant du temps pour votre vie amoureuse.

> LE ROMANTISME EST SOUVENT — MAIS PAS *TOUJOURS* — QUELQUE CHOSE DE SPONTANÉ. PARFOIS, LA *PLANIFICATION* EST CE QUI ANIME LE ROMANTISME.

C Le *récipiendaire* définit ce qui est romantique.
- ♥ Si vous lui offrez des fleurs et qu'elle déteste les fleurs, ce n'est pas romantique.
- ♥ Si vous passez la journée à préparer un repas gastronomique et qu'il préférerait se faire livrer une pizza… devinez quoi?

GREGORY J.P. GODEK

♥ Si vous avez dépensé une fortune sur un ensemble et qu'elle vous indique que cela ne correspond pas à son style, vous n'avez pas le droit de lui en vouloir. (C'est pourquoi vous devez écouter et apprendre ce qu'elle aime et ce qu'elle n'aime pas.)

> « LE MOYEN D'AIMER UNE CHOSE EST DE SE DIRE QU'ON POURRAIT LA PERDRE. » — G. K CHESTERSTON

Les romantiques accordent la plus haute importance à leur relation. Tout le reste découle *de* leur relation, se fait *au moyen* de leur relation et c'est en raison de cette relation primordiale que leur vie connaît une dynamique de succès. Cela ne signifie pas que l'un des deux doive se transformer en martyr au profit de l'autre. Les martyrs s'autoflagellent et, conséquemment, nuisent au couple. Les relations saines alimentent et réconfortent les deux amoureux.

Les règles sont faites pour être brisées

272

■ Règle : *Ne* donnez *pas* d'argent en guise de cadeau.
❑ Brisez la règle : À moins que cela ne soit fait avec *créativité*.

> INDICATIF MUSICAL DE CE CHAPITRE : *BREAKING THE RULES*, D'AC/DC

♥ Collez vingt billets de cinq dollars ensemble, créant ainsi une bannière que vous installerez dans une pièce de la maison. Si sa couleur préférée est le bleu, nouez une pile de billets avec un ruban bleu.

- Agrafez un billet de cent dollars sur la page couverture d'un catalogue de lingerie, accompagné d'une note : « À toi de choisir ».
- Enroulez un billet de cent dollars autour de la tige d'une fleur.

273

■ Règle : *N'offrez pas* de chèques-cadeaux
❏ Brisez la règle : Habituellement, les chèques-cadeaux ne fonctionnent pas, en raison du fait qu'ils sont trop génériques. Si vous les rendez plus spécifiques, si vous les personnalisez et les adaptez tout particulièrement pour votre partenaire, n'hésitez pas!

- Pour les filles : Un chèque-cadeau généreux pour sa boutique, son catalogue ou son service préférés.
- Pour les gars : Un chèque-cadeau de chez Brookstone, The Sharper Image ou Canadian Tire.
- Exception n° 3 pour les deux sexes : Un chèque-cadeau fait sur mesure, qui exprime votre affection d'une façon spéciale, créative, unique et/ou touchante.

LES PERSONNES ROMANTIQUES AIMENT BRISER LES RÈGLES, AGIR DE FAÇON NON CONVENTIONNELLE, S'EXPRIMER ET FAIRE PREUVE DE SPONTANÉITÉ.

Veux-tu être mon Valentin?
Ma Valentine?

274 Pour référence future : achetez un sac de petits bonbons de la Saint-Valentin en *surplus* et gardez-le pour *dans six mois*.

PEANUTS © 1992. REPRODUIT AVEC LA PERMISSION DE UNITED FEATURE SYNDICATE, INC.

275 Alors qu'ils échangeaient des anecdotes de leur enfance, Peter a dit à Deb que, parce qu'il était pauvre, il n'avait pas de succès à l'école secondaire. Chaque année, à l'occasion de la Saint-Valentin, alors que tous les enfants ornaient leurs boîtes à chaussures pour les échanger, la sienne était toujours vide. Deb a pensé que c'était l'histoire la plus triste qu'elle ait entendu.

À la Saint-Valentin qui a suivi, elle a décoré une boîte à chaussures et l'a remplie de Valentins. Elle a également promis à Peter que, plus jamais, il ne passerait une Saint-Valentin sans Valentine.

276 Les filles : Vous n'arrivez pas à trouver quoi lui offrir pour la Saint-Valentin? Essayez ceci, cette année : oubliez le cadeau! En revanche, accueillez-le à la porte affublée d'un gros ruban rouge — *et de rien d'autre*.

Embrasse-moi, idiot!

277 Bien sûr, vous savez embrasser, mais peut-être qu'un petit cours pour vous rafraîchir la mémoire ajouterait un peu de piquant à votre vie. Procurez-vous un petit livre amusant, *The Art of Kissing*, de William Cane. Vous y découvrirez les instructions pour procéder (entre autres choses) au …

- ❤ Baiser bonbon
- ❤ Baiser glissant
- ❤ Baiser comptoir
- ❤ Baiser japonais
- ❤ Baiser aspirateur
- ❤ Les baiser parfum
- ❤ Baiser surprise
- ❤ Le *French Kiss*

> ANECDOTE :
> LE GROUPE ROCK
> « KISS » N'A JAMAIS
> ENREGISTRÉ DE
> CHANSONS
> ROMANTIQUES.

278 « Le baiser papillon » : Vous donnez un baiser papillon quand votre visage est très proche de celui de votre partenaire, et que vous battez des cils rapidement, contre sa joue.

279 Louez le classique *Chantons sous la pluie*. Ensuite…

> « UN HOMME QUI
> EST CAPABLE DE CONDUIRE
> TOUT EN EMBRASSANT UNE
> JOLIE FILLE N'ACCORDE TOUT
> SIMPLEMENT PAS AU BAISER
> L'ATTENTION QU'IL MÉRITE. »
> — ALBERT EINSTEIN

- ❤ Faites une promenade lors de la prochaine averse — et chantez et dansez sous la pluie tous les deux!
- ❤ Offrez-lui un parapluie de sa couleur préférée.

- ♥ Achetez un parapluie de golf — pour pouvoir marcher confortablement ensemble.
- ♥ Achetez un tout petit parapluie de voyage — vous devrez donc vous serrer l'un contre l'autre!
- ♥ Offrez-lui un nouveau pardessus : emplissez ses poches de votre lingerie.
- ♥ Passez des vacances à Seattle.

1) VOLEZ UN BAISER.
2) RENDEZ-LE LUI.

Les maths appliqués à la relation amoureuse

280 Les bonnes relations ne correspondent pas à 50/50. Elles représentent 100/100. Vivre une relation 50/50 peut *a priori* sembler un bon objectif — mais ce *n'est pas* le cas. Une relation *égalitaire* n'est pas la même chose qu'une relation *amoureuse*. 50/50 signifie littéralement : « Je te rencontre au milieu du chemin ». En d'autres termes : « Je fais ma part, je fais la moitié du chemin, mais tu dois faire le reste. » En amour, on se donne à 100 p. cent, pas à 50 p. cent à peine.

DONNEZ-VOUS À CENT POUR CENT DANS VOTRE RELATION. MAIS NE TOMBEZ PAS DANS LE PIÈGE EN ESSAYANT DE DONNER 150 P. CENT. CELA SEMBLE IMPRESSIONNANT, MAIS VOUS NE POUVEZ DONNER PLUS QUE CE QUE VOUS AVEZ. CELA NE FERAIT QU'ENGENDRER DE LA FRUSTRATION ET UN SENTIMENT DE CULPABILITÉ.

Personne ne peut se donner à 100 p. cent, 100 p. cent du temps — c'est impossible. Vous pouvez viser cet objectif et, quand vous vous retrouverez (inévitablement) à bout de souffle, ça ira encore. Même si chacun de vous rate son objectif de 50 p. cent vous serez toujours en bonne posture ; cela équivaudra à peu près à 100 p. cent. Le problème survient quand vous tentez tous les deux de limiter votre « participation » à ce que vous considérez comme étant votre juste part — habituellement établie à 50 p. cent. Si vous faites cela, vous n'atteindrez certainement pas 100 p. cent.

PREMIER CERCLE : VOICI LA FORMULE MATHÉMATIQUE D'UNE RELATION AMOUREUSE :

$$R = A (1-COSA)$$

EN FAIT, IL S'AGIT DE LA FORMULE D'UNE CARDIOÏDE — QUELQUE CHOSE QUI A *LA FORME D'UN CŒUR*. PLUS PRÉCISÉMENT POUR VOUS, MATHÉMATICIENS ROMANTIQUES, UNE CARDIOÏDE EST « LA TRAJECTOIRE D'UN POINT FIXÉ À UN CERCLE QUI ROULE SANS GLISSER SUR UN SECOND CERCLE DE MÊME DIAMÈTRE. » (QUI A *DIT* QUE LES GÉNIES NE POUVAIENT ÊTRE ROMANTIQUES ?)

281

Cinq minutes consacrées au romantisme = une journée d'harmonie.

Pensez à toutes les fois où votre négligence à l'égard d'un petit geste — comme l'appeler pour lui dire que vous alliez rentrer tard du travail ou lui poster une carte de souhaits à temps pour son anniversaire — a engendré une journée de mécontentement. Une attention constante à l'égard de votre partenaire maintiendra votre relation équilibrée et heureuse. Cela n'en prend pas beaucoup ! Les petits gestes font du chemin.

LE MEILLEUR POÈME D'AMOUR MATHÉMATIQUE DE TOUS LES TEMPS : LISEZ L'HISTOIRE APPELÉE *L'ÉLECTROUVÈRE DE TRURL*, DANS *LA CYBÉRIADE*, DE STANISLAS LEM.

GREGORY J.P. GODEK

282

- Célébrez votre millième jour ensemble. (Cela correspond à environ deux ans, huit mois et 26 jours — dépendant de l'année bissextile).
- Célébrez votre dix millième jour ensemble. (Cela correspond à environ vingt-sept ans, quatre mois et vingt-trois jours.)

Le calcul de l'amour

283 Soyez prêts à partir pour des fins de semaines romantiques. Procurez-vous une carte géographique de votre coin de pays. Dessinez un cercle sur la carte en y mettant, au centre, votre propre maison, et mesurez un rayon de 193 kilomètres. Vous venez de découvrir une zone de 72 804 kilomètres carrés, à moins de deux heures de route de l'endroit où vous vivez. À moins de résider en *Antarctique**,
il doit bien y avoir *plusieurs* activités qui soient romantiques, excitantes, nouvelles et différentes dans une région de 72 804 kilomètres carrés!

> * ACTIVITÉS ROMANTIQUES POSSIBLES EN ANTARCTIQUE : ALLEZ FAIRE DE LA TRAÎNE SAUVAGE. ORGANISEZ UNE RÉCEPTION OFFICIELLE. INVITEZ LES PINGOUINS. RESTEZ AU LIT TOUTE LA NUIT. (LES NUITS DURENT *SIX MOIS*!)

Maintenant que vous avez tracé votre cercle sur la carte géographique, il est temps de faire une petite recherche :

- Localisez tous les gîtes du passant qui se trouvent dans les limites de votre cercle.
- Trouvez tous les parcs et les sentiers pédestres.
- Localisez toutes les galeries d'art, les musées et les théâtres.
- Trouvez tous les centres commerciaux et les boutiques qui présentent un intérêt pour vous et votre partenaire.
- Dressez une liste de vingt restaurants qui semblent intéressants.

284 Calculez le nombre de jours qui se sont écoulés depuis que vous êtes ensemble (n'oubliez pas les années bissextiles). En dix ans, vous avez passé 3 652 jours ensemble! Réfléchissez aux faits marquants qui se sont produits pendant toute cette période. De quelle manière avez-vous changé? Qu'avez-vous accompli ensemble?

> APRÈS AVOIR COMPTÉ LE NOMBRE DE *JOURS* DEPUIS QUE VOUS ÊTES ENSEMBLE, FAITES DE MÊME AVEC LES *HEURES*, LES *MINUTES* ET LES *SECONDES*!

♥ Rédigez une courte lettre pour exprimer ce que vous ressentez à propos de tout ce temps passé avec votre partenaire.
♥ Créez un calendrier où vous indiquerez les faits marquants de votre relation.

285 Utilisez des *nombres* pour l'élaboration de *concepts* pour des cadeaux et des gentillesses. Par exemple, utilisez son *âge*, le nombre d'*années* passées ensemble ou son chiffre chanceux. Envoyez-lui ce *nombre* de cartes de vœux. Dépensez ce montant d'argent pour un cadeau. Offrez-lui ce nombre de cadeaux. Passez ce nombre de jours en vacances. Consacrez ce nombre de minutes à lui faire un massage. Achetez un bijou contenant ce nombre de pierres précieuses.

L'art d'être en couple

286   Quinze façons d'afficher son couple en public

1. Faites toujours votre entrée bras dessus bras dessous.
2. Portez des vêtements subtilement assortis.
3. Complimentez-la devant ses amis.
4. Retenez une chaise pour elle, à la table.
5. Susurrez son petit surnom affectueux.
6. ÉAP*.
7. Frôlez-le de façon suggestive.
8. Portez les mêmes casquettes de baseball.
9. Ouvrez-lui la porte d'une façon un peu plus théâtrale.
10. Tenez-vous par la main.
11. Faites-lui un sourire séducteur.
12. Commandez pour elle quand vous allez au restaurant.
13. Faites-lui un clin d'œil alors que vous vous trouvez de l'autre côté de la pièce.
14. Envoyez-lui un baiser.
15. Offrez-lui une rose achetée d'un marchand ambulant.

*ÉAP : étalages d'affection en public.

DES LIVRES TRÈS DRÔLES (ET RÉVÉLATEURS) DE PAUL REISER : *COUPLEHOOD* *BABYHOOD*

Q. : À QUEL MOMENT SAVEZ-VOUS QUE VOUS FORMEZ UN « COUPLE »?
R. : QUAND VOUS DITES « ALLÔ, C'EST MOI » AU TÉLÉPHONE — ET QU'ELLE SAIT QUE C'EST VOUS.

♥ ♥ ♥

Q. : QUAND SAVEZ-VOUS QUE C'EST VRAIMENT L'AMOUR?
R. : QUAND VOUS N'AVEZ PAS À PRÉTENDRE OU À ESPÉRER QUE C'EST DE L'AMOUR.

287 Changer de rôle avec votre partenaire pendant une journée, une fin de semaine ou une semaine. Faites l'échange des responsabilités, des tâches et des routines quotidiennes; changez de côté, dans le lit, échangez autant d'aspects de votre vie que possible. Vous recueillerez des renseignements précieux sur votre partenaire. Et vous en aurez une connaissance plus approfondie. C'est garanti. Cette connaissance vous rendra tous deux plus patients et plus compréhensifs, l'un envers l'autre. Elle vous aidera également à poser des gestes romantiques plus personnels, intimes, appropriés et appréciés.

GREGORY J.P. GODEK

Être parent

288 Les gars : Accrochez ce dicton sur le mur de votre bureau, au travail :

« La meilleure chose qu'un père puisse faire pour ses enfants est d'aimer leur mère. »

289 Créez un « Programme de partage des enfants » dans le voisinage. Organisez des fins de semaines entières au cours desquelles l'une des familles est l'hôte de la « plus grosse soirée-pyjama au monde », permettant ainsi aux autres parents de passer, à tour de rôle, des fins de semaines romantiques.

« POURQUOI VOULEZ-VOUS ÊTRE ROMANTIQUES? VOUS ÊTES DÉJÀ MARIÉS! »

Erotica

290 « Baptisez » chacune des pièces de votre maison ou de votre appartement en y faisant l'amour. (N'oubliez pas les escaliers, les corridors et les placards.)

INDICATIF MUSICAL DE CE CHAPITRE : *NUE AU SOLEIL*, DE BRIGITTE BARDOT

LE BUT DE CE FANTASME EST DE FAIRE RÉAGIR VOTRE AMOUREUX EXACTEMENT COMME ROGER RABBIT, QUAND IL VOIT JESSICA.

291 Pour les femmes : Réalisez un fantasme — accueillez-le à la porte alors que vous portez l'ensemble de lingerie qui lui fera sortir les yeux de la tête — vous *savez* lequel!

292 Pour les hommes : Réalisez un fantasme — incarnez sa vision du prince charmant, qu'il s'agisse de porter un smoking ou un débardeur sexy, assorti un casque de construction! Comblez-la.

293 Pendant un voyage d'affaires, effectuez un appel de réveil sexy à 6 h.

294 Embrassez chaque centimètre de son corps… LEN-TE-MENT.

« L'AMOUR NE S'ÉTEINT JAMAIS DE MORT NATURELLE. IL MEURT PARCE QUE NOUS NE SAVONS PAS COMMENT RALLUMER LA FLAMME. » — ANAÏS NIN

295 Pourquoi ne pas lui envoyer par la poste, un petit morceau de lingerie — *au bureau?*

Imaginez la scène : elle ouvre son courrier vers 11 h ; elle reçoit votre paquet. Après qu'elle se soit remise de ses émotions, elle est légèrement distraite, pendant tout le reste de la journée. Moi, ça me convient parfaitement!

Exotica

296 L'un des endroits les plus exotiques que vous puissiez visiter dans le monde est le Népal — ce petit pays d'Asie qui abrite le Mont Everest. Si votre partenaire aime l'aventure, imaginez faire de la randonnée pédestre en traversant l'Himalaya, découvrir la culture népalaise, magasiner dans des marchés à ciel ouvert, explorer Katmandu. Steve Conlon, expert en trekking au Népal (et dans d'autres pays du monde), est fondateur de *Above the Clouds Trekking*. Visitez le www.aboveclouds.com ou le www.gorp.com. Les agences francophones Trekonline, www.trekonline.com et Explore Himalaya, www.explorehimalya.com, proposent également des excursions et des voyages d'aventure.

CHACUN A SA PROPRE DÉFINITION D'UNE EXPÉRIENCE OU D'UN ENDROIT « EXOTIQUES ». POUR CERTAINES PERSONNES, C'EST VIVRE « À LA DURE », EN AFRIQUE. POUR D'AUTRES, L'EXOTISME EST DE PARESSER À TAHITI. DES GENS TROUVENT QUE NEW YORK EST EXOTIQUE, ALORS QUE D'AUTRES LUI PRÉFÈRENT PARIS.

297 Si vous préférez rouler au lieu de marcher, envisagez un voyage à bord du Transsibérien Orient Express, dans un compartiment privé. Vous voyagerez dans les wagons qui faisaient, à l'origine, partie du célèbre Orient Express. Communiquez avec TCS Expeditions au 1-800-727-7477 ou visitez le www.tcs-expeditions.com. Le site Train de luxe.com (www.traindeluxe.com) propose également les plus beaux voyages en train, dans le monde entier.

298 Equitour organise des voyages à cheval partout dans le monde, y compris l'Inde et l'Australie. Des voyages au Canada (Québec, Colombie-Britannique et Alberta), de même que dans l'Ouest des États-Unis sont également offerts. Les expéditions sont incroyablement variées : dans le Wyoming, vous dormez sous la tente, alors qu'à Gaspé, vous séjournez dans différentes auberges, pendant les sept jours du voyage. Appelez Equitour au 1-800-545-0019, ou visitez le www.ridingtours.com (en anglais seulement), ou le www.equitour.com.

Créez une relation A+

299 La relation A+ est un concept puissant qui permet d'obtenir un aperçu unique des relations amoureuses. Il s'agit d'une technique, d'un outil, qui vous aidera à accomplir deux choses. Premièrement, à *comprendre* votre relation amoureuse à un niveau de profondeur qu'il vous serait impossible d'atteindre autrement, deuxièmement, à prendre des mesures qui nourriront votre couple et qui vous satisferont, vous et votre partenaire, comme individus.

INDICATIF MUSICAL
DE CE CHAPITRE :
STRAIGHTS A'S
DE DEAD KENNEDYS

Mes vingt années d'enseignement, dans le cadre de colloques sur les relations humaines, mes activités de recherche et les échanges que j'ai connus avec des *milliers* de couples, m'ont convaincu que la relation A+ est un concept qui peut aider n'importe quel couple à améliorer sa relation.

Comment atteignez-vous une relation A+? Vous vous engagez à l'excellence, vous consacrez des efforts (et du jeu!) et vous travaillez tous deux au perfectionnement de vos compétences au sein de votre relation. En d'autres termes, au meilleur de vos capacités, vous vivez votre amour. Les bonnes relations sont le résultat d'une création consciente et vous êtes tous deux des artistes, qui travaillez à façonner une seule vie à partir des deux vôtres. Alors qu'on devient amoureux, vraiment juste comme ça, sans même le vouloir, le demeurer ne se fait jamais tout seul.

RELATION A+ [R(?)LASJÃ/A/PLYS/]

1. LA MEILLEURE RELATION INTIME QUE VOUS PUISSIEZ CRÉER. 2. UNE RELATION AMOUREUSE MONOGAME QUI EST EXCELLENTE, SUPÉRIEURE, ÉTONNANTE, EXCITANTE, PASSIONNÉE, CROISSANTE, SATISFAISANTE, FASCINANTE ET ROMANTIQUE. 3. UN ACTE DE CRÉATION IMPLIQUANT DEUX INDIVIDUS — DEUX ARTISTES DONT L'ŒUVRE DE LEUR VIE EST DE CRÉER DE L'AMOUR PAR LE BIAIS DE LEUR RELATION. 4. UNE RELATION QUI, SI ELLE N'EST PAS PARFAITE, ATTEINT LE PERCENTILE DE 90 P. CENT.

Vous — et tous les couples — avez le pouvoir d'établir les règles et les attentes propres à votre relation. Il s'agit de l'un des principaux avantages dont nous bénéficions depuis les grands changements sociaux des années 1960. Ce type de possibilité permet au XXIe siècle de marquer le début d'une nouvelle ère dans l'évolution des relations humaines : nous avons en effet la liberté de mettre fin à la pensée étroite et stéréotypée qui caractérisait les relations dans les années 1950. Vous avez la possibilité de créer une relation « sur mesure » qui incorpore les meilleures valeurs intemporelles (engagement, foi, honnêteté, etc.) aux meilleures valeurs modernes (égalité, souplesse, créativité, etc.) Vous pouvez établir votre propre ensemble de normes et les objectifs propres à votre relation.

Le concept de la relation A+ repose sur le comportement et non sur la personnalité. Il ne s'agit pas de poser des jugements de valeur sur les gens, mais de procéder à des évaluations honnêtes sur le comportement des gens. Cela vous aide à prendre conscience de ce que vous faites maintenant et à atteindre les objectifs futurs de votre relation. Que pourriez-vous demander de plus ?

La fiche de rendement de la relation

300 Remplissez la « Fiche de rendement de la relation », qui se trouve à la page suivante.

Directives :

- Accordez-vous une note et une à votre partenaire.
- Demandez-lui de faire la même chose à son tour.
- Comparez et discutez de vos notes respectives : vous obtiendrez un bon aperçu de votre relation.
- Célébrez toutes les notes qui se situent entre B et A+.
- Travaillez à améliorer les C et les D.

> NE VOUS FIEZ PAS À L'APPARENTE SIMPLICITÉ DE CET EXERCICE! IL FAVORISE LA COMMUNICATION, PERMET DE RÉVÉLER LES ASPECTS PROFONDS DE LA RELATION ET EST UN OUTIL PRATIQUE DE CHANGEMENT ET D'AMÉLIORATION.

*Comment donner une note à votre relation ?

A = Passionnée, excitante, aimante, satisfaisante ; pas *parfaite* — mais véritablement excellente.

B = Très bien, solide, meilleure que la plupart, constante, qui s'*améliore*.

C = Moyenne, acceptable, stagnante, correcte — mais statique, hum, parfois *ennuyeuse*.

D = Sous la moyenne, malheureuse, morose ; mauvaise — mais pas désespérée.

E = Sans espoir, déprimante, dangereuse ; tout a été essayé, il n'y a rien à faire.

Maîtrisez ces compétences pour connaître une relation A+

Remplissez la «Fiche de rendement de la relation» : accordez-vous une note et notez également votre partenaire (de A+ à F, comme à l'école).

	Votre note	La note de votre partenaire
Affection	_____	_____
Compétences en discussion	_____	_____
Attitude	_____	_____
Engagement	_____	_____
Communication	_____	_____
Attention	_____	_____
Considération du couple	_____	_____
Créativité	_____	_____
Empathie	_____	_____
Souplesse	_____	_____
Amitié	_____	_____
Générosité	_____	_____
Compétences en cadeaux	_____	_____
Honnêteté	_____	_____
Gestion du ménage	_____	_____
Capacité d'écoute	_____	_____
Sexualité	_____	_____
Patience	_____	_____
Espièglerie	_____	_____
Romantisme	_____	_____
Conscience de soi	_____	_____
Estime de soi	_____	_____
Sens de l'humour	_____	_____
Sensibilité	_____	_____
Spontanéité	_____	_____
Tolérance	_____	_____

Le gros bon sens

301 Le bon sens nous dicte de « faire ce que nous maîtrisons le mieux » et de « nous servir de nos talents ». Facile à dire, mais le problème est que les conseils les plus *simples* sont souvent les plus *difficiles* à mettre en pratique.

Dans le très bon livre *The Acorn Principle*, Jim Cathcart explique en détail comment « acquérir l'inné ». Il propose des exercices et des exemples qui vous aideront à découvrir, à explorer et à faire germer la graine de votre plein potentiel. *The Acorn Principle* est un de ces livres — trop rares — qui vous aident à améliorer votre vie professionnelle et votre vie amoureuse.

> VOUS ÊTES TOMBÉS EN AMOUR. VOUS AVEZ DÉCIDÉ DE PASSER VOTRE VIE ENSEMBLE. N'EST-IL PAS TOUT SIMPLEMENT LOGIQUE D'EN TIRER LE MEILLEUR PARTI?

302 Mettez les points sur les « i » et les barres sur les « t ». En d'autres termes, accordez de l'attention aux détails.

- ♥ Ne faites pas qu'acheter *des* fleurs. Achetez celles qu'elle *préfère*.
- ♥ *Assurez-vous de toujours envelopper ses cadeaux* dans du papier de sa couleur préférée.
- ♥ Ne lui offrez pas de bijoux en *or* si elle préfère l'*argent*.

303 Rappelez-vous que les relations ne sont pas dotées d'un autorégulateur! Elles représentent des créations délicates qui requièrent de l'attention, des ajustements et un graissage à l'huile régulièrement.

> « L'AMOUR EST INNÉ. NOUS ACQUÉRONS LA PEUR ICI. »
> — MARIANNE WILLIAMSON

304 «Marchez un kilomètre dans ses chaussures», réfléchissez ensuite aux petits gestes romantiques que vous posez.

- Après une semaine particulièrement difficile, il préférera probablement un massage à une soirée de danse.
- Ne lui donnez pas de fleurs si tout ce dont elle a *vraiment* besoin est de deux heures de paix et de solitude.
- A-t-elle besoin d'un répit — ou d'un changement de rythme stimulant? Planifiez en conséquence.

Une logique inusitée

305

La règle d'or «*Ne fais pas aux autres ce que tu ne voudrais qu'on te fît*» ne s'applique pas toujours: elle inciterait les amateurs de sport à acheter des billets de hockey pour leurs épouses; celles qui suivent la mode à offrir des ensembles à leurs partenaires; les bourreaux de travail à donner des porte-documents et les bricoleurs à acheter des outils pour leurs blondes!

Adoptez plutôt la «règle de platine»: «Fais aux autres comme eux-mêmes voudraient faire pour eux». Cette philosophie vous permet d'avoir une perception plus profonde de votre partenaire. La règle de platine vous aide à voir le monde à travers les yeux de votre amour; elle affine votre intuition; elle perfectionne vos compétences en cadeaux.

Pour en savoir plus sur cette façon de penser, je recommande le livre de Tony Alessandra et Michael O'Connor, *La règle de platine*.

LES ROMANTIQUES ONT TENDANCE À PENSER DE MANIÈRE INUSITÉE.

Rose is Rose est reproduit avec la permission de United Feature Syndicate, Inc. ©, 1990.

306 Contrairement à la croyance populaire, vous *ne* devriez *pas* courtiser votre partenaire pour vous excuser après une dispute! Si vous le faites, cela pourrait déteindre sur *tous* vos gestes romantiques, et ce, pendant longtemps. (Après une dispute, des excuses simples et sincères représentent ce qu'il y a de mieux. Reprenez vos gestes romantiques *après* vous être calmés tous les deux, ou dans une semaine — selon la plus éloignée de ces deux dates.)

C'est la pensée qui compte

307 Les couples qui vivent une relation A+ comprennent qu'ils doivent trouver un équilibre entre ces deux concepts :
1) les actions parlent plus haut que les paroles : 2) c'est la pensée qui compte.
Ces concepts sont les deux faces de la même pièce. Parfois l'action, le geste, le cadeau dit tout ce qu'il y a à dire. En revanche, en d'autres occasions, c'est la pensée, la signification, l'intention, les paroles qui disent tout ce qu'il y a à dire.

> INDICATIF MUSICAL
> DE CE CHAPITRE :
> *JE PENSE À TOI,*
> D'AXELLE RED.

308

- Les gars, arrêtons de : stéréotyper les femmes, de tenir pour acquis que nous savons ce qu'elles pensent, d'avoir peur du féminisme, d'ignorer nos sentiments, de jouer au macho et de nous croire supérieurs...
- Et commençons à : être vrais, à garder le contact, à ranimer la galanterie, à donner de nous-mêmes, à accorder à nos relations la plus haute priorité, à écouter plus.

309

- Les filles, arrêtons de : parler contre les hommes, de tenir pour acquis que *tous* les hommes sont des crétins en matière de romantisme, de nous sentir supérieures en ce qui a trait à nos compétence relationnelles (ce qui, il faut l'admettre, est très souvent *vrai*), de ridiculiser le mouvement novice des hommes, d'être une martyre...
- Et commençons à : leur donner le bénéfice du doute, apprécier leurs petites manies, nous mettre à leur place, leur envoyer des fleurs.

310

Si vous êtes comme moi, vous n'avez probablement pas les moyens d'offrir un original de Renoir à votre partenaire. Vous seriez peut-être satisfait avec une affiche imprimée, mais cela pourrait manquer de classe. Vous pouvez désormais obtenir une réplique d'une œuvre célèbre, sur canevas. Plusieurs œuvres de maîtres sont offertes par l'entreprise The Masters' Collection. Composez le 1-800-2-CANVAS, ou visitez le www.masterscollection.com.

GREGORY J.P. GODEK

Les actions parlent plus haut que les paroles

311 Enlacez-vous devant un feu de foyer.
(Pas de télévision. Pas d'enfants. Pas de téléphone.)

312 Gravez ses initiales et les vôtres dans l'écorce d'un arbre.

G.G.
+
K.R.

313 Laissez traîner vos vêtements comme une piste, de la porte d'entrée à la chambre à coucher.

314 Remplissez un bol d'eau chaude. Enlevez-lui ses chaussures et ses bas. Asseyez-le dans son fauteuil préféré. Lavez-lui les pieds. Laissez-les tremper pendant dix minutes. Séchez ses pieds. Reprenez ce que vous faisiez avant cet intermède.

315 Sara adorait Noël, surtout les Noëls classiques et enneigés de la Nouvelle-Angleterre, à Boston. Une année, comme le mois de décembre avait vraiment été très doux et que Noël approchait, Sara se sentait déprimée — et la nouvelle que Jim, son mari, devait travailler la veille de Noël n'a rien fait pour améliorer les choses.

Jim, entrepreneur en construction, a secrètement conduit son camion à benne à trois heures au nord du Maine, l'a rempli de neige artificielle achetée à un centre de ski, est revenu à la maison, a étendu la neige sur le gazon et a offert un Noël blanc à une Sara, ravie.

Scellé d'un baiser

316 Pour votre information, vous pouvez obtenir des timbres-poste qui illustrent n'importe quel sujet d'intérêt ou passion que pourrait entretenir votre partenaire. Les timbres-photos peuvent être commandés en ligne ou par téléphone. Utilisez ces timbres personnalisés, fabriqués à partir de vos propres photos numériques, pour affranchir votre courrier. Commandez en composant le 1-866-742-7678 ou en écrivant à info@timbres-photos.ca ou visitez le www.postescanada.ca.

317 Saviez-vous que le gouvernement fédéral fait activement la promotion de l'amour et du romantisme? D'une certaine manière. Sur le site www.postescanada.ca, vous trouverez un *Guide sur la façon de garder contact*, qui vous donne des idées pour vous rapprocher de ceux qui sont loin ou pour ceux qui vivent des histoires d'amour à distance, de même qu'un *Guide sur le mariage*, pour vous faciliter la tâche en ce qui a trait à l'annonce de la nouvelle et l'envoi des invitations, notamment.

> CHIENS ET CHATS ET OISEAUX ET POISSONS
>
> ENGINS SPATIAUX ET ASTRONAUTES ET PLANÈTES ET ÉTOILES
>
> LIONS ET TIGRES ET OURS (OH, LA, LA!)
>
> FLEURS ET FLEURS ET FLEURS ET ENCORE PLUS DE FLEURS
>
> OISEAUX DE LA PROVINCE ET FLEURS DE LA PROVINCE ET DRAPEAU DE LA PROVINCE
>
> THÈMES HISTORIQUES ET ENDROITS ET PERSONNES
>
> LES OLYMPIQUES
>
> AVIONS, TRAINS ET AUTOMOBILES
>
> PAIX ET ÉCOLOGIE
>
> SENSIBILISATION AU CANCER
>
> FRUITS ET ROCHES ET COQUILLAGES
>
> HISTOIRE DU CANADA
>
> NOËL ET AUTRES FÊTES
>
> DINOSAURES ET BANDES DESSINÉES
>
> ELVIS ET MARYLIN MONROE ET JAMES DEAN
>
> VOS ENFANTS
>
> SOUVENIRS DE VOYAGE
>
> PHOTO DE VOTRE MARIAGE
>
> INVENTIONS ET BIDULES
>
> ET, BIEN SÛR, *L'AMOUR*

318 Envoyez-lui une carte de souhaits au *travail*. Une bonne façon d'illuminer sa journée.

319 Achetez une reproduction encadrée du tableau *Le Baiser*, de Gustave Klimt.

- ♥ Achetez une reproduction de la sculpture *Le Baiser* d'Auguste Rodin.
- ♥ Rituel romantique : faites une pause et embrassez-vous devant la porte d'entrée.
- ♥ Demandez-lui de choisir un chiffre entre un et cinquante. Donnez-lui autant de baisers.

G.M.F.L.

320 G.M.F.L. (« *Geese Mate For Life* » — les oies sont ensemble pour la vie). Cette phrase reflète l'amour éternel, illustré par deux oies.

« LE PREMIER DEVOIR DE L'AMOUR EST D'ÉCOUTER. » — PAUL TILLICH

- ♥ Certaines personnes signent leurs lettres d'amour avec G.M.F.L.
- ♥ Certains couples ont l'acronyme G.M.F.L. gravé à l'intérieur de leurs anneaux de mariage.
- ♥ Certains se sont procuré l'épinglette G.M.F.L. en or 14 carats de Cross Jewelers. Appelez le 1-800-433-2988 ou visitez le www.crossjewelers.com/nol/geese_new.htm.

321 À l'occasion de son anniversaire, Jill a offert à Howard une carte avec cette inscription :

Pour ton anniversaire, je t'offre des P.S.E.C.S.* de la semaine
Avec amour, Jill

*P. S.E.C.S. : Pratiques sexuelles excitantes chaque soir.

322 Pour les véritables romantiques…

♥ PDG signifie « personne désirée grandement »
♥ CN signifie « chéri national »
♥ SPA signifie « société protectrice des amoureux »
♥ MD signifie « ma déesse »
♥ MRC signifie « mon Roméo chéri »
♥ CPE signifie « communication, partage, échange »

On ne peut acheter l'amour

323

A La meilleure façon de dépenser *le plus* d'argent pour une voiture est d'acheter une *Lamborghini Diablo*. (La deuxième est d'acheter une *Ferrari F50*.)

B La meilleure façon de dépenser *le plus* d'argent pour un *spectacle* est de se procurer des billets pour des sièges situés *au centre de l'une des premières rangées*, peu importe le spectacle, dans la mesure où il est le plus couru de Broadway.

C La meilleure façon de dépenser *le plus* d'argent pour de *l'équipement* stéréo est d'acheter un système de pointe, magnifiquement conçu, de chez Bang & Olufsen. Visitez le www.bang-olufsen.com.

INDICATIF MUSICAL
DE CE CHAPITRE :
RICHE,
DES RITA MITSOUKO

324 Vous *pourriez* mettre à jour *toute* sa collection musicale! Échangez ses disques vinyles de ses Beatles, de son Jean-Pierre Ferland et de ses Rolling Stones adorés contre des disques compacts ou des MP3. Grâce à la technologie actuellement disponible, la conversion d'environ 500 albums peut coûter moins de 1 000 $ (environ 400 $ pour le système de conversion, plus le coût des CD vierges et des boîtiers.) Vous pouvez visiter plusieurs sites en ligne, dont le www.hammacher.com ou le http://qc.yahoo.shoptoit.ca.

325 Envisagez l'achat d'une bouteille de vin du millésime de l'année de naissance de votre partenaire ou de votre mariage. Le site www.winedecider.com offre des vins fins, dont le millésime peut dater de 1940 et la *Antique Wine Company of Great Britain Ltd.* a, quant à elle, dans sa cave, des grands crus datant de 1802! Visitez le www.antique-wine.com.

OFFREZ À VOTRE PARTENAIRE UN ENSEMBLE DE PIÈCES DE QUALITÉ ÉPREUVE NUMISMATIQUE DATANT DE L'ANNÉE DE VOTRE MARIAGE.

Je veux te tenir la main

326

- Une question simple : à quand remonte la dernière fois où vous êtes sortis tous les deux pour aller simplement faire une *promenade*?
- Réponse complexe : maintenant, soyons plus précis. Une partie de la définition du terme «promenade» implique que vous devez vous tenir par la main. De plus, aucun de vous n'est affublé d'un baladeur pendant la dite promenade. La vitesse de votre pas est aussi importante. La course à pied et le jogging ne sont évidemment pas romantiques. La vitesse adéquate est nonchalante.

> LA VITESSE DE L'AMOUR
> EST DE 2,74 KM/H
> — LA MÊME QUE CELLE
> D'UNE PROMENADE.

327

Votre partenaire aime-t-il la *vitesse* et les *émotions fortes*? Alors organisez vos vacances autour des meilleures montagnes russes des États-Unis et du Canada, selon le magazine *Park World* :

- Canada's Wonderland, à Toronto, Ontario, propose quinze montagnes russes différentes, dont le fameux manège Behemoth, qui représente les plus hautes et les plus rapides montagnes russes du pays : 70 mètres de haut, jusqu'à 125 kilomètres à l'heure et une pente de 75 degrés qui vous donne l'impression de foncer tout droit dans le sol.
- Superman the Escape, au parc Six Flags Magic Mountain, à Valencia, en Californie : le manège passe de 0 à 160 km/h en sept secondes.
- Le Georgia Cyclone, au parc Six Flags Over Georgia, à Atlanta, en Géorgie : ce manège s'inspire du célèbre Cyclone de Coney Island.
- Magnum XL-200 de Cedar Point, à Sandusky, Ohio : pendant deux portions du manège, vous flottez littéralement dans le vide!
- Beast, à Kings Island, en Ohio : les montagnes russes en bois les plus longues du monde.

> DÉFINITION :
> INTERDIGITATION :
> SE TENIR PAR
> LA MAIN.

GREGORY J.P. GODEK

328 Comme couple, prenez l'engagement *d'apprendre quelque chose de nouveau chaque jour.*

Il peut s'agir d'un nouveau terme, d'un fait divers dans le journal, de quelque chose de nouveau à propos de votre partenaire. Et, régulièrement, prenez un cours ensemble. Un cours de peinture, de piano, d'espagnol, de massage.

Au secours!

329 Proposez des choix à votre partenaire : classique ou avant-garde? Conservateur ou osé? Public ou privé? Ici ou là? Bruyant ou tranquille? McDonald's ou Tim Hortons? Grand ou petit? Clair ou sombre? Rapide ou lent? Aujourd'hui ou demain? Actif ou paresseux? Un ou plusieurs? Or ou argent? Rouge ou bleu? Le jour ou la nuit? Dispendieux ou abordable? Maintenant ou plus tard? Droit ou gauche? Moderne ou ancien? Sérieux ou drôle?

Sally Forth © 1998. Imprimé avec la permission de North America Syndicate, Inc.

330 Un concept romantique de base : les Clubs du cadeau du mois. Voici quelques variations créatives. Inventez la vôtre…

- ♥ Club de la bière du mois
- ♥ Club du restaurant romantique du mois
- ♥ Club de la saveur de crème glacée du mois
- ♥ Club de l'ensemble de lingerie du mois
- ♥ Club de la nouvelle position sexuelle du mois
- ♥ Club de l'animal en peluche du mois

Connaître les intérêts et les préférences de votre partenaire vous aidera à créer vos propres et uniques Clubs du cadeau du mois.

L'amour est la seule chose dont vous ayez besoin

331 On vous a déjà dit qu'il « n'y a aucune garantie dans la vie ». Eh bien! C'est vrai. Vous ne pouvez peut-être pas obtenir de *garantie* — mais vous pouvez demander un engagement. Un étudiant de ma classe nous a déjà raconté qu'il avait surpris sa nouvelle épouse, à la fin de la cérémonie, en s'engageant par écrit à une « relation à vie ».

332 C'est l'hiver, il fait moins dix dehors et le facteur éolien donne l'impression qu'il fait moins quarante. Dans ces conditions, l'amour ne commande pas de lui préparer une tasse de thé — mais de sortir pour réchauffer sa voiture!

INDICATIF MUSICAL
DE CE CHAPITRE :
PARFUM D'ÉTERNITÉ,
DE ROCH VOISINE

GREGORY J.P. GODEK

333

- ♥ Une fois par semaine pendant un an : inscrivez deux raisons pourquoi vous l'aimez.
- ♥ Une fois par semaine pendant un an : inscrivez une chose merveilleuse qu'il ou elle a faite.
- ♥ Une fois par semaine pendant un an : inscrivez une pensée qui vous inspire.
- ♥ À la fin de l'année, imprimez le tout sur un parchemin et remettez-le à votre partenaire.

« QU'IL ME BAISE DES BAISERS DE SA BOUCHE! CAR TON AMOUR VAUT MIEUX QUE LE VIN. » — CANTIQUE DES CANTIQUES, DE SALOMON, 1:2

334 Principale astuce pour être romantique au XXIe siècle : *retirez-vous régulièrement de la grille électronique et médiatique* — une fin de semaine, pendant les vacances et certains jours, au hasard.

Pour ralentir et demeurer en contact avec votre partenaire, débranchez, à l'occasion, Internet et votre courrier électronique, la télévision et la radio, oubliez les journaux et les magazines, le câble et les vidéos, les téléphones cellulaires et les téléavertisseurs, les ordinateurs et les gadgets de toutes sortes, du guichet automatique aux cartes de crédit, en passant par toutes les formes de médias.

À la maison

335 Prenez-la dans vos bras pour franchir le seuil de votre maison ou de votre appartement.

PAS SEULEMENT BON POUR LES NOUVEAUX MARIÉS!

336 Votre maison doit être votre *refuge romantique*. En un instant, vous devriez être en mesure de la transformer en véritable nid d'amour, à l'aide de chandelles, de musique, de fleurs, de vin et de victuailles.

337 Faites un sentier de chandelles de la porte d'entrée à votre chambre à coucher. Attendez-y votre amoureux et laissez brûler votre propre flamme!

QUAND VOUS SOUPEZ À LA MAISON, CRÉEZ DE L'AMBIANCE AVEC LA DOUCE LUEUR DES CHANDELLES.

338 N'attendez pas à samedi pour aller danser. Dansez ensemble chez vous, dans votre salle de séjour. Déplacez les meubles et roulez le tapis!

339 Au moment de rénover ou de décorer, la plupart des gens font des plans et des esquisses, consultent des magazines, embauchent des décorateurs, dépensent beaucoup d'argent, prennent en considération la couleur, l'espace, la texture et le style. Mais combien d'entre eux prennent en considération leur relation amoureuse comme élément de design ou comme objectif d'un projet entier? Envisagez la conception d'une maison dont le seul principe directeur sera votre relation amoureuse.

ÉCRIVEZ UN PETIT MOT SUR UN BOUT DE PAPIER. PLIEZ-LE POUR EN FAIRE UN AVION ET ENVOYEZ-LE À VOTRE PARTENAIRE, À L'AUTRE BOUT DE LA PIÈCE.

Au travail

340 Tâchez de savoir où il dîne aujourd'hui. Envoyez-lui des fleurs au restaurant. (Ou livrez-les vous-même!)

341 Demandez à votre secrétaire de vous transférer *tous* les appels de votre femme — peu importe ce que vous faites ou avec qui vous êtes en réunion. (*Prouvez* à votre femme qu'elle occupe la place la plus importante dans votre vie.)

Photocopiez votre visage (ou toute autre partie de votre corps). Envoyez-lui le document, accompagné d'un mot humoristique.

343 Mettez un oreiller et une couverture dans un panier à pique-nique et surprenez votre partenaire en vous rendant à son bureau à l'heure du dîner. Demandez à la secrétaire de ne transférer aucun appel. Verrouillez la porte. Éteignez l'intercom. Fermez les stores. Faites l'amour sur le bureau.

344 Même chose que plus haut, mais remplissez le panier d'un *vrai* goûter. (Pas aussi agréable, mais beaucoup plus nutritif.)

345 Envoyez-lui, par la poste, une carte de Rolodex portant votre nom et votre numéro de téléphone. Écrivez aussi : « Ta source d'amour instantanée. Appelle chaque fois que tu te sens seul. »

APPELEZ DU BUREAU, TOUT SIMPLEMENT POUR DIRE « JE T'AIME »! IL Y A TRÈS PEU DE RAISONS QUI POURRAIENT JUSTIFIER QU'ON PASSE HUIT HEURES SANS PRENDRE CONTACT.

Gâteries sucrées

346 Remplissez une boîte de lingerie de M&M verts. Remplissez un sac de M&M avec un nouveau morceau de lingerie. Offrez-lui les deux au lit.

INDICATIF MUSICAL DE CE CHAPITRE : *LE SUCRE ET LE SEL*, DE GAROU.

347

♥ Lissez le dessus d'un biscuit Oreo et gravez-le d'un cœur et de vos initiales.

♥ Retirez le glaçage d'un petit gâteau Vachon et remplacez-le par votre propre message en utilisant du glaçage rouge.

348 Achetez, auprès des écoliers de votre quartier, le chocolat préféré de votre partenaire.

349 Pensez à des mots humoristiques, intelligents et suggestifs à coller à ces friandises : bâtons forts, suçons, lunes de miel, fraises en sucre, boules de coco, *Life Savers*, réglisses, guimauves, jujubes.

♥ « Chérie, tu fais de ma vie une véritable *lune de miel*! »

♥ « Wow! Tu étais vraiment un *bâton fort*, la nuit dernière! »

♥ « Prends ces fraises en sucre pour tenir le coup jusqu'à ce que nous nous retrouvions de nouveau ensemble. »

ORANGETTES, MASSEPAINS AU RHUM, BALLOTINS DORÉS, TRUFFES ET PRALINÉS DE LA CABOSSE D'OR. COMPOSEZ LE 450-464-6937 OU RENDEZ-VOUS AU WWW.LACABOSSEDOR.COM

GREGORY J.P. GODEK

350 Remplissez le pot à biscuits de mots d'amour. Remplissez la boîte aux lettres de biscuits.

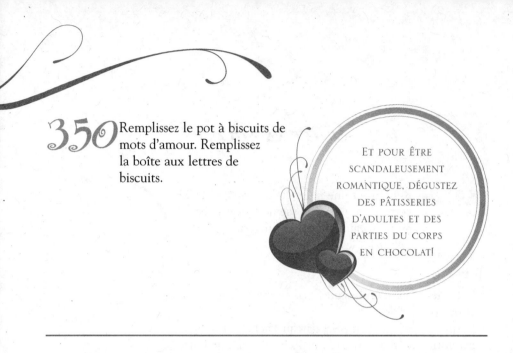

ET POUR ÊTRE SCANDALEUSEMENT ROMANTIQUE, DÉGUSTEZ DES PÂTISSERIES D'ADULTES ET DES PARTIES DU CORPS EN CHOCOLAT!

Un jeu d'enfant

351 Redécouvrez et prenez soin de l'enfant en vous. C'est la clé de votre spontanéité, de votre créativité et de votre capacité d'émerveillement et de bonheur.

352 À quand remonte la dernière fois où vous avez observé la formation des nuages? Allez marcher dans les champs avec votre douce moitié. Trouvez un point de vue dégagé. Étendez-vous sur le haut d'une colline. Que voyez-vous dans les nuages? Qu'est-ce que vous imaginez?

353 Surprenez-la avec une petite babiole cachée dans la boîte d'un Big Mac. Surprenez-le en cachant un animal en peluche dans son sac de sport.

QUE POURRIEZ-VOUS FAIRE D'AUTRE, ÉTENDUS DANS UN CHAMP?

354 Soixante-dix-huit pour cent des femmes aiment les animaux en peluche.

355 La plupart des hommes aiment les gadgets, l'équipement électronique ou les outils... des « jouets pour garçons ». Les hommes ne grandissent jamais réellement — nos jouets deviennent tout simplement plus chers.

356 Trouvez un objet qu'il affectionnait particulièrement quand il était enfant : un jouet, un livre, un bulletin, une image sur le mur. (Appelez ses parents, ils se feront un plaisir vous aider à réaliser cette idée.) Emballez-le et accompagnez-le d'un mot touchant.

Un peu d'humour

357 Faites des copies de ses bandes dessinées favorites et réécrivez les scénarios pour qu'ils mettent en vedette votre partenaire et vous! En utilisant un stylo correcteur et un peu de créativité, vous aurez beaucoup de plaisir à transformer Blondie et Dagwood en vous deux. À moins qu'elle ne soit Cathy ou Sylvia, et vous Snoopy ou Doonesbury.

358 Élémentaire : collez des bandes dessinées pleines de sens sur le réfrigérateur ou le miroir de la salle de bain.

359 Offrez-lui un livre de bandes dessinées choisies. Quelles sont ses préférées? Tintin? Gaston Lagaffe? Le concombre masqué? Iznogoud? Le marsupilami? Achille Talon? Astérix? Peanuts? Cellulite?

360 Au-delà de ce qui est élémentaire :

- ♥ Collez une bande dessinée au miroir de sa voiture.
- ♥ Insérez des bandes dessinées dans les serviettes de table.
- ♥ Collez-les sur les boîtes de céréales.
- ♥ Ou sur le dessous du siège des toilettes.

361 Un peu d'humour? Vous voulez un *peu d'humour*? Pourquoi ne pas l'avoir *dit* plus tôt? Si vous voulez un *peu d'humour*, il vous faudra consulter le catalogue de *The Lighter Side*. Il contient des tonnes de choses étranges, comiques et curieuses. Composez le 1-800-232-0963 ou visitez le site Internet au www.lighterside.com. Vous pouvez également écrire à P.O. Box 25600, Bradenton, Florida 34206.

Le couple branché

362

- ♥ Ne serait-ce pas «cool» de prendre un cours d'arrangements floraux japonais?
- ♥ Ne serait-ce pas dingue de louer une auto ancienne pour un après-midi?
- ♥ Ne serait-ce pas agréable de rester au lit ensemble toute la journée de dimanche?

363 Placez une annonce pleine page dans votre journal local pour faire savoir que c'est votre anniversaire de mariage, pour célébrer son anniversaire de naissance, ou tout simplement pour célébrer votre amour!

QUELLE EST LA DÉFINITION DE « BRANCHÉ », POUR VOTRE PARTENAIRE?

364 Accordez-lui une « faveur » (un cadeau offert en guise de bonne volonté ; comme le mouchoir de tête d'une jeune fille, confié à un chevalier) — quelque chose qu'il pourra toujours avoir, pour se rappeler de vous.

♥ Classique : un couvre-chef ou un foulard
♥ Éloquent : un court verset imprimé sur un petit bout de papier
♥ Intime : un slip
♥ Léger : un petit jouet
♥ Personnel : une mèche de cheveux

PROCUREZ-VOUS UN ENSEMBLE DE LETTRES MAGNÉTIQUES ET ÉCRIVEZ-VOUS DES POÈMES SUR LA PORTE DU RÉFRIGÉRATEUR.

365 Si votre partenaire aime les casse-têtes — et les jeux de patience — vous devez communiquer avec Stave Puzzles et Bits & Pieces. Ces entreprises créent les plus merveilleux, les plus amusants, les plus stimulants jeux de patience au monde et peuvent également créer pour vous des casse-têtes personnalisés pour toutes sortes d'occasions. Au Québec, la librairie L'Imaginaire offre, elle aussi, des milliers de jeux et de casse-têtes alors que le Chat Perché, à Saint-Lambert, propose des importations et des jeux rares et difficiles à trouver.

♥ Stave Puzzles : 802-295-5200, www.stave.com
♥ Bits & Pieces : 1-866-503-6395, www.bitsandpieces.com
♥ L'Imaginaire : 1-866-462-4495, www.imaginaire.com
♥ Le Chat Perché : 450-671-1145

GREGORY J.P. GODEK

Jouez dehors

366 Plantez et prenez soin d'un jardin ensemble. Ramper dans la terre a le drôle de pouvoir de rapprocher un couple.

367 Ils partageaient l'amour du jardinage. Mais, alors que son jardin de fleurs était un véritable chaos, celui qu'elle avait créé avec les légumes était ordonné et étiqueté. Un jour, elle a fait une double prise lorsqu'elle a remarqué que l'emballage de graines, qui servait à identifier sa rangée de carottes, avait été remplacé et se lisait « carats ». Alors que son mari dissimulait un sourire, elle a creusé avec précaution jusqu'à ce qu'elle trouve une boîte scellée, contenant une bague à diamant de trois carats!

368 Si vous appréciez tous deux faire de la randonnée, essayez la randonnée pieds nus! La *Dirty Sole Society* peut vous aider à trouver les meilleurs sentiers. Visitez lewww.barefooters.org/hikers.

369 Il était un passionné de jardinage. Un jour, voulant faire une surprise à son épouse, il a planté ses fleurs de façon à ce qu'on puisse lire « JE T'AIME ». Le message ne peut être lu que lorsque les fleurs sont épanouies et seulement de la fenêtre de la chambre à coucher, au deuxième étage.

Chaque année, il change le message. Il a beaucoup de plaisir et son épouse piaffe d'impatience chaque printemps.

Sexe!

370 Voici comment un couple a transformé les préliminaires en jeu, en utilisant cinq dés. Ils ont tout d'abord effacé les points, à l'aide de correcteur blanc, et ont réétiqueté les dés de cette manière :

- Sur un dé rose (elle) : ils ont inscrit une partie du corps sur chacune des six facettes du dé.
- Sur un dé bleu (lui) : ils ont inscrit une partie du corps sur chacune des six facettes du dé.
- Sur le troisième dé : ils ont inscrit un *verbe* sur chacune des six facettes du dé, comme : « frotter », « lécher », « embrasser », « masser », etc.
- Sur le quatrième dé : ils ont inscrit un *adverbe* sur chacune des six facettes du dé, comme « doucement », « lentement », « rapidement », etc.
- Sur le cinquième dé : ils ont inscrit des *mots relatifs au temps*, comme « cinq minutes », « une demi-heure », « aussi vite que possible », etc.

371 Faites-vous toujours l'amour *le soir*? Pourquoi pas un petit *délice d'après-midi*?

372 Partez à la conquête de son point G. Vous ne le trouverez peut-être pas, mais vous aurez du plaisir à le chercher! (Lisez le livre *Unleashing Her G-Spot Orgasm*, de Donald L. Hicks. De nombreuses ressources sont également offertes en ligne, dont une démonstration pour vous aider à le trouver!)

GREGORY J.P. GODEK

Surprise!

373 Surprenez-la en lui offrant un cadeau le jour de *votre* anniversaire.

> ÇA. C'EST TOUTE UNE SURPRISE!

374 *La tactique du délai.* Découvrez ce qu'il ou elle désire. Achetez-le, mais réservez-le pour plus tard, dans quelques semaines — ou même dans quelques mois. (Cela lui donne le temps de l'oublier ou de penser que vous avez oublié.) Faites-lui une surprise au moment où il ou elle s'y attend le moins.

375 *Le pieux mensonge.* Préparez des surprises requiert parfois une touche subtile, de l'habileté ou un mensonge en bonne et due forme.

> NE VOUS EN FAITES PAS. LES MENSONGES PRONONCÉS DANS LE BUT DE RENDRE SERVICE À LA RELATION NE SONT PAS DES PÉCHÉS. LES AMOUREUX BÉNÉFICIENT D'UNE EXEMPTION SPÉCIALE.

376 Faites-lui la surprise de faire une de ses corvées à sa place. (Et je ne veux pas dire une corvée de trente secondes, comme sortir les ordures! Je veux dire quelque chose qui *demande du temps*, comme tondre le gazon ou laver sa voiture.)

377 Faites-lui la surprise de faire une de ses corvées à sa place. (Et je ne veux pas dire quelque chose de *facile* comme mettre les sacs d'épicerie dans la voiture! Je veux dire quelque chose qui demande temps et effort, comme préparer tous les repas pendant une fin de semaine ou nettoyer toute la maison.)

Note : Comme ce livre s'adresse à des millions de personnes, j'ai choisi des corvées que la plupart des gens attribuent généralement selon le genre. Vous avez certainement la liberté de choisir qui fait quoi au sein de votre ménage!

Célébrez!

378 *Ballons!* Des bouquets de ballons. Des ballons gonflés à l'hélium. Des ballons en forme de cœur. Des ballons Mickey Mouse/Snoopy/Garfield. Des ballons Mylar, argent et brillants. Des ballons géants. Des ballons portant l'inscription de votre nom. Des ballons portant des messages personnalisés.

INDICATIF MUSICAL
DE CE CHAPITRE :
C'EST LA FÊTE.
DE MICHEL FUGAIN
ET LE BIG BAZAR

379 La veille du Jour de l'An à Times Square! On y est un peu à l'étroit, mais quel plaisir!

380 Célébrez l'anniversaire du personnage de bande dessinée préféré de votre partenaire. Achetez un gâteau d'anniversaire et un livre de bandes dessinées choisies. Achetez aussi un tee-shirt illustré du personnage.

- ♥ Anniversaire de Gaston Lagaffe : le 28 février
- ♥ Anniversaire de Bugs Bunny : le 27 juillet
- ♥ Anniversaire d'Astérix : le 29 octobre
- ♥ Anniversaire de Garfield : le 19 juin
- ♥ Anniversaire de Mickey Mouse : le 18 novembre
- ♥ Anniversaire de Snoopy : le 2 octobre
- ♥ Anniversaire de Tintin : le 10 janvier

381 Créez un calendrier compte à rebours pour marquer le temps qui reste avant un anniversaire, un mariage, des vacances ou un « jour mystérieux ».

382 Célébrez l'anniversaire de la vedette de cinéma préférée de votre partenaire. Allez souper au restaurant. Faites un toast en l'honneur de la vedette. Récitez ses répliques les plus célèbres ; vous pourriez peut-être même les faire calligraphier ou imprimer sur un parchemin. Offrez un livre sur la vedette.

CÉLÉBREZ LA FÊTE DU CANADA :
FAITES DES FEUX D'ARTIFICE — AU LIT.

CÉLÉBREZ L'ACTION DE GRÂCES : EN PROMETTANT
D'ARRÊTER DE FAIRE DES FARCES.

CÉLÉBREZ L'HALLOWEEN :
EN VOUS DÉGUISANT EN PERSONNAGES SEXY.

CÉLÉBREZ LA SAINT-VALENTIN : DANS LE PLUS ÉLÉGANT GÎTE DU
PASSANT QUE VOUS PUISSIEZ TROUVER DANS UN RAYON DE 150 KM.

CÉLÉBREZ VOTRE ANNIVERSAIRE DE MARIAGE :
AVEC UNE BOUTEILLE DE DOM PERIGNON.

CÉLÉBREZ SON ANNIVERSAIRE : À BORD D'UN BATEAU
DE CROISIÈRE DANS LA MÉDITERRANÉE.

CÉLÉBREZ SON ANNIVERSAIRE :
AUX 500 MILLES D'INDIANAPOLIS.

CÉLÉBREZ MARDI PROCHAIN : EN FAISANT
L'ÉCOLE BUISSONNIÈRE TOUS LES DEUX.

Exorbitant!

383 Le grand geste. L'événement d'une vie.
Ne regretteriez-vous pas de ne pas pouvoir dire, en repensant à votre vie, que vous avez fait cette chose *incroyable, exorbitante et merveilleuse* pour et avec votre amour?

♥ Dans un de mes cours sur les relations amoureuses, un mari audacieux a remplacé toute la garde-robe de sa femme au lieu d'aller en vacances, une année! «Cela m'a coûté 7 500 $, mais cela valait vraiment la peine! » s'est-il exclamé.

♥ Une dame, dont le mari est associé dans une firme d'avocats prestigieuse, a organisé un *tour surprise des vignobles d'Europe, d'une durée de trois semaines,* pour son mari. Il a presque fait une crise cardiaque quand il a compris que son vol à destination de Chicago se rendait plutôt à *Paris,* que son épouse était à bord et que tout le travail prévu allait être effectué par un de ses collègues. Sa femme a rapporté qu'il s'est effectivement *calmé* et qu'il a fait le voyage de sa vie.

384 Mesdames : Accueillez-le à la porte d'entrée alors que vous portez votre robe de mariage.

385 *Faites l'impossible* pour votre partenaire :

♥ Trouvez des billets pour le Super Bowl.
♥ Trouvez l'édition épuisée du livre qu'elle désire.
♥ Retrouvez-la à l'aéroport — alors qu'elle sait que vous êtes occupé ailleurs.
♥ Trouvez des billets pour les Séries mondiales de baseball.
♥ Trouvez des billets pour les finales de la coupe Stanley.
♥ Préparez un repas.
♥ Trouvez des billets pour un spectacle de Broadway, présenté à *guichets fermés.*

EXORBITANT!

LES TROIS SEMAINES DE VACANCES SURPRISES.

LA NOUVELLE PORSCHE. ROUGE.

LES COURS DE DANSE.

LES *DIX* DOUZAINES DE ROSES ROUGES.

Passionné!

386 Les romantiques sont passionnés (n° 1)

Je ne parle pas ici de passion *sexuelle*, mais de la passion pour la *vie*. (Ne vous inquiétez pas, nous parlerons de passion sexuelle dans un moment!) Les personnes romantiques ne permettent à aucun aspect de leur vie de glisser dans l'ennui.

- ♥ Quelle est la passion de votre *partenaire*? Quelle est votre passion? Quelles passions partagez-vous?
- ♥ Dressez la liste de trois choses qui pourraient vous permettre d'augmenter le plaisir qu'éprouve votre partenaire à l'égard de sa passion.
- ♥ Au cours de la semaine prochaine, trouver une façon d'offrir à votre partenaire cinq heures sans interruption qu'il ou elle pourra consacrer à sa passion.

387 Les romantiques sont passionnés (n° 2)

Oui, il est vrai que les personnes romantiques ont tendance à être plus passionnés sexuellement que la moyenne des mortels. (Il s'agit seulement d'un autre avantage issu de l'adoption d'un style de vie romantique!)

Être romantique signifie exprimer de l'amour. Et cette expression est souvent physique. La véritable magie d'une relation amoureuse réside dans le fait qu'elle comprend/tisse ensemble/reflète toutes les facettes de l'amour : physiques, spirituelles et émotionnelles.

> « EMBRASSER EST COMME BOIRE DE L'EAU SALÉE. VOUS BUVEZ, MAIS VOTRE SOIF AUGMENTE. »
> — PROVERBE CHINOIS

388 Les filles, si vous voulez stimuler la passion, portez une de ses chemises habillées, au lit. Un nombre surprenant d'hommes et de femmes trouvent cela excitant!

Les jeux des gens

389 « *Le jeu du premier rendez-vous* ».
Un jeu de rôles. Faites semblant de sortir pour la première fois ensemble. Recréez les plus profonds souvenirs de ce premier rendez-vous. (Où étiez-vous allés ? Qu'aviez-vous fait ? Qu'aviez-vous mangé ? De quoi aviez-vous parlé ?)

LES GENS QUI VIVENT UNE RELATION A+ NE SE PRENNENT PAS TROP AU SÉRIEUX. ILS PRENNENT *TOUTEFOIS* LEUR RELATION TRÈS AU SÉRIEUX.

390 De nombreux couples jouent à un drôle de petit jeu qui porte toutes sortes de noms : « Où est le lapin » et « Cache-cache » sont deux des préférés.

Les règles sont simples : vous choisissez un petit objet inanimé (comme un petit animal en peluche, un petit jouet mécanique, un coquillage, un morceau de fruit en plastique, etc.). À tour de rôle, vous le donnez à l'autre d'une manière créative et drôle. Certains couples gardent l'objet en rotation constante, alors que d'autres peuvent attendre des mois avant de le passer à l'autre et déploieront des efforts incroyables pour surprendre leur partenaire. Les joueurs de classe mondiale ont notamment :

- Fait sceller l'objet dans une canette de Coca-Cola.
- Envoyé l'objet par Federal Express.
- Fait remettre l'objet par un agent de bord pendant un vol.
- Fait apparaître l'objet dans une salle de conférence.
- Fait livrer l'objet par un parachutiste.
- Fait geler l'objet dans un cube de glace.
- Placé l'objet dans la vitrine d'un magasin.

DÉSIGNEZ AUJOURD'HUI LE « JOUR DU COUPLE ». FAITES *TOUT* EN COUPLE. NE PERDEZ PAS L'AUTRE DE VUE — MÊME POUR UN INSTANT — À PARTIR DU MOMENT DE VOTRE RÉVEIL, JUSQU'AU MOMENT DE VOTRE COUCHER.

Les jeux des amoureux

391 « *Jeux préliminaires d'une journée* ». Planifiez, au matin, de faire l'amour le soir. Pendant toute la journée, appelez-vous pour échanger des idées et des suggestions suggestives. Quand le soir sera enfin venu, vous aurez tous deux l'impression d'avoir été engagés dans des préliminaires pendant toute la journée!

> RECOMMANDATION DE LIVRE :
> *THE COUPLE'S GUIDE TO EROTIC GAMES*, DE GERALD SCHOENEWOLF.

392 Un nombre surprenant de couples, dans les cours de relations amoureuses, jouent à divers « jeux de voitures ». En voici quelques-uns :

- ♥ S'embrasser à tous les feux rouges.
- ♥ S'embrasser chaque fois que vous voyez une Corvette rouge.
- ♥ Faire l'amour dans les aires de repos des autoroutes.
- ♥ Et des variations de « Jusqu'où iras-tu? »

393 « *Le jeu de l'aventure* ». (Recommandé surtout aux couples mariés depuis dix ans et plus.) Un autre jeu de rôles. Prétendez que vous n'êtes pas être marié avec lui ou elle, mais que vous avez une aventure ensemble. Comment agiriez-vous? Où iriez-vous? De quoi discuteriez-vous? Comment et où et quand feriez-vous l'amour?

> VOICI UN PETIT JEU SEXY : « RELIEZ LES TACHES DE ROUSSEUR »!

394 « *An Enchanting Evening* ». Un jeu amusant et révélateur. Demandez-le à votre magasin de jouets ou composez le 1-800-776-7662, poste 105 ; écrivez à Time for Two, 7349 Via Paseo Del Sur, Suite 515, Scottsdale, Arizona 85258 ; ou visitez le www.timefortwo.com.

Non conventionnel

395

♥ Nouez une ficelle à l'intérieur de la poignée de votre porte d'entrée. Faites-la défiler dans la maison de façon à ce qu'elle suive une trajectoire qui la mènera à la baignoire, où vous aurez préparé un bain spécialement pour lui.

♥ Variation sur un thème : nouez une extrémité de la ficelle à la poignée de porte, faites-la défiler dans la maison — et nouez l'autre extrémité à *vous-même*. Attendez patiemment dans la chambre à coucher.

396
Faites-lui un chèque valant un million de baisers.

397
Faites l'essai routier d'une Porsche ensemble.

398
Cachez un (très) petit cadeau quelque part sur votre corps.

Dites ensuite à votre amour : « J'ai un petit quelque chose pour toi, que j'ai caché quelque part! Trouve-le et il est à toi! » Servez-vous de votre imagination — et assurez-vous d'avoir assez de temps pour participer à toute activité hors programme qui pourrait résulter de la fouille!

399
Voici des slogans imprimés sur des tee-shirts créés par des participants au cours sur les relations amoureuses :

♥ *C'est ce qu'il y a de plus vrai. L'amour.*
♥ *Fais-le. L'amour.*
♥ *Q.F.R. (Que ferait Roméo?)*
♥ *En amour?*

> INDICATIF MUSICAL
> DE CE CHAPITRE :
> *FOLLE DE TOI,*
> DE LAURENT VOULZY

Sur le mur

400 Voici plusieurs idées *originales* des participants au cours sur les relations amoureuses :

- ♥ La pièce mosaïque : un babillard pour les petits mots qui ont fini par déborder sur le mur pour prendre le coin-détente en entier.
- ♥ La galerie de photos : de nombreux couples ont des murs spéciaux couverts de photos comiques, sentimentales, significatives et romantiques.
- ♥ Le mur des souvenirs : certains couples font tout encadrer : des billets de théâtre aux menus de restaurant, en passant par les fleurs séchées et les cartes de souhaits.
- ♥ Le mur du vin : deux amateurs de vin ont recouvert les murs de leur salle à dîner des étiquettes de leurs vins préférés.
- ♥ Le mur des voyages : deux globe-trotters ont tapissé les murs de deux pièces (bientôt trois) des cartes géographiques des pays qu'ils ont visités.

UN GARÇON PLUTÔT CRÉATIF A RÉDIGÉ UN POÈME DE DEMANDE EN MARIAGE QU'IL VOULAIT REMETTRE À SA FIANCÉE. IL A FAIT CALLIGRAPHIER ET ENCADRER LE POÈME ET S'EST ADRESSÉ AU PROPRIÉTAIRE D'UN PETIT RESTAURANT ROMANTIQUE À QUI IL A DEMANDÉ QU'ON ACCROCHE SON POÈME SUR LE MUR PRÈS D'UNE BANQUETTE INTIME. IL Y A INVITÉ SA FIANCÉE À SOUPER ET A ATTENDU QU'ELLE REMARQUE CETTE ŒUVRE D'ART UNIQUE SUR LE MUR!

401 Créez un collage pour elle. Le thème : son conte de fée préféré. Placez des images provenant de différents livres et dispersez des photos de vous deux! Combinez des phrases classiques de l'histoire avec des phrases issues de vos propres vies.

« OÙ IL Y A DE L'AMOUR, IL Y A DE LA VIE. »
— GANDHI

402 Retenez les services d'un artiste pour qu'il crée une affiche illustrant son conte de fée ou l'histoire pour enfants qu'elle préfère — dont l'héroïne sera nulle autre qu'elle-même!

Les mythes des relations amoureuses (1)

403 Mythe : « La bataille des sexes ».
Quel concept idiot! Oui, cela fait des titres accrocheurs dans les magazines féminins et les émissions de télévision, et des scènes cocasses pour les comédies de situation. Toutefois, la *bataille des sexes* est quelque chose qui *n'existe tout simplement pas*. Il y a, bien sûr, des différences psychologiques et physiques (*vive la différence!*), mais il n'y a rien qui mérite de porter le nom de « bataille ».

> MÉFIEZ-VOUS DU POUVOIR DES MÉTAPHORES!

Le problème de ce genre de pensée est que cela engendre des stéréotypes. Vous finissez pas traiter votre partenaire comme s'il était « tous les hommes » ou elle « toutes les femmes » et ignorer le fait qu'il ou elle est un être humain tout à fait unique. Ces stéréotypes bloquent toute communication réelle, ils court-circuitent une vraie intimité et s'érigent en barrière contre le véritable amour.

404 Mythe : « Les gars gentils arrivent toujours les derniers ».
Pensez-y un peu : si vous croyez que les gars qui sont gentils arrivent toujours les derniers, je suppose que cela signifie que les brutes et les goujats arrivent les premiers. Peut-être cela est-il *vrai* dans le milieu des affaires, peut-être aussi dans les sports, mais *certainement* pas dans le domaine des relations humaines.

Note : « gentils » ne signifie pas lâche ou efféminé. Gentils signifie *courtois, mature, gentleman, attentif, aimant.*

> VRAI OU FAUX? — LES GARS QUI SONT GENTILS ARRIVENT TOUJOURS LES DERNIERS.

405 Mythe : « Le romantisme va venir au secours de ma relation ».
Ce n'est pas aussi simple. Si le romantisme sert à exprimer l'amour que vous ressentez, alors il sauvera *en effet* votre relation. Mais s'il ne s'agit que d'une *façade* pour calmer votre partenaire, cela ne fonctionnera pas.

Les mythes des relations amoureuses (2)

406 Mythe : « Le romantisme couvrira mes erreurs ».
Désolé. Une brute qui offre des fleurs demeure une brute. Les gestes romantiques peuvent déguiser vos fautes à court terme — mais chassez le naturel et il revient au galop! Entretenir des attentes réalistes à l'égard du romantisme améliorera votre relation et contribuera à faire grandir votre amour.

> VRAI OU FAUX? — « DONNEZ-LUI UN CEN-TIMÈTRE ET ELLE PREN-DRA UN KILOMÈTRE. »

407 Mythe : «Donnez-lui un centimètre et elle prendra un kilomètre». Ce mythe a été promulgué dans les vestiaires des hommes et dans les discussions à bâtons rompus de l'école secondaire.

Si vous donnez un centimètre de façon constante, vous contenterez à peu près n'importe quelle femme. C'est lorsque vous êtes radin de gestes romantiques qu'une femme développe du ressentiment et qu'elle requiert «un kilomètre». Avec raison.

408 Mythe : «Je peux le changer». Non, vous ne pouvez pas. Les gens peuvent être *influencés*, *s'adapter*, être *manipulés* — mais on ne peut les *changer* ou les «réparer». Vous pouvez toutefois aider votre partenaire à apprendre comment mieux exprimer ce qu'il ressent. Si des sentiments d'amour sont bien présents, vous pouvez ensuite l'aider à être plus romantique.

Les hommes viennent de Mars

409 Sachez que les *hommes et les femmes ont des styles de communication différents*. Selon Deborah Tannen, auteure de *You Just Don't Understand*, un homme se situe dans le monde «comme un individu dans une hiérarchie sociale, au sein de laquelle il se trouve soit au-dessus ou au-dessous.» Une femme, en revanche, approche le monde comme «un individu dans un monde de connexions. Dans ce contexte, les conversations sont des négociations qui permettent un rapprochement, au sein duquel les gens tentent d'obtenir et de donner une confirmation et leur appui, et atteindre un consensus.»

Sans tomber dans le piège des stéréotypes simplistes, Tannen explore les styles de communication des hommes et des femmes et contribue à créer des ponts.

GREGORY J.P. GODEK

410 Mesdames : pensez-vous vraiment qu'il pense de la même façon que *vous*?

Messieurs : pensez-vous vraiment qu'elle pense de la même façon que vous?
À tous : pensez-y encore!

- ♥ Il lui offre de la lingerie :
  - ♥ Ce qu'il veut dire : « Tu serais belle si tu portais ça. »
  - ♥ Ce qu'elle pense : « Il veut que j'aie l'air d'une catin! »
- ♥ Elle veut aller souper au restaurant et voir un film :
  - ♥ *Ce qu'elle veut dire* : « Je veux aller souper au restaurant et voir un film. »
  - ♥ *Ce qu'il pense* : « Je vais manquer d'argent! »
- ♥ Il lui offre une rose rouge :
  - ♥ *Ce qu'il veut dire* : « Cela symbolise mon amour pour toi. »
  - ♥ *Ce qu'elle pense* : « Il est trop radin pour en acheter une douzaine. »
- ♥ Elle lui offre ce livre :
  - ♥ *Ce qu'elle veut dire* : « Cela contribuera à améliorer notre relation. »
  - ♥ *Ce qu'il pense* : « Elle tente de faire de moi quelqu'un que je ne suis pas. »

Que faire? Parlez plus. Tenez moins pour acquis. Écoutez plus. Ouvrez-vous. Revoyez vos *a priori*. Et continuez d'essayer.

INDICATIF MUSICAL DE CE CHAPITRE : *WHY CAN'T A WOMAN BE MORE LIKE A MAN?*, TIRÉ DE *MY FAIR LADY*

Les femmes viennent de Vénus

411 Quand les femmes utilisent les termes *relation romantique*, elles se réfèrent habituellement à *l'amour*. Quand les hommes utilisent les termes *relation romantique*, ils font généralement référence à la *sexualité*. (Faites donc attention! Le sens des termes « relations romantiques » peut être glissant.)

INDICATIF MUSICAL
DE CE CHAPITRE :
VÉNUS,
D'INDOCHINE

412 Le chiffre des ventes indique que les femmes ont tendance à préférer le rose, le blanc et les couleurs pastel pour la lingerie, alors que les hommes préfèrent les voir en noir et en rouge.

♥ Mesdames : demandez-vous si vous portez de la lingerie pour lui plaire ou pour vous plaire.

♥ Messieurs : demandez-vous si le but de votre cadeau, quand vous lui offrez de la lingerie, est de lui plaire ou de vous plaire.

413

♥ Mesdames : cessez de nous casser les pieds. Même quand vous avez raison. (*Surtout* quand vous avez raison.) Dans les cours sur les relations amoureuses, des centaines de femmes ont reconnu que le fait d'enquiquiner et de se plaindre est le moyen le plus rapide d'engendrer un silence plein de ressentiment — et loin d'être romantique — chez l'homme.

♥ Messieurs : cessez de juger. De corriger. De discourir. Elle n'a pas besoin de ça et ne veut pas l'entendre. Vous n'êtes pas son père, ni son professeur — vous êtes son *amoureux*.

LES HOMMES ET LES
FEMMES SEMBLENT ÊTRE
INCOMPATIBLES, SUR LE PLAN
THERMIQUE. C'EST UN FAIT
DÉMONTRÉ QUE, BIOLOGIQUEMENT,
À TEMPÉRATURE AMBIANTE, LA
PLUPART DES FEMMES ONT
UN PEU FROID ALORS
QUE LES HOMMES SONT
CONFORTABLES.

GREGORY J.P. GODEK

414

- Pour les femmes : placez une rose sur la tondeuse à gazon, accompagnée d'un petit mot : «J'apprécie beaucoup le travail que tu fais. Et je vais te montrer *à quel point* quand tu en auras terminé avec le gazon — alors dépêche-toi! »
- Pour les hommes : Faites flotter une fleur dans l'évier de la cuisine, accompagnée d'un petit mot : «Est-ce que je t'ai dit dernièrement à quel point je t'apprécie? C'est un fait. Je suis en train de réchauffer une bouteille d'huile de massage, juste pour toi. Alors dépêche-toi! »

---

*Les hommes (ne) viennent (pas) de Mars**

415 L'amour n'est pas spécifique au sexe. Conséquemment, le *romantisme* n'est pas spécifique au sexe. Près de la totalité des idées dans cet ouvrage s'applique *aussi bien* aux femmes qu'aux hommes, même si j'emploie « il » ou « elle » parfois. Rappelez-vous qu'au fond, nous voulons tous les mêmes choses dans la vie. Les hommes et les femmes ont des *styles* différents, mais pas des *besoins* différents.

> *DANS LA MYTHOLOGIE,
> MARS ÉTAIT LE DIEU DE
> LA GUERRE ET NON CELUI
> DE LA *MASCULINITÉ*.

416 Note : Les choses ont changé depuis les années 1950 — les hommes aiment les fleurs, eux aussi. Mon dernier sondage a démontré que 74 p. cent des hommes, aux États-Unis, seraient tout à fait à l'aise de recevoir des fleurs et apprécieraient le geste.

417 La prochaine fois que vous succomberez à la tentation d'utiliser des stéréotypes liés au sexe, pensez à *Drôle de couple*. Félix et Oscar sont tous deux des « gars ordinaires » — mais ils sont aussi différents que le jour et la nuit! Leurs différences sont issues de leur individualité, de leur *personnalité*, et non de leur *sexe*.

La même chose s'applique à votre partenaire. Toutes les femmes ne sont pas émotives, intuitives et communicatives. Tous les hommes ne sont pas logiques, agressifs et pratiques. Bien que les généralisations soient habituellement fondées, il est également vrai que ce sont les travers et les idiosyncrasies qui font de cette personne un être unique — de qui on est tombé amoureux.

Le fait de parler ensemble du comment et du pourquoi vous êtes tombés amoureux l'un de l'autre est un exercice très utile. Le défi est de répondre très, très spécifiquement. Vous remarquerez que les qualités que la plupart des gens identifient sont rarement liées au sexe. (« Ses yeux. » « Son sens de l'humour. » « Son odeur. » « Ses valeurs solides. » « Nous aimons tous les deux les mêmes livres. »)

Les personnes qui vivent une relation A+ ont tendance à demeurer en contact avec les qualités qu'ils détiennent en eux et appuient ces qualités chez leur partenaire.

LA PREUVE QUE LES HOMMES VIENNENT DE LA TERRE :

1. UN HOMME A ÉCRIT *ROMÉO ET JULIETTE*.

2. UN HOMME A ÉCRIT *SUR LA ROUTE DE MADISON*.

3. FRED ASTAIRE ÉTAIT UN HOMME.

4. IL EXISTE UN ORGANISME APPELÉ « ORDER OF MANLY MEN » (ORDRE DES HOMMES VIRILS). SES MEMBRES TIENNENT UN FESTIVAL BON ENFANT À ROSLYN, WASHINGTON, QUI COMPREND UN CONCOURS DU VÉHICULE LE PLUS VIRIL ET UNE COMPÉTITION DE LA CEINTURE À OUTILS LA PLUS VIRILE. SON FONDATEUR, R.M. « BOB » CRANE S'EST AUTOPROCLAMÉ « FLEURISTE LE PLUS VIRIL DES ÉTATS-UNIS », SELON LE *WALL STREET JOURNAL*.

GREGORY J.P. GODEK

Les femmes (ne) viennent (pas) de Vénus

418 Robin partage cette anecdote : « Le cadeau le plus romantique qui m'ait été offert par mon mari est une pince demi-ronde. »

« À Noël, voyez-vous, ma famille pige des noms pour l'échange de cadeaux et ma liste comprend toujours des outils — j'aime réparer des choses — mais jamais personne ne m'en offre! L'année où je n'ai pas reçu la pince demi-ronde que j'avais demandée, j'ai fait remarquer à mon mari, Marc, que je trouvais ennuyeux que ma famille ne me prenne pas au sérieux. »

« Au mois de décembre, comme nous étions très serrés, financièrement, Marc et moi avons décidé de ne pas nous offrir de cadeau. Alors que nous étions en train de célébrer Noël avec la famille de Marc, j'ai remarqué, sous l'arbre, un petit cadeau emballé de la part de mon mari. Sa famille n'a jamais compris pourquoi une paire de pinces m'avait fait pleurer de joie! »

419 Accordez une attention particulière aux différences observées dans les styles de communication des hommes et des femmes, mais *ne mettez pas trop d'emphase* sur elles. Si vous vous concentrez sur l'écart, vous négligerez les ponts.

♥ Premier pont : Le fait que, derrière toutes nos différences de styles, les hommes et les femmes veulent les mêmes choses : être aimés, considérés, respectés, appréciés; avoir un endroit sûr et sécuritaire où nous pouvons être nous-mêmes, grandir, expérimenter et mûrir.

« LES HOMMES VIENNENT DE LA TERRE. LES FEMMES VIENNENT DE LA TERRE. IL FAUT S'Y FAIRE. »
—GEORGE CARLIN

♥ Deuxième pont : La relation amoureuse elle-même. La relation amoureuse est un pont entre les sexes, comme l'expression de l'amour. La relation amoureuse est un langage qui utilise les mots, les gestes et les symboles pour communiquer les sentiments d'amour subtils, compliqués et à multiple facettes.

Syntonisation

420 Soyez en harmonie avec les occasions favorables au romantisme. Elles vous entourent. *Écoutez*-les. Observez-les. Soyez encore plus sensible à la manière avec laquelle vous pouvez « tirer » des idées, des ressources, des astuces et des occasions opportunes qui peuvent vous permettre d'améliorer votre relation. Par exemple, prêtez attention à votre façon de lire les journaux et les magazines. Premièrement, remarquez ce qui attire votre œil automatiquement. Revenez au début, ralentissez et prenez note de ce dont vous n'avez pas tenu compte. Entraînez-vous à remarquer les éléments potentiellement romantiques. Vous pouvez même transmettre cette tâche à votre subconscient — et le processus deviendra automatique.

> « BRANCHEZ-VOUS » SUR LES IDÉES ROMANTIQUES PRÉSENTÉES À LA TÉLÉVISION. DANS LES ANNONCES PUBLICITAIRES, SUR LES PANNEAUX D'AFFICHAGE, DANS LES VITRINES DE MAGASINS, LES JOURNAUX, LES MAGAZINES ET LES ARTICLES, DANS LES LIBRAIRIES, LES BOUTIQUES DE CARTES DE SOUHAITS ET LES CATALOGUES.

 De très nombreuses idées romantiques feront leur apparition si vous vous concentrez sur « l'orientation » de votre partenaire. Une orientation n'est pas vraiment un passe-temps — il s'agit plutôt d'un intérêt intense ou d'une passion généralisée. C'est quelque chose qui a tendance à occuper son esprit, son temps et son intérêt. (Quelqu'un qui est *passionné* par son héritage irlandais ne pratique pas vraiment un hobby, mais l'importance qu'il accorde à ses *caractéristiques* irlandaises est un bon indice quand vous pensez à des idées romantiques pour lui.) Voici différentes orientations qui ont été mentionnées par les participants aux cours sur les relations amoureuses :

- ♥ Chats
- ♥ Chiens
- ♥ Ville natale
- ♥ Université
- ♥ Bandes dessinées
- ♥ Lingerie
- ♥ Magasinage
- ♥ Sport en particulier
- ♥ Golf
- ♥ Vêtements

- ♥ Musique classique
- ♥ Musique d'un style particulier
- ♥ Musicien en particulier
- ♥ Deuxième guerre mondiale
- ♥ Héritage ethnique
- ♥ Casse-têtes
- ♥ Acteur/actrice en particulier
- ♥ Science-fiction
- ♥ Choses à faire soi-même
- ♥ Nourriture!

Connaissez-vous l'orientation de votre partenaire? Connaît-il, connaît-elle la *vôtre*?

Syntonisation de précision

422 Tout le monde a un sens de l'humour (même les comptables!) Mais la question est, quel *sorte* de sens de l'humour? Qu'est-ce qui provoque le rire chez lui ou chez elle? Martin Matte? Robin Williams? Lise Dion? Fabrice Luchini? Marc Labrèche? Clémence? David Letterman? L'humour intellectuel? Les tartes à la crème? L'humour visuel? Les calembours? Les monologues comiques? Les films drôles? *Saturday Night Live*? Les comédies romantiques?

> LA RAISON QUI FAIT QUE LES TOURS SONT PLUS SOUVENT CRUELS QUE VRAIMENT DRÔLES EST QU'ILS SONT ISSUS DU SENS DE L'HUMOUR DE LEUR *AUTEUR*, ET NON DE CELUI DE LA *VICTIME*. SOYEZ *TRÈS PRUDENTS* QUAND VOUS VOULEZ JOUER DES TOURS À VOTRE PARTENAIRE!

423

- ♥ Vous savez que sa couleur préférée est le *bleu*. Mais savez-vous quelle *teinte*? Bleu *ciel*? *Marine*? Bleu *sarcelle*? Bleu *turquoise*? Bleu *poudre*? Bleu *vert*?
- ♥ Vous savez que son émission de télévision préférée est *Star Trek*. Mais savez-vous s'il préfère la série originale, *The Next Generation*, *Deep Space Nine* ou *Voyager*? Connaissez-vous aussi son épisode préféré? Son personnage préféré?
- ♥ Vous savez qu'elle *adore* le chocolat. Mais préfère-t-elle le chocolat *noir* ou le chocolat au *lait*? A-t-elle une friandise favorite? Y a-t-il une marque ou deux qu'elle aime mieux?
- ♥ Coca-Cola ou Pepsi? Diète ou Classique? Décaféiné ou régulier?
- ♥ McDonald's ou Burger King ou Van Houtte ou Tim Hortons?

GREGORY J.P. GODEK

424

♥ Connaissez-vous votre partenaire assez pour lui préparer une tasse de café *parfaite*? Quelle quantité de crème et de sucre?

♥ Connaissez-vous votre partenaire assez pour lui commander un café chez Starbucks? Café filtre? Décaféiné? Moka? Café au lait? Espresso? Double espresso? Cappuccino? Torréfaction claire? Foncée?

« Ordinaire » désigne ce que *tout le monde* fait — comme louer un film un vendredi soir. Syntonisez avec *précision* votre geste romantique : disons que votre partenaire aime beaucoup Barbra Streisand. Voici la liste pour votre « Fin de semaine du Festival des films de Barbra Streisand » :

Funny Girl
Funny Lady
Nos plus belles années
La chouette et le pussycat
Yentl
On s'fait la valise docteur?
Le prince des marées
Une étoile est née

Éblouissant!

425 Si vous souhaitez passer une belle nuit d'été à faire des vœux en regardant des étoiles filantes, réservez la deuxième semaine du mois d'août dans votre calendrier. Vers le 12 août de chaque année, la terre passe tout près des

> UNE BONNE IDÉE POUR LES ROMANTIQUES *RÊVEURS*.

perséides, ce qui se traduit généralement par un spectacle *éblouissant* pendant les deux ou trois nuits qui suivent. (Vous voudrez peut-être planifier une soirée d'observation le 12, sans lui parler des perséides. Elle sera très étonnée de voir des centaines d'étoiles filer dans le ciel!)

> UNE BONNE IDÉE POUR LES AMATEURS DE *SCIENCE-FICTION*! EXCELLENT ÉGALEMENT POUR HONORER VOTRE PROMESSE DE LUI OFFRIR « LA LUNE ET LES ÉTOILES ».

426 En parlant d'étoiles filantes — celles qui se rendent jusqu'à la terre sont appelées *météorites*. Vous pouvez vous procurer des petits fragments de météorites dans les boutiques de pierres et de gemmes. Faites faire un bijou créé spécialement pour mettre en valeur votre étoile filante.

427 Si ce sont les étoiles de *Broadway* qui intéressent votre partenaire, pourquoi ne pas lui offrir une affiche de son spectacle préféré? Les affiches des succès d'hier et d'aujourd'hui sont disponibles à la Triton Gallery, 630 Ninth Avenue, New York, New York 10036. Vous pouvez également appeler en composant le 212-765-2472 ou le 1-800-626-6674 ou visitez le www.tritongallery.com.

428 Si votre intérêt dans les étoiles est plus mystique, appelez Eric Linter, l'un des meilleurs astrologues américains. Bien que versé dans les cartes du ciel et les prédictions astrologiques, Eric se concentre aussi sur l'interprétation « axée sur la spiritualité » et sur la « dynamique du couple ». Il prépare des cartes du ciel individuelles ou de couple, de même que des interprétations à vocation spécifique. De nombreux couples le consultent pour connaître les meilleures dates et les heures les plus adéquates pour se fiancer ou se marier. Appelez Eric au 617-524-5275.

INDICATIF MUSICAL DE CE CHAPITRE : *ÉTOILE ÉTIOLÉE*, DE PIERRE LAPOINTE

Coup de foudre!

429 **Vingt-deux façons créatives de célébrer la Saint-Valentin**

1. Consacrez-vous entièrement l'un à l'autre pendant cette journée de la Saint-Valentin.
2. Réservez la suite nuptiale de l'hôtel local.
3. Prenez congé du travail le jour de la Saint-Valentin.
4. Une journée est insuffisante! Prenez la semaine!
5. Achetez plusieurs boîtes de friandises de la Saint-Valentin destinées aux enfants et inondez-en votre partenaire!

INDICATIF MUSICAL DE CE CHAPITRE : *COUP DE FOUDRE*, TIRÉ DE STARMANIA

6. Donnez-lui une carte de souhaits toutes les heures, à l'heure juste.
7. Préparez une fournée de biscuits en forme de cœur.
8. Dessinez une carte de la Saint-Valentin géante au verso d'une affiche annonçant une destination de voyage —
9. et collez les billets d'avion (vers cet endroit) sur l'affiche.
10. Planifiez toute une journée de musique romantique.
11. Séjournez au gîte touristique local.
12. Envoyez dix cartes de la Saint-Valentin.
13. Envoyez cent cartes de la St-Valentin!
14. Passez la journée entière à regarder des films romantiques.
15. Offrez un bijou ancien à votre partenaire bien actuelle.
16. Faites un gâteau en forme de cœur.
17. Et décorez-le avec du glaçage rouge et des flocons en forme de cœur.
18. Passez toujours la journée de la Saint-Valentin ensemble. Peu importe ce que cela implique.
19. Envoyez-lui une carte de la Saint-Valentin chaque jour pendant une semaine.
20. Envoyez-lui une carte de la Saint-Valentin chaque jour pendant un mois.
21. Trouvez le meilleur « Forfait des amoureux » offert par votre hôtel local.
22. Passez toute la journée au lit, ensemble.

« AIMEZ LE CŒUR QUI VOUS BLESSE, MAIS NE BLESSEZ JAMAIS LE CŒUR QUI VOUS AIME. »
— VIPIN SHARMA

J'ai envie d'amour

430 Créez des signaux spéciaux pour faire savoir à votre partenaire que vous avez envie d'amour. Voici des idées provenant des participants aux cours sur les relations amoureuses :

♥ Faites jouer « votre chanson » lorsqu'il arrive à la maison.
♥ Écoutez n'importe quelle chanson de Billie Holiday.
♥ Pour les hommes : Dites, d'un air détaché : « Je crois que je vais me raser, ce soir… »
♥ Un couple a ses kimonos japonais « pour elle » et « pour lui ». Celui ou celle qui est intéressé met le kimono de l'autre et, si le partenaire manifeste de l'intérêt aussi, il ou elle fait de même.
♥ Un couple a une taie d'oreiller spéciale sur laquelle est indiqué, sur un côté : « CE SOIR » et, sur l'autre : « PAS CE SOIR ».

> INDICATIF MUSICAL
> DE CE CHAPITRE :
> *COMME J'AI TOUJOURS*
> *ENVIE D'AIMER,*
> DE MARC HAMILTON.

431 Certains couples ont créé des signaux ou des gestes qu'ils peuvent utiliser en *public*, lesquels signifient, à l'unanimité, « Qu'on en finisse et vite à la maison pour faire l'amour ! »

> « ÊTRE AIMÉ POUR QUI ON EST, REPRÉSENTE L'EXCEPTION. LA MAJORITÉ DES GENS AIMENT DANS L'AUTRE SEULEMENT CE QU'ILS LUI PRÊTENT, LEURS PROPRES PERSONNES, LEUR VERSION DE LUI. » — GOETHE

♥ Se tenir par la main et serrer rapidement à trois reprises.
♥ Un code verbal, comme utiliser le mot rouge plusieurs fois de suite.
♥ Un code verbal, comme une phrase : « Est-ce qu'il fait chaud ici ou si c'est moi ? »
♥ Murmurez-lui « votre chanson » à l'oreille.
♥ Grattez votre oreille gauche avec votre main droite.

432 Créez un bouquet de «Slips à longues tiges» pour elle. Achetez une douzaine de slips rouges, roses et blancs; achetez des roses en plastique; retirez les fleurs et remplacez-les par les slips enroulés.

J'ai envie de chocolat

433 Une vie marquée par la passion du chocolat a incité un couple du cours sur les relations amoureuses à faire le tour du monde pour trouver le meilleur chocolat. Ils ont organisé leurs vacances de façon à pouvoir rendre visite aux principaux manufacturiers de chocolat dans divers pays! *Ça*, c'est extrême!

- Visitez Nestlé à Broc, en Suisse. Composez le 41-21-924-2111, ou visitez le www.nestle.com.
- Le Train du chocolat vous emmènera faire le tour de plusieurs fabricants de chocolat de Suisse. Composez le 1-888-382-RAIL.
- Plus près de chez nous, visitez le Choco-Musée Érico, à Québec. Composez le 418-524-2122, www.chocomusee.com. Dans la région de Montréal, rendez-vous au mini-musée de La Cabosse d'or, à Otterbern Park, 450-464-6937, www.lacabossedor.com.

LE MEILLEUR TITRE DE LIVRE SUR LE CHOCOLAT (RÉEL) : *MOURIR DE CHOCOLAT : UNE PASSION DÉVORANTE*, DE MARCEL DESAULNIERS.

GREGORY J.P. GODEK

434 Les gens organisent des dégustations de vin, n'est-ce pas? Alors pourquoi ne pas organiser une *dégustation de chocolat*? Invitez vos meilleurs amis, demandez-leur d'apporter des échantillons de leur chocolat préféré et utilisez une méthodologie officielle pour juger les qualités des chocolats les plus fins. Faites des tests à l'aveugle : notez le chocolat en fonction de son arôme, de sa texture, de son goût sucré, de son intensité, de son goût initial, de son arrière-goût, de la combinaison des ingrédients, etc.

LE MEILLEUR TITRE DE LIVRE SUR LE CHOCOLAT (FICTION) : *BITTERSWEET JOURNEY : A MODESTLY EROTIC NOVEL OF LOVE, LONGING AND CHOCOLATE*, DE ENID FUTTERMAN.

435

- *Le livre du chocolat*, de Jeanne Bourin, John Feltwell, Nathalie Bailleux, Pierre Labanne et Odile Perraud
- *Intense chocolat*, d'Arnaud Delmontel et David Batty
- *Chocolat ô chocolat*, d'Aurélie Godin et Jean-Philippe Walser
- *Petit Larousse du chocolat*
- *Ma langue au chocolat*, de Fabienne Gambrelle et Michel Richart

Le Gospel selon Godek

436 Les gestes romantiques n'ont pas de motifs ultérieurs. Ils n'ont pour objet que d'exprimer l'amour et l'appréciation ; de montrer que vous pensez à votre partenaire ; de rendre l'amour vivant dans le monde.

C'est ce but qu'on s'*efforce* d'atteindre, mais qu'on accomplit rarement parfaitement. Ça va. Ne vous en faites pas. L'amour n'est pas une affaire de *perfection*, c'est de l'*amour*. Et les relations amoureuses ne sont pas affaire de perfection non plus ; elles sont, elles aussi, affaire d'amour.

437 En matière d'*amour* — l'aspect émotif d'une relation — les hommes et les femmes sont beaucoup plus *semblables* que *différents*. En matière de *sexualité* — c'est ici que les plus grandes différences font leur entrée !

Voyez-vous, les humains sont un étrange amalgame d'attributs physiques et psychologiques. Plus vous descendez vers l'extrémité de l'échelle où se trouvent les attributs physiques et sexuels, plus les *différences* sont prononcées. Plus vous montez vers les attributs psychologiques et émotionnels, plus *similaires* sont les hommes et les femmes.

> L'AMOUR EST SIMPLE, MAIS PAS FACILE.

438

- ♥ Les relations amoureuses sont un art et non une science.
- ♥ L'amour est un sport de collaboration et non un sport de compétition.
- ♥ Les relations amoureuses ne sont pas comme les affaires.
  Il n'y a pas de bénéfices nets.
- ♥ L'amour n'est pas une bataille. Les métaphores « guerrières » sont nocives pour votre santé.

GREGORY J.P. GODEK

Le Gospel selon Godek (révisé)

439

- ♥ Vous pouvez être éperdu d'amour sans perdre votre individualité.
- ♥ Vous pouvez faire des compromis sans vous *compromettre*.
- ♥ Vous pouvez changer sans perdre votre unicité.
- ♥ Vous pouvez évoluer sans vous éloigner.
- ♥ Vous pouvez tout donner sans rien *perdre*.
- ♥ Vous pouvez vous ouvrir sans être jugé.
- ♥ Vous pouvez être en désaccord sans vous disputer.
- ♥ Vous pouvez vous laisser aller sans perdre le contrôle.
- ♥ Vous pouvez garder la passion vivante dans une relation à long terme.
- ♥ Vous pouvez mûrir sans perdre l'enfant qui sommeille en vous.
- ♥ Vous ne pouvez être *véritablement connu* que dans une relation intime et à long terme.

♥ ♥ ♥

- ♥ Vous ne pouvez pas être connu si vous n'ouvrez pas votre cœur.
- ♥ Vous ne pouvez pas aimer sans être vulnérable.
- ♥ Vous ne pouvez pas être intime sans prendre de risque.
- ♥ Vous ne pouvez pas partager vos sentiments dans un climat d'indifférence.
- ♥ Vous ne pouvez pas vous engager dans une relation en exigeant des garanties.
- ♥ Vous ne pouvez pas être interdépendant si vous n'êtes pas d'abord indépendant.
- ♥ Vous ne pouvez pas être contrôlant et spontané en même temps.
- ♥ Vous ne pouvez pas vivre sans faire d'erreur.

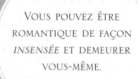

VOUS POUVEZ ÊTRE
ROMANTIQUE DE FAÇON
INSENSÉE ET DEMEURER
VOUS-MÊME.

- ♥ Vous ne pouvez pas réaliser vos rêves sans objectifs bien définis.
- ♥ Vous ne pouvez pas grandir si vous n'apprenez pas de vos erreurs.
- ♥ Vous ne pouvez pas pardonner à l'autre si vous ne vous êtes pas pardonné d'abord.
- ♥ Vous ne pouvez pas guérir un cœur brisé sans prendre un risque de nouveau.

♥ ♥ ♥

- ♥ Vous avez le pouvoir de choisir de quelle manière vos sentiments vous affectent.
- ♥ Vous avez la capacité d'altérer votre réalité avec vos convictions.
- ♥ Vous avez les talents et la capacité d'être à la hauteur de votre raison d'être.

S'y mettre

440 Inscrivez toutes les dates importantes dans votre agenda ou votre calendrier d'affaires. Note : votre partenaire et vous pouvez ne pas considérer les mêmes occasions comme étant importantes. Assurez-vous de *penser comme votre partenaire* quand vous inscrirez ces dates.

- ❏ Son anniversaire
- ❏ Votre anniversaire de mariage
- ❏ La Saint-Valentin
- ❏ Le premier jour de chacune des saisons
- ❏ Une « date mystère »
- ❏ Des soupers à l'extérieur
- ❏ Des fins de semaine de trois jours
- ❏ Les anniversaires des enfants
- ❏ Des pseudo-vacances qu'il ou elle aimerait
- ❏ L'anniversaire de naissance de la vedette rock préférée
- ❏ L'anniversaire de naissance de la vedette de cinéma préférée

> ET VOICI LA CLÉ POUR RESTER AU-DESSUS DE LA MÊLÉE, DE FAÇON À CE QUE CES DATES NE VOUS SURPRENNENT PAS : INSCRIVEZ UN RAPPEL *DEUX SEMAINES AVANT* POUR NE PAS OUBLIER D'ENVOYER UNE CARTE, D'ACHETER UN CADEAU OU DE FAIRE DES RÉSERVATIONS.

GREGORY J.P. GODEK

441 Une autre bonne façon de vous assurer que vous avez ces cartes de souhaits, ces notes, ces cadeaux à temps, est de vous procurer un cartable à anneaux, comprenant douze compartiments. Attribuez-leur chacun un mois et insérez les éléments pertinents dans chaque pochette. Joignez une « liste maîtresse » des dates importantes dans la couverture intérieure. Vous serez ainsi bien préparé pour chaque événement à venir.

- ♥ Insérez les cartes de souhaites les notes, les poèmes, les articles, les rappels à vous-même, les annonces, les pages de catalogues, etc.
- ♥ Assurez-vous que des éléments se trouvent dans *chacune* des pochettes — surtout celles où aucune fête ou anniversaire officiels ne sont prévus. Inventez vos propres jours fériés et trouvez des raisons de célébrer!

442 Déléguez plus de travail, au bureau.
Arrivez à la maison à une heure raisonnable!

443 Placez une fleur dans son porte-documents.
Peut-être une douzaine. Juste parce que.

Drôles de métiers

444 Rédigez des mots et des mémos humoristiques, faites des choses qui s'inspirent de votre profession :

- ♥ Professeur : écrivez un bulletin
- ♥ Avocat : écrivez une requête
- ♥ Camionneur : remplissez un bordereau de marchandises
- ♥ Chef d'entreprise : écrivez un plan d'affaires
- ♥ Médecin : écrivez une ordonnance
- ♥ Secrétaire : rédigez un mémo
- ♥ Vendeur : placez une commande
- ♥ Policier : écrivez un billet
- ♥ N'importe qui : écrivez un curriculum vitae
- ♥ Votre profession : (_____)

445 Téléphonez à votre amour. Improvisez une chanson d'amour et chantez-la lui! Faites une mélodie, inventez les paroles — et continuez de chanter! (Vous provoquerez des rires et de l'appréciation!)

446 Ne vous laissez pas berner par votre sérieux chef d'entreprise : la plupart d'entre eux aiment «jouer» à leur bureau. Des «jouets pour le bureau» font d'excellents cadeaux. Note : il existe différentes catégories de jouets de bureau. Pourquoi ne pas trouver celui que votre partenaire apprécierait?

- ♥ Jouets mécaniques
- ♥ Personnages de bandes dessinées
- ♥ Articles nostalgiques
- ♥ Articles de prestige
- ♥ Autos et camions jouets
- ♥ Gadgets électroniques

- ♥ Souvenirs sportifs
- ♥ Casse-têtes
- ♥ Articles liés aux passe-temps
- ♥ Choses qui bougent et qui pivotent
- ♥ Choses qui tournent

Ressources (1)

447

Å ♥ Party Expert (mariages et autres) :
1-877-686-8032, www.partyexpert.com
♥ Catalogue Figi (absolument tout!) :
1-800-422-3444, www.figis.com
♥ For Counsel (des cadeaux juste pour
les avocats!) : 1-800-637-0098,
www.forcounsel.com
♥ La mecque du golf (des cadeaux
pour les golfeurs du dimanche) :
1-800-336-4446, www.usgapubs.usga.org

ET AVANT D'ACHETER
UN BIJOU, PEU IMPORTE
LEQUEL, DEVENEZ UN
ACHETEUR AVERTI. VISITEZ
LE WWW.JIC.COM

- Vent d'Équinox (cerfs-volants) : 514-327-1959, www.vent-equinox.com
- Levenger (outils pour la lecture) : 1-800-667-8034, www.levenger.com
- Boutique TPM (pièces de monnaie): 418-524-7894, www.boutique-tpm.com
- Musée des beaux-arts de Montréal : 514-285-2000, www.mbam.qc.ca
- The Nature Store (cool et naturel) : 1-800-345-1638, www.thenaturestore.com
- Holt Renfrew (vêtements et autres) : n° selon la ville, www.holtrenfrew.com
- Simons (toutes sortes de choses) : n° selon la ville, www.simons.ca
- Birks (cadeaux uniques et raffinés) : 1-800-682-2622, www.birks.com
- Archambault (livres, films, revues, disques) : 1-877-849-8589, www.archambault.com

ACHETEZ CE LIVRE AVANT D'ACHETER UN DIAMANT : *COMMENT ACHETER UN DIAMANT : SECRETS D'INITIÉ POUR OBTENIR VOTRE ARGENT EN VALEUR*, DE FRED CUELLAR.

Ressources (2)

- ♥ FrançoisCharron.com (conseils techno, trouvailles, gadgets) : www.francoischarron.com
- ♥ Signals (cadeaux uniques) : 1-800-669-9696, www.signals.com
- ♥ Le Smithsonian (boutique de la célèbre institution) : 1-800-322-0344, www.smithsonianstore.com
- ♥ L'Imaginaire (casse-têtes et autres) : 1-866-462-4495, www.imaginaire.com
- ♥ Sundance (articles de style rustique et western) : 1-800-422-2770, www.sundancecatalog.com
- ♥ Bottes Boulet (les fameuses bottes de cowboy) : 418-365-3535, www.bouletboots.com
- ♥ Vermont Teddy Bear Co. (oursons fabriqués à la main!) : 1-800-829-2327, www.vermontteddybear.com
- ♥ Papiers victoriens (très élégants) : 1-800-700-2035, www.victoriantradingco.com
- ♥ Papeterie Saint-Gilles (économusée et le summum) : 1-866-635-2430, www.papeteriesaintgilles.com
- ♥ La Maison d'Émilie (arts de la table) : 514-277-5151, www.lamaisondemilie.com
- ♥ Rona (outils et articles de rénovation et construction) : 1-866-283-2239, www.rona.ca
- ♥ Tour de jeux (jeux et casse-têtes) : www.tourdejeux.com
- ♥ Jardin Hamel (horticulture) : 418-872-9705, www.jardinhamel.com
- ♥ Fleurs Canadiana (livraison partout au pays) : 1-888-265-7673, www.canadianflowershop.ca
- ♥ Fleuriste La Muse (designer) : 450-664-7333, www.lamusefleuriste.ca
- ♥ Le panier de délices (cadeaux gourmet) : 1-866-683-3885, www.lepanierdedelices.com
- ♥ Gourmet du Village (épices, trempettes et articles de table) : 1-800-668-2314, www.gourmetduvillage.com

SUNDANCE A ÉTÉ FONDÉ PAR ROBERT REDFORD, L'UN DES PLUS GRANDS ACTEURS ROMANTIQUES DE TOUS LES TEMPS.

GREGORY J.P. GODEK

Ressources (3)

448 Les magazines de la mariée représentent d'excellentes ressources pour trouver des destinations et des propositions de vacances romantiques. (Si vous croyez que les lunes de miel ne sont que pour les jeunes mariés, vous ratez de belles occasions romantiques!) Procurez-vous un exemplaire de *Mariée Magazine*, *L'Officiel du mariage*, *Marions-nous*, *Oui*, *Mariages*, *Jour J*, etc.

> LES CATALOGUES REPRÉSENTENT UNE EXCELLENTE RESSOURCE. PAS SEULEMENT POUR DES CADEAUX EN PARTICULIER, MAIS ÉGALEMENT POUR DES IDÉES ET DES CONCEPTS QUE VOUS POUVEZ FAIRE VÔTRES.

449 Des ressources dans votre région : appelez-les, posez-leur des questions. Demandez qu'on vous envoie un catalogue ou des brochures.

- Programmes d'éducation aux adultes
- Offices des congrès et du tourisme
- Studios de danse
- Écoles de musique
- Écoles de cuisine
- Ateliers de théâtre amateur
- Musées
- Boîtes de nuit
- Terrains de golf
- Clubs de tennis
- Hôtel de ville
- Service des loisirs
- Développement durable, Environnement et Parcs Québec
- Parcs Canada
- Librairies
- Salles de concert
- Le YMCA et le YWCA

450 Elle adore les fleurs. Il a fait un jardin de fleurs «pour garder notre amour épanoui». Le défi, bien sûr, est que la plupart des fleurs ne s'épanouissent chaque année que pendant quelques semaines seulement. Après voir essayé, pendant une quinzaine d'années, différentes combinaisons de fleurs, il a finalement trouvé la ressource parfaite : *Birthflowers of the Landscape*, de Linton Wright McKnight. Ce livre décrit des *milliers* de fleurs et le moment de leur floraison.

POUR LES ESPRITS SCIENTIFIQUES, OUTRE LES NOMBREUX MUSÉES D'HISTOIRE NATURELLE DES PARCS NATIONAUX DU QUÉBEC (CONSULTEZ LE WWW.BONJOURQUE-BEC.COM/QC-FR/REPERTOIRE-ATTRAITS/MUSEE-CENTRE-DINTERPRETATION-SITE-HISTORIQUE/), LE MUSÉE REDPATH D'HISTOIRE NATURELLE DE L'UNIVERSITÉ MCGILL EST UN LIEU À VOIR : 514-398-4086, WWW.FRANCAIS.MCGILL.CA/REDPATH

VOUS POUVEZ ÉGALEMENT LUI DÉNICHER UN CADEAU À LA BOUTIQUE DE LA SMITHSONIAN INSTITUTION, AU WWW.SI.EDU.

Ressources (4)

451 Si vous cherchez de la musique pour votre partenaire qui en est amateur : le site Internet du magazine Rolling Stone est une excellente ressource pour les clips de chansons, les vidéos et les biographies de plus de 85 000 artistes. Visitez le www.rollingstone.com.

452 Vous cherchez un film pour votre amour, ou des films créés par un certain réalisateur, dans lesquels un certain acteur est en vedette, ou des revues de films, ou de l'information sur le contexte particulier d'un film? Rendez-vous au http://quebec.to/cinema/

453 Une bonne ressource pour trouver des journaux et des magazines francophones anciens (parfaits pour les anniversaires de naissance ou de mariage!) est le site de Chapitre.com. Visitez le http://journaux-anciens.chapitre.com.

454 Si un guide international de connaisseurs sur les endroits toujours intacts et tranquilles vous intéresse, vous devriez vous inscrire au bulletin mensuel *Hideaway Report*, d'Andrew Harper, qui se consacre aux voyages de haut de gamme. Dans la liste des lieux de l'année 2007, on retrouve notamment :

♥ Le Poetry Inn, à Napa, en Californie : une magnifique auberge, nichée au cœur de la région viticole de la Californie. Appelez le 707-944-0646 ou visitez le www.poetryinn.com
♥ Les Mars Hotel, à Healdsberg, en Californie : affilié à la chaîne des Relais et Château, un hôtel européen luxueux, tenu par les membres d'une même famille. Appelez le 1-877-413-1700, ou visitez le www.lesmarshotel.com

CONNAISSEZ-VOUS UN COUPLE QUI VIT UNE RELATION A+? IL PEUT ÊTRE UNE BONNE SOURCE D'INSPIRATION POUR VOUS.

Un peu d'audace!

455 Visitez un bar karaoké et surprenez votre partenaire en vous levant pour aller lui chanter « votre » chanson.

456 Exagérez. Ne vous retenez pas. Foncez! Donnez tout ce que vous avez!

- Faites preuve de créativité. Déchaînez-vous. Exprimez-vous.
- Aime-t-il les M&M? Remplissez-en un pot de quatre litres pour lui.
- Faites l'amour tous les jours pendant une semaine. (Pendant un mois!?)
- Offrez à votre partenaire un séjour *surprise* de deux semaines à Paris.
- Appelez-la du bureau à *chaque heure, à l'heure pile*, juste pour lui dire que vous l'aimez.
- Souhaitez-lui bon anniversaire au moyen d'une publicité *aérienne*!

457 Allez vous baigner nus : dans la mer, un étang, un lac, une rivière, une crique, votre piscine, ou celle du voisin!

458 Remplissez de mots doux un paquet complet de languettes adhésives :

- Vingt-cinq notes *sexy*.
- Seize idées *romantiques*.
- Trente-et-une notes *absurdes*.
- Les paroles de sept chansons *romantiques*.
- Douze suggestions *suggestives*.
- Neuf questions *intrigantes*.

OSEZ! FAITES QUELQUE CHOSE D'INATTENDU. EXAGÉREZ!

Maintenant, collez les feuilles du paquet complet partout dans la maison. Ou collez trois feuilles par jour, pendant plusieurs jours.

Beaucoup d'audace!

459 Les filles : réservez une limousine pour aller chercher votre mari à l'aéroport à son retour d'un voyage d'affaires. Envoyez le chauffeur pour attendre et aider votre mari. Installez-vous sur le siège arrière de la limousine… vêtue de votre plus jolie lingerie, en train de siroter du champagne et d'écouter *Heart String*, d'Earl Klugh.

460 Pourquoi pas une aventure en ballon… au-dessus de la Suisse? (Ou de la France. Ou de l'Italie. Ou de l'Autriche.) Appelez Buddy Bombard's Europe, au 1-800-862-8537, ou visitez le www.buddybombard.com.

Et, une fois devenu amateurs de voyages en montgolfières, vous voudrez certainement en savoir plus sur « In the Air : The Ultimate Catalog for Balloon Enthusiasts »! Composez le 1-800-583-8038, ou rendez-vous au www.intheaironline.com.

LUI OFFRIR CINQ KILOS DE
PAPILLOTES DE HERSHEY EST
AUDACIEUX. EN REMPLIR
LA BAIGNOIRE EST TRÈS AUDACIEUX.

♥ ♥ ♥

OFFRIR À VOTRE AMATEUR DE FOOTBALL DES BILLETS
POUR LE SUPER BOWL EST AUDACIEUX. OBTENIR
DES SIÈGES À LA LIGNE DE CINQUANTE
EST TRÈS AUDACIEUX.

♥ ♥ ♥

LUI ENVOYER UN BOUQUET DE BALLONS AU
BUREAU EST AUDACIEUX. DES VACANCES
EN BALLON AU-DESSUS DE
LA SUISSE EST TRÈS AUDACIEUX.

461 Enlevez-la! Bandez-lui les yeux. Baladez-la en voiture dans la ville, jusqu'à ce qu'elle soit vraiment perdue. Révélez ensuite votre destination : son restaurant préféré ou, peut-être, une auberge romantique.

462 Vous voulez avoir plus de temps pour l'amour? Tirez votre téléviseur à bout portant. La télévision est un trou noir qui avale votre temps. Avez-vous remarqué à quel point vous accordez toute votre attention à votre téléviseur, quand il est allumé — *même quand l'émission présentée ne vous intéresse pas?* Comme les Américains, le Canadien moyen passe quotidiennement près de quatre heures devant le petit écran.

Juste un peu coquin

463 Remplissez de coussins le siège arrière de votre voiture. Allez faire une promenade à la campagne. Servez-vous de votre imagination.

> MUSIQUE D'ACCOMPAGNEMENT :
> *TAKE ME IN THE BACKSEAT*,
> DE THE DONNAS.

464 *Parlons cul — Contre l'hypocrisie puritaine*, de Sallie Tisdale, est un livre qui fait réfléchir sur un sujet qui embarrasse la plupart des gens. Sallie Tisdale note que notre société est publiquement lascive, bien que toujours puritaine, au fond. « Nous vivons de façon indirecte et publique une permissivité sexuelle — parce que nous n'avons pas de conversations individuelles, intimes et matures à propos du sexe. » « En parler un peu » est peut-être une bonne chose…

465

💗 Pourquoi ne pas faire un défilé de lingerie pour lui?

💗 Ou pourquoi ne pas enregistrer un défilé de lingerie sur *bande vidéo* pour lui?!

466 Les filles : Achetez-vous de la lingerie bon marché — qu'il pourra littéralement déchirer sur vous!

467 Achetez les articles suivants dans des couleurs assorties : une cravate et des caleçons de soie pour *lui*, un soutien-gorge et un slip pour *elle*. Établissez la règle que si l'un de vous décide de porter ces articles, l'autre doit obligatoirement porter les siens. Votre partenaire pensera à vous toute la journée. C'est garanti!

PORTER UN PORTE-JARRETELLES ET DES
BAS EST *JUSTE UN PEU COQUIN*.
PORTER UN PORTE-JARRETELLES NOIR, UN
SOUTIEN-GORGE ET UN SLIP ASSORTIS, DES BAS
COUTURE ET DES TALONS AIGUILLES DE *HUIT
CENTIMÈTRES* EST *TRÈS* COQUIN.

💗 💗 💗

LE FILM *QUARANTE ANS ET ENCORE PUCEAU*
EST *JUSTE UN PEU COQUIN*.
LA SECRÉTAIRE EST *TRÈS* COQUIN.

💗 💗 💗

PARTAGER VOS FANTASMES ENSEMBLE EST
JUSTE UN PEU COQUIN.
RÉALISER VOS FANTASMES ET FAIRE DES
JEUX DE RÔLES EST *TRÈS* COQUIN.

Très coquin

468 Devenez membre du Mile High Club.

ET VOLEZ DANS DES CIEUX CLÉMENTS!

469 Faites l'amour dans des endroits inusités : des voitures, des trains, des plages, des piscines, des bateaux, des étangs/lacs/océans, des cabines d'essayage de magasins, à la bibliothèque, dans les ascenseurs, les baignoires, les sorties de secours, des vérandas, des toits, des cabanes dans des arbres, des salles de conférences, des saunas, des avions, des tables de cuisine et des bains à remous.

470

- Un couple, dans un cours sur les relations amoureuses, a confié qu'il avait adopté une tradition : faire l'amour à toutes les réceptions de mariage auxquelles il assistait!
- Un autre couple avait une carte des États-Unis dans la salle de séjour, sur laquelle des punaises marquaient chacun des endroits où il avait fait l'amour.

471

- Les filles : faites un strip-tease spécial pour lui. Vous pouvez soit être spontanée ou procéder selon une chorégraphie que vous aurez répétée. Note : certains strip-teases mettent l'emphase sur le « *strip* » (enlever), alors que d'autres insistent sur le « *tease* » (taquiner). À vous de choisir!

Si vous voulez un peu d'inspiration — et une chorégraphie — pour le strip-tease que vous souhaitez offrir à votre partenaire, regardez le film *9 semaines et demi* et avancez rapidement jusqu'à 1 :18 :20. Prenez des notes, répétez, et vous serez certaine de faire sur votre homme l'effet escompté.

LES MEILLEURES CHANSONS POUR ACCOMPAGNER UN STRIP-TEASE : *PRIVATE DANCER*, DE TINA TURNER ET *NAUGHTY GIRL*, DE BEYONCÉ.

GREGORY J.P. GODEK

♥ Les gars : est-ce que le terme «Chippendale» vous dit quelque chose? Et pour un peu plus d'inspiration, louez le film *Le grand jeu*. Prenez votre nœud papillon en soie noire, votre haut-de-forme, laissez tomber vos inhibitions... de même que vos pantalons!

Magasinage pour les nuls

472 Quand vous faites du lèche-vitrines ensemble, prêtez attention aux choses qu'elle *aime vraiment*. Retournez au magasin plus tard et achetez-les lui. (Rangez-les dans votre «placard de cadeaux» pour vous en servir à votre discrétion.)

473 Vous avez besoin de l'aide d'un professionnel. Non, non... je ne parle pas d'un *psychiatre*, mais d'un *assistant d'achats personnels*. Il ou elle pourra vous aider à faire les courses et à trouver ces cadeaux que

> DEMANDEZ DE L'AIDE!

vous semblez toujours oublier. Établissez un budget, donnez à votre assistant d'achats personnels des renseignements clés sur votre partenaire et lâchez-le dans le centre commercial!

474 Vous trouverez dans votre région tous les magasins dont vous avez besoin pour inspirer et satisfaire vos urgences romantiques. Rendez visite à ces boutiques sans avoir d'idée ou de besoin précis... et évaluez les possibilités romantiques qui s'offrent à vous. Une liste d'idées a été dressée à la page suivante.

- Librairies
- Magasins de livres d'occasion
- Boutiques de cartes de souhaits
- Boutiques d'articles de bureau

- Boutiques de jouets
- Boutiques de lingerie
- Bric-à-brac
- Boutiques de fournitures scolaires
- Boutiques d'antiquités
- Magasins de musique

- Boutiques d'articles de sport
- Papeteries
- Boutiques de vêtements
- Hôtels-boutiques
- Magasins de vidéos

475 Faites connaissance avec le propriétaire et le gérant de sa boutique de vêtements préférée. Demandez-leur de vous avertir lors de la réception de nouveautés que votre partenaire apprécierait. (C'est un moyen facile de trouver des cadeaux surprises qui vont assurément lui plaire.)

Stratégies de magasinage avancé

476 Quand vous magasinez avec elle : si elle fait l'essai d'un ensemble qu'elle *adore* (ou que *vous* trouvez sexy) — allez rapidement payer pendant qu'elle est toujours dans la cabine d'essayage. (Voici une bonne raison d'avoir de l'argent liquide pendant ces petites sorties.) Retournez à la cabine d'essayage avec une paire de ciseaux, coupez les étiquettes de prix et annoncez-lui qu'elle peut sortir de la boutique vêtue de son nouvel ensemble. Appréciez l'expression de surprise. Et regardez-la vous sauter au cou.

477 Allez magasiner sans motif ou objectif spécifique. *Laissez le cadeau vous trouver.*

> ADOPTEZ LA PRATIQUE DU MAGASINAGE ZEN.

GREGORY J.P. GODEK

478 Soyez toujours en mode « achat de cadeaux ». Je ne veux pas dire que vous devriez magasiner tout le temps — mais que vous devriez être prêt à acheter un beau cadeau s'il y en a un qui se présente. Si vous êtes dans cet état d'esprit, vous aurez probablement toujours des cadeaux d'anniversaires de naissance et de mariage que vous aurez achetés longtemps d'avance.

479 Inscrivez- vous au registre des cadeaux de la mariée et partez « magasiner ». Faites-le, même si — *surtout si* — vous êtes déjà mariés! Voici ce que vous devez faire : avant de vous rendre au magasin à rayons, retirez vos alliances et faites semblant d'être célibataires. Remplir le formulaire d'inscription

> CE CONSEIL PRATIQUE INSPIRERA VOTRE PARTENAIRE QUANT À DES IDÉES DE CADEAUX FUTURS QUI VOUS SERONT DESTINÉS!

ensemble sera certainement très amusant et vous réservera probablement certaines surprises! Promenez- vous ensuite dans le magasin et discutez des articles que vous *aimeriez* recevoir en cadeau. En d'autres termes, faites semblant que l'argent ne représente pas de problème. Vous aimeriez ce vase en cristal hors de prix? *Inscrivez-le sur votre liste*!

Note : Si vous organisez une cérémonie officielle de renouvellement de vos vœux, vous pourriez *vraiment* obtenir certains des cadeaux dont vous rêvez!

Mots d'amour / Shakespeare

480 Inscrivez ces mots élégants sur une carte de Saint-Valentin maison, cette année :

Doute que les étoiles soient de feu
Doute que le soleil se meuve
Doute de la vérité même
Mais ne doute pas que je t'aime

— *Hamlet*

Écrivez ce sonnet sur un rouleau. Ajoutez votre propre mot, quelque chose comme : « je ne peux peut-être pas te le dire d'une façon aussi poétique, mais je peux t'aimer aussi passionnément. »

Sonnet 29

Lorsque, en disgrâce auprès de la fortune et des hommes,
Je pleure tout seul sur ma destinée proscrite ;
Lorsque, troublant le ciel sourd de mes cris stériles,
Je me regarde et maudis mon sort,
Quand, jaloux d'un autre plus riche d'espérance,
Je lui envie ses traits et les amis qui l'entourent,
Me souhaitant le talent de celui-ci et la
puissance de celui-là,
Satisfait le moins de ce dont je suis le plus doué :
Si, au milieu de ces pensées où je vais me mépriser
moi-même,
Je pense par hasard à toi,
Alors, comme l'alouette s'envolant au lever du jour de la sombre terre,
Ma vie chante un hymne à la porte du ciel.
Car le souvenir de ton doux amour m'apporte une telle richesse
que je dédaignerais de changer avec les rois.

POURQUOI PAS DES « PRÉLIMINAIRES VERBAUX » ?

GREGORY J.P. GODEK

Accompagnez de ces mots l'offre d'un bijou :

Si vos paroles ne peuvent rien sur elle, gagnez son cœur à force de présents.
Les joyaux muets émeuvent souvent, dans leur silence,
l'âme d'une femme bien plus que les plus beaux discours.

— *Les deux gentilshommes de Vérone*

Rassasie-toi sur mes lèves et, si les montagnes sont desséchées,
erre plus bas, tu trouveras de douces fontaines.

— *Vénus et Adonis*

RENDEZ-VOUS DE CLASSE MONDIALE : ALLEZ VOIR LA PIÈCE *ROMÉO ET JULIETTE*. ET VOUS NE REGRETTEREZ PAS DE LOUER L'UNE DES NOMBREUSES VERSIONS CINÉMATOGRAPHIQUES DE *ROMÉO ET JULIETTE*.

Mots d'amour / Poésie

481

A *Puisque tu as le pouvoir et la grâce,*
De regarder au-delà de mon masque,
(Quel les années ont blanchi sous leurs pluies),
Et de voir le vrai visage de mon âme,
Témoin pâle et las du cours de la vie! —
Puisque avec foi et amour tu saisis,
Au-delà de la torpeur de cette âme,
L'ange patient attendant une place
Dans les cieux!— puisque ni péché ni peine,
Ni le joug de Dieu, ni la mort voisine,
Ni tout ce dont les autres se détournent,
Ni tout ce qui me retourne en moi-même,
Rien ne te rebute… Cher apprends-moi à
Répandre la gratitude, comme toi, le bien.

— Élizabeth Barrett Browning

B *Déesse aux yeux d'azur, aux épaules d'albâtre,*
Belle muse païenne au sourire adoré,
Viens, laisse-moi presser de ma lèvre idolâtre
Ton front qui resplendit sous un pampre doré.

Vois-tu ce vert sentier qui mène à la colline?
Là, je t'embrasserai sous le clair firmament,
Et de la tiède nuit la lueur argentine
Sur tes contours divins flottera mollement.

— Alfred de Musset, à Aimée d'Alton

> POUR SAVOIR COMMENT LE POUVOIR DES MOTS PEUT AFFECTER LE COURS D'UNE RELATION AMOUREUSE. LOUEZ LE FILM *ROXANNE*, METTANT EN VEDETTE STEVE MARTIN.

> UN MARIAGE PARFAIT EST UN POÈME D'AMOUR ÉCRIT PAR DEUX AUTEURS.

GREGORY J.P. GODEK

℃ Mémorisez son poème préféré ou les paroles de sa chanson préférée. Récitez-les lorsque vous êtes seuls ou quand vous faites l'amour.

« NE PENSEZ PAS QUE VOUS POUVEZ INFLÉCHIR LE COURS DE L'AMOUR, CAR L'AMOUR, S'IL VOUS TROUVE DIGNE, DIRIGE VOTRE COURS. »
— KAHLIL GIBRAN

Mots d'amour / Les vôtres

482 Écrivez vos propres mots d'amour. Voici quelques idées pour vous aider :

♥ La liste : « Dix raisons pourquoi je suis tombé amoureux de toi. »
♥ La liste : « Dix raisons pourquoi je t'aime *toujours*. »
♥ La liste : « Dix raisons pourquoi tu m'excites. »
♥ La liste : « Dix raisons pourquoi tu dois rester avec moi. »
♥ La liste : « Dix raisons pourquoi tu dois m'épouser. »

VOUS POUVEZ UTILISER CES IDÉES ET LES ÉCRIRE SUR DES PARCHEMINS, DES CARTES OU DES ARTICLES POUVANT ÊTRE ENCADRÉS ET CE, POUR UNE FOULE D'OCCASIONS ROMANTIQUES.

483 Tenez un journal. Chaque jour ou presque, mettez sur papier vos pensées sur votre partenaire, votre relation, votre vie ensemble. Certains jours, vous n'écrirez qu'un petit « je t'aime », alors que d'autres, vous aurez l'inspiration nécessaire pour rédiger des pages et des pages. Faites cela pendant un an. Présentez-le ensuite à votre douce moitié à l'occasion de son anniversaire de naissance ou celui de votre mariage.

484 Écrivez votre propre version du poème d'Alfred de Musset À *Aimée d'Alton*.

485 Placez une annonce dans la rubrique « Personnel » des annonces classées de votre journal local. Dites à votre amour pourquoi il ou elle est si spéciale. Écrivez le message en code, en utilisant le surnom affectueux que vous lui avez donné. Il s'agit d'une bonne occasion de mettre à profit votre créativité et d'exprimer vos sentiments en quelques mots intelligents.

- ♥ Quand l'annonce paraît, encerclez-la de rouge et laissez-la sur la table de la cuisine avant de partir pour le bureau.
- ♥ Ou appelez-le au bureau le jour où l'annonce paraît et dites-lui qu'il y a un message spécial pour lui à une certaine page du journal.

Mots d'amour / Antiquité

« Celui qui peut dire combien il aime n'a qu'une petite ardeur. »
— Pétrarque

« Un seul mot nous libère du poids des souffrances de la vie,
c'est le mot 'amour' ».
— Sophocle

« Celui qui a pu conquérir un baiser et qui ne conquiert pas le reste,
mérite de perdre ce qu'il a gagné. »
— Ovide

« On ne saurait être sage quand on aime, ni aimer quand on est sage »
— Publius Syrus

« L'amour triomphe de tout ; nous aussi cédons à l'amour. »
— Virgile

« Être profondément aimé par quelqu'un nous donne de la force,
alors que d'aimer quelqu'un profondément nous du donne courage ».
— Lao Tseu

« La joie est en tout, il faut savoir l'extraire. »
— Confucius

« L'AMOUR EST
UN DÉLIRE. »
— PLATON

« L'union fait la force. »
— Ésope

« J'aimais : c'est un état de folie que l'amour. »
— Euripide

« L'AMOUR EST AVEUGLE. »
— PLATON

« Quand l'homme et la femme s'unissent, tout
converge vers l'harmonie. »
— Lao Tseu dans le Dao De Jing

« Même de leurs paupières l'amour se répandait
à chacun de leurs regards. »
— Hésiode

« Touché par l'amour, tout homme devient poète. »
— Platon

« Mon amour pour toi se mêle dans tout mon corps. »
— Chanson d'amour égyptienne de l'Antiquité

Mémorisez cette liste

486

1. Couleur préférée
2. Numéro chanceux
3. Fleur préférée
4. Auteur préféré
5. Livre préféré (fiction)
6. Livre préféré (non romanesque)
7. Conte de fée préféré

INDICATIF MUSICAL
DE CE CHAPITRE :
MA PRÉFÉRENCE,
DE JULIEN CLERC

GREGORY J.P. GODEK

8. Livre pour enfants préféré
9. Passage de la Bible préféré
10. Dicton préféré
11. Proverbe préféré
12. Poème préféré
13. Poète préféré
14. Chanson préférée
15. Chanteur ou chanteuse préférés
16. Groupe musical préféré
17. Style de musique préféré
18. Musique de danse préférée
19. Chanson romantique préférée
20. « Slow » préféré
21. Chanson de rock'n'roll préférée
22. Ballade préférée
23. Chanson de style country préférée
24. Chanson gospel préférée
25. Numéro de jazz préféré
26. Chanson R&B préférée
27. Compositeur de chansons préféré
28. Magazine préféré
29. Plat préféré
30. Nourriture préférée
31. Légume préféré
32. Fruit préféré
33. Biscuit préféré
34. Crème glacée préférée
35. Chocolat préféré
36. Collation préférée
37. Restaurant préféré (cher)
38. Restaurant préféré (sur le pouce)
39. Restaurant-minute préféré
40. Émission de télévision préférée (actuellement en ondes)
41. Émission de télévision préférée (anciennement en ondes)
42. Humoriste préféré
43. Acteur préféré (toujours vivant)
44. Acteur préféré (d'un autre âge)
45. Actrice préférée (toujours vivante)
46. Actrice préférée (d'un autre âge)
47. Film préféré de tous les temps
48. Film d'aventure préféré
49. Film érotique préféré
50. Comédie romantique préférée
51. Comédie préférée
52. Film d'action préféré
53. Pièce de Broadway préférée
54. Comédie musicale préférée
55. Chanson de spectacle préférée
56. Race de chien préférée
57. Race de chat préféré
58. Animal préféré
59. Bandes dessinées préférées
60. Personnage drôle préféré
61. Dessins animés télévisés préférés
62. Personnage de dessins animés télévisés préféré
63. Artiste préféré
64. Style artistique préféré
65. Tableau préféré
66. Sculpture préférée
67. Héros/héroïne préférés
68. Modèle de rôle (personne vivant)
69. Modèle de rôle (fiction)
70. Athlète préféré
71. Sport préféré (à regarder)
72. Sport préféré (à faire)

Explorer ces questions pourrait vous permettre de mieux connaître les préférences de votre partenaire et ce qu'il ou elle apprécie moins. En parler pourrait vous rapprocher. Et le fait de connaître ces choses vous aide à mieux exprimer votre amour et à offrir des cadeaux plus appropriés.

Mémorisez cette liste, aussi

73. Style de vêtements préféré (pour lui ou elle-même)
74. Sport olympique préféré
75. Équipe sportive préférée
76. Jeu de société préféré
77. Préliminaires préférés (à recevoir)
78. Préliminaires préférés (à donner)
79. Position préférée
80. Ensemble sexy préféré (par le partenaire)
81. Ensemble sexy préféré (par lui ou elle-même)
82. Fantasme érotique préféré
83. Heure du jour préféré pour faire l'amour
84. Endroit du corps préféré pour l'érotisme

85. Musique préférée pour faire l'amour
86. Saison préférée
87. Heure de la journée préférée
88. Vacances préférées
89. Passe-temps préféré
90. Type de bijou préféré
91. Bijou préféré (argent, or ou platine)
92. Style de vêtements préféré (pour lui ou elle-même)
93. Style de vêtements préféré (par le partenaire)
94. Couturier préféré
95. Vêtements érotiques préférés (pour lui ou elle-même)
96. Vêtements érotiques préférés (par le partenaire)
97. Endroit préféré pour des vacances de rêve

98. Activité de vacances préférée
99. Ville préférée
100. Pays étranger préféré
101. Vin préféré
102. Champagne préféré
103. Bière préférée
104. Boisson gazeuse préférée
105. Façon préférée de passer un après-midi lent
106. Pièce préférée dans votre maison
107. Parfum préféré
108. Eau de toilette préférée
109. Marque de maquillage préférée
110. Arôme préféré
111. Personnage de fiction préféré
112. Personnalité historique préférée
113. Plus beau cadeau jamais reçu
114. Façon de relaxer préférée

115. Façon de se ressourcer préférée
116. Magasin préféré
117. Côté du lit préféré
118. Comédie de situation télévisée préférée
119. Drame télévisé préféré
120. Farce préférée
121. Compositeur classique préféré
122. Symphonie préférée
123. Opéra préféré
124. Album/CD préféré
125. Voiture préférée (marque et année)
126. Couleur de voiture préférée
127. Pierre précieuse préférée
128. Jour de la semaine préféré
129. Mois de l'année préféré

À l'unisson

488 Invitez-la à vous accompagner, lors de votre prochain voyage d'affaires. (Mais toujours faire des affaires, sans jouer un peu, rend un mari particulièrement ennuyeux.)

489 Lisez le journal du dimanche ensemble, au lit. Lisez les bandes dessinées à haute voix (utilisez les voix appropriées).

490 Explorez ensemble : les enchères, les marchés aux puces, les magasins d'articles d'occasion, les ventes de garages et les ventes de trottoir. Ces endroits sont idéaux pour trouver les babioles, les petites surprises et les cadeaux humoristiques.

491 Préparez un repas ensemble.

492 Rendez-vous ensemble dans une librairie. Achetez deux livres l'un pour l'autre :

❤ Un dont vous avez la certitude qu'il sera apprécié par votre partenaire.
❤ Un autre que vous voulez que votre partenaire lise.

LA FAMILIARITÉ N'ENGENDRE PAS LE MÉPRIS — C'EST L'ENNUI ET LE MANQUE DE CRÉATIVITÉ QUI ENGENDRENT LE MÉPRIS.

493 Asseyez-vous ensemble le premier jour de chaque mois et examinez vos horaires. Planifiez vos activités romantiques d'abord et vos autres réunions, rendez-vous et engagements ensuite. Les couples qui ont une relation A+ accordent à leur vie amoureuse la plus haute priorité.

UNE RELATION DE DÉPENDANCE EST MALSAINE. ELLE MÈNE À LA CODÉPENDANCE.

L'INDÉPENDANCE N'EST PAS MIEUX. POURQUOI ÊTRE EN COUPLE SI VOTRE OBJECTIF EST D'ÊTRE INDÉPENDANT ?

L'INTERDÉPENDANCE EST LE BUT À ATTEINDRE DES PERSONNES QUI VEULENT VIVRE UNE RELATION A+.

En duo

494 Certaines choses sont faites « pour deux »

- ♥ Les tandems
- ♥ Les sacs de couchage doubles
- ♥ Les voitures sport à deux places
- ♥ Une assiette de pupu chinois pour deux
- ♥ La sonate en *ré* majeur pour deux pianos, K. 448, de Mozart
- ♥ Les kayaks pour deux personnes
- ♥ Les soldes deux-pour-un des grands magasins
- ♥ Les plats deux-pour-un des restaurants
- ♥ Les duos : *Duos Dubois*
- ♥ Les causeuses

INDICATIF MUSICAL
DE CE CHAPITRE :
*DEUX PAR DEUX
RASSEMBLÉS,*
DE PIERRE LAPOINTE

495 De nombreux couples ont des serviettes coordonnées pour elle et lui. Voici les concepts qui peuvent résulter d'un peu de créativité :

- ♥ Des pyjamas coordonnés pour elle et lui
- ♥ Des bouteilles de vin blanc et rouge coordonnées pour elle et lui
- ♥ Des motocyclettes coordonnées pour elle et lui
- ♥ Des tee-shirts coordonnés pour elle et lui
- ♥ Des baise-en-ville coordonnés pour elle et lui (toujours prêts pour un voyage spontané)
- ♥ Des grandes tasses à café coordonnées pour elle et lui
- ♥ Des lanternes d'Halloween coordonnées pour elle et lui

D'AUTRES CHOSES
VIENNENT EN TANDEM :

LE *CONCERTO POUR DEUX PIANOS*
DE STRAVINSKY

LES CHANSONS À DEUX VOIX

LES CORNETS DE CRÈME GLACÉE À DEUX BOULES

LES BAINS TOURBILLONS POUR DEUX PERSONNE

LES SOLITAIRES DOUBLES

LES ALLIANCES

LES LITS DOUBLES

LES BALANÇOIRES

- ♥ Des chaises berçantes coordonnées pour elle et lui
- ♥ Des bicyclettes coordonnées pour elle et lui
- ♥ Des téléphones cellulaires coordonnés pour elle et lui
- ♥ Des Porsche coordonnées pour elle et lui
  (les millionnaires aussi ont besoin d'amour)
- ♥ Des coccinelles Volkswagen coordonnées pour elle et lui
  (l'amour pour nous, les gens ordinaires)
- ♥ Des raquettes de tennis coordonnées pour elle et lui
- ♥ Des tatous en forme de cœur coordonnés pour elle et lui
- ♥ Des décorations de Noël coordonnées pour elle et lui
- ♥ Des serviettes de plage coordonnées pour elle et lui

Deux (1)

496 On rencontre deux types de personnes dans le monde : Les gens qui s'attachent *aux détails* et les gens qui ont une *vue d'ensemble*.

Les premiers accordent leur attention aux petites choses. Les gens qui ont une vue d'ensemble accordent leur attention aux grandes lignes. Aucun des deux types ne vaut mieux que l'autre, il s'agit simplement des grandes tendances de certaines personnalités.

Si vous êtes une personne qui s'attache aux détails et que votre partenaire a une vue d'ensemble, ce sera beaucoup plus facile pour vous d'organiser des surprises romantiques. Vous êtes en effet de ces personnes qui effacent leurs traces et s'efforcent de porter attention aux petites choses qui pourraient être des indices et d'agir « normalement ». La personne qui a une vue d'ensemble ne remarquera pas les petites fuites. Si *vous* êtes celui ou celle qui a une vue d'ensemble, il faudra être très attentif quand vous voudrez faire des surprises romantiques. Les partenaires qui sont orientés vers les détails remarqueront chaque appel téléphonique inusité, chaque petit changement dans votre horaire et cet air malicieux sur votre visage!

 On rencontre deux types de personnes dans le monde :
Les personnes qui accordent de l'importance aux *objets*
et celles qui en accordent à l'*expérience*.

Les premières voient la manifestation de l'amour dans les objets, les choses : des roses, des bijoux, des ensembles de clés à douilles. Les gens qui accordent de l'importance à l'expérience voient, pour leur part, l'amour s'exprimer par le temps passé ensemble : les soupers, les films, le bowling. Aucun des deux types ne vaut mieux que l'autre, il s'agit simplement de préférences personnelles. Et il est intéressant de noter qu'aucune de ces préférences n'est liée au sexe.

> ON RENCONTRE DEUX TYPES DE PERSONNES DANS LE MONDE : LES PERSONNES QUI COÛTENT CHER — ET LES PERSONNES QUI SE CONTENTENT DE PEU. (POUR EN SAVOIR PLUS À CE SUJET, VOYEZ LE FILM *QUAND HARRY RENCONTRE SALLY*.)

Pourquoi devez-vous savoir ces choses? Parce que si votre partenaire est une personne qui accorde de l'importance aux objets et que vous allongez 250 $ dans un restaurant chic pour vivre une expérience élégante, elle s'attendra toujours à recevoir un *cadeau* à la fin de la soirée! Elle n'est pas égoïste, elle est seulement elle-même.

> ON RENCONTRE DEUX TYPES DE PERSONNES DANS LE MONDE :
>
> CELLES QUI PASSENT DES HEURES À TROUVER UNE DIFFÉRENCE DE TROIS SOUS DANS LE SOLDE DU COMPTE BANCAIRE — ET CELLES QUI ARRONDIRONT À LA CENTAINE LA PLUS PROCHE, JUSTE POUR DIRE.

Les gens qui accordent de l'importance aux objets apprécient ceux qui ont une *signification*. Les gens qui accordent de l'importance aux expériences apprécient celles qui laissent des souvenirs.

Astuce : Ne vous disputez pas à ce sujet. Aucun de vous ne changera jamais l'autre.

Deux (2)

498 On rencontre deux types de personnes dans le monde :
Des personnes qui se servent plus de *l'hémisphère gauche du cerveau* et des personnes qui se servent plus de *l'hémisphère droit du cerveau*.

Les gens qui se servent plus de l'hémisphère gauche du cerveau ont tendance à être plus logiques et plus analytiques. Ceux qui utilisent plus l'hémisphère droit sont émotifs et intuitifs. Le stéréotype culturel courant veut que les hommes soient logiques et les femmes émotives. Cela est souvent — mais pas toujours — vrai. Les études révèlent que cette généralisation s'avère chez environ 60 p. cent de la population. La leçon importante à retenir, pour les amoureux, est de traiter votre partenaire comme la personne unique qu'elle est, pas comme un stéréotype.

499 On rencontre deux types de personnes dans le monde : les gens qui dorment avec la fenêtre ouverte et ceux qui dorment avec la fenêtre fermée. Le point à retenir ici est le suivant : il ne s'agit pas de savoir qui a tort, qui a raison. Il s'agit d'accommoder les deux parties, de faire des compromis, d'apprécier les petites manies de l'autre et de rire beaucoup. (Et, concernant l'aspect plus pratique, une couverture électrique munie de deux systèmes de contrôle individuels pourrait être le cadeau qui vient au secours de votre relation.)

> On rencontre deux types de personnes dans le monde : les personnes qui ont un pied gauche, celles qui ont un pied droit et celles qui ont deux pieds gauches. Note : les personnes qui dansent bien et celles qui ne dansent pas sont toujours mariées ensemble. Personne ne sait pourquoi.

500 On rencontre deux types de personnes dans le monde : les oiseaux de jour et les oiseaux de nuit.

Les personnes matinales sortent du lit à l'aube et sont prêtes à entreprendre leur journée, qu'elles terminent vers 20 h. Les oiseaux de nuit commencent à fonctionner au crépuscule, travaillent mieux après minuit et dorment jusqu'à midi. N'invitez pas une personne matinale à sortir tard le soir — elle s'endormira. De bonnes promenades matinales et des petits déjeuners élégants leur conviennent mieux.

Ne servez pas de petits déjeuners au lit à des oiseaux de nuit. Ils brillent dans les soupers. Ils apprécient particulièrement les séances de cinéma tardives et faire l'amour à minuit.

On rencontre deux types de personnes dans le monde : Les personnes qui aiment les chats et celles qui aiment les chiens. Ne prenez aucun d'entre eux à la légère !

Dans le désordre, 99 des plus belles chansons d'amour du 20ᵉ (et du 21ᵉ) siècle (nᵒˢ 1 à 25)

À

1. You Are So Beautiful (To Me), Joe Cocker
2. Je t'aimais, je t'aime, je t'aimerai, Francis Cabrel
3. Unchained Melody, The Righteous Brothers
4. J'attendrai, Dalida
5. Unforgettable, Nat King Cole
6. Ils s'aiment, Daniel Lavoie
7. Colour My World, Chicago
8. Tu m'aimes-tu, Richard Desjardins
9. Something, The Beatles
10. T'es belle, Jean-Pierre Ferland
11. I Will Always Love You, Whitney Houston
12. Que reste-t-il de nos amours, Charles Trenet
13. Endless Love, Diana Ross & Lionel Richie
14. Just the Way You Are, Billy Joel
15. L'amour existe encore, Céline Dion
16. L'Hymne à l'amour, Édith Piaf
17. The One I Love, Frank Sinatra
18. Que je t'aime, Johnny Hallyday
19. Ma préférence, Julien Clerc
20. Ne me quitte pas, Jacques Brel
21. C'est si bon, Yves Montand
22. At Last, Etta James
23. My Heart Will Go On, Céline Dion
24. Les amoureux des bancs publics, Georges Brassens
25. (I've Had) The Time of My Life, Bill Medley et Jennifer Warnes

QUELLES SONT *VOS* DIX PLUS BELLES CHANSONS D'AMOUR?

POUR VOTRE INFORMATION : FRANK SINATRA A DÉJÀ DIT QUE LA PLUS BELLE CHANSON D'AMOUR JAMAIS ÉCRITE ÉTAIT *SOMETHING*. DES BEATLES.

Dans le désordre, 99 des plus belles chansons d'amour du 20ᵉ (et du 21ᵉ) siècle (nᵒˢ 26 à 50)

26. Up Where We Belong, Joe Cocker et Jennifer Warnes
27. Fields of Gold, Sting
28. La Bohème, Charles Aznavour
29. Besame Mucho, Consuelo Velásquez
30. All I Want Is You, U2
31. Ain't No Mountain High Enough, Diana Ross et The Supremes
32. Blessed, Christina Aguilera
33. Ma plus belle histoire d'amour, Barbara
34. My Valentine, Martina McBride
35. Plein de tendresse, Claude Dubois
36. Le baiser, Alain Souchon
37. Parlez-moi d'amour, Lucienne Boyer
38. A Sorta Fairytale, Tori Amos
39. Unchained Melody, Rodney McDowell
40. Via con me, Paolo Conte
41. Évangéline, Marie-Jo Thériault
42. A Moment Like This, Kelly Clarkson
43. Cet été je ferai un jardin, Clémence Desrochers
44. Devoted To You, Everly Brothers
45. Love Will Find Its Way to You, Reba McEntire
46. For the First Time, Kenny Loggins
47. When a Man Loves a Woman, Percy Sledge
48. Avec le temps, Léo Ferré
49. Doux, Marjo
50. Embraceable You from the musical Crazy for You.

Dans le désordre, 99 des plus belles chansons d'amour du 20ᵉ (et du 21ᵉ) siècle (nᵒˢ 51 75)

51. I Want You, I Need You, I Love You, Elvis Presley
52. Plaisir d'amour, Andrea Bocelli
53. Avril sur mars, Robert Charlebois
54. The Right Thing To Do, Carly Simon
55. Amor, amor, Tino Rossi
56. Je te réchaufferai, Charles Aznavour
57. I'll Be There for You, Bon Jovi
58. It Had to Be You, Harry Connick Jr.
59. L'essentiel, Ginette Reno
60. Escape, Enrique Iglesias
61. Missing You Now, Michael Bolton
62. D'aventures en aventures, Serge Lama
63. Quand on n'a que l'amour, Jacques Brel
64. Truly Madly Deeply, Savage Garden
65. Straight from the Heart, Bryan Adams
66. Suddenly, Olivia Newton-John et Cliff Richard
67. If You Asked Me To, Céline Dion
68. Il suffirait de presque rien, Serge Reggiani
69. Time In A Bottle, Jim Croce
70. Les uns contre les autres, Fabienne Thibault
71. Je t'appartiens, Gilbert Bécaud
72. You Are The Sunshine of My Life, Stevie Wonder
73. Vertige de l'amour, Alain Bashung
74. Dreams, The Cranberries
75. O sole mio, Luciano Pavarotti

VOTRE CHANSON SE TROUVE-T-ELLE DANS CETTE LISTE?

Dans le désordre, 99 des plus belles chansons d'amour du 20e (et du 21e) siècle (n°s 76 à 99)

76. Je l'aime à mourir, Francis Cabrel
77. Coming Around Again, Carly Simon
78. Je t'aime moi non plus, Serge Gainsbourg
79. Pour que tu m'aimes encore, Céline Dion
80. Head Over Heels, Tears for Fears
81. I Knew I Loved You, Savage Garden
82. Belle, Garou, Daniel Lavoie, Patrick Fiori
83. Un peu plus haut, un peu plus loin, Ginette Reno
84. I Just Want to be Your Everything, Andy Gibb
85. Maladie d'amour, Henri Salvador
86. I'm Your Angel, R. Kelly and Céline Dion
87. Pero te Extraño, Andrea Bocelli
88. Je reviens te chercher, Gilbert Bécaud
89. A Whole New World, Peabo Bryson et Regina Belle
90. Une chance qu'on s'a, Jean-Pierre Ferland
91. Say You'll Be Mine, Christopher Cross
92. Et maintenant, Gilbert Bécaud
93. You Sang to Me, Marc Anthony
94. Les vieux amants, Jacques Brel
95. Que je t'aime, Sylvain Cossette
96. S'il fallait, Marjo
97. Immensément, Robert Charlebois
98. Les feuilles mortes, Yves Montand
99. Wonderwall, Oasis

À VOTRE AVIS,
QUELLE CHANSON
DEVRAIT OCCUPER
LE CENTIÈME RANG?

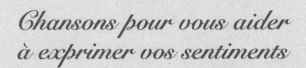

Chansons pour vous aider à exprimer vos sentiments

E

Amitié et appréciation
- Un peu d'amour, un peu d'amitié, Gilbert Bécaud
- D'amour et d'amitié, Corneille
- My Friend, Annie Palmer
- J'ai besoin d'un ami, Ginette Reno
- I'll Stand By You, The Pretenders

Amours naissantes
- When I Fall in Love, Céline Dion et Clive Griffin
- Innamoramento, Mylène Farmer
- Tomber, tomber en amour, Laurence Jalbert
- Tombé du ciel, Jacques Higelin
- Fallin', Alicia Keys

Nouvel amour
- J'ai rencontré l'homme de ma vie, Diane Dufresne
- Tombé d'amour, François Feldman
- Sweet Surrender, Sarah McLachlan
- The First Time Ever I Saw Your Face, Roberta Flack
- All My Loving, The Beatles

Amour et joie
- Nantucket, Daniel Lavoie
- It Had to Be You, Harry Connick Jr.
- Merveilleux, Françoise Hardy
- C'est beau la vie, Jean Ferrat
- The Way You Do the Things You Do, Temptations
- What a Wonderful World, Louis Armstrong

Douceur et charme
- Au commencement, Étienne Daho
- Before Your Love, Kelly Clarkson
- My Love, Paul McCartney et Wings
- Strange Magic, Electric Light Orchestra
- Nuit magique, Catherine Lara
- Plein de tendresse, Claude Dubois

Chansons pour vous aider à exprimer vos sentiments

F

Amour et tendresse
- Tendresse, Jacques Brel
- First Time Ever I Saw Your Face, Roberta Flack
- Be Without You, Mary J. Blige
- Docteur Tendresse, Daniel Lavoie
- Truly Madly Deeply, Savage Garden
- Je t'aime, Lara Fabian
- Evergreen, (from A Star Is Born), Barbra Streisand
- La tendresse, Marie Laforêt

Amour intense et passion
- Can't Take My Eyes Off You, Frankie Valli
- J't'aime comme un fou, Robert Charlebois
- Every Breath You Take, The Police
- Je l'aime à mourir, Francis Cabrel
- Fou d'amour, Johnny Hallyday
- Rock pour un gars de bicycle, Diane Dufresne
- I Will Always Love You, Whitney Houston
- If I Ain't Got You, Alicia Keys
- When a Man Loves a Woman, Percy Sledge
- Ziggy, Céline Dion

Solitude et ennui
- So Far Away, Carole King
- I Miss You, Incubus
- Tu me manques, Lara Fabian
- Je m'ennuie de toi, Mario Pelchat
- Je t'attends, Axelle Red
- Sans toi, Isabelle Boulay
- You've Lost That Lovin' Feeling, Daryl Hall et John Oates

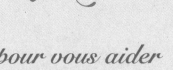

Chansons pour vous aider à exprimer vos sentiments

Rêve et désir
- Eden, Étienne Daho
- Ain't No Sunshine, Bill Withers
- Just Wanna Be With You, Enrique Iglesias
- Super Nana, Michel Jonasz
- How Can I Tell You, Cat Stevens
- S'il suffisait d'aimer, Céline Dion
- If Ever You're in My Arms Again Peabo Bryson
- L'impossible rêve, Jacques Brel
- Désir, désir, Alain Voulzy
- Until the Night, Billy Joel
- Urgent désir, Lara Fabian
- Le songe d'une nuit d'été, Mendelssohn
- You Take My Breath Away, Queen

Pardonne-moi/ Ne me quitte pas
- Baby Come Back, Player
- Ne me quitte pas, Jacques Brel
- Hard to Say I'm Sorry, Chicago
- Je suis sous, Claude Nougaro
- J'veux pas que tu t'en ailles, Michel Jonasz
- Please Forgive Me, David Gray

Légèreté et façon unique d'exprimer l'amour
- En famille, Mes Aïeux
- Crazy Little Thing Called Love, Queen
- My Love, Justin Timberlake
- Le coup de soleil, Richard Cocciante
- Désillusionniste, Maurane
- If I Had a Million Dollars, Barenaked Ladies
- Les temps fous, Daniel Bélanger
- Avril sur mars, Robert Charlebois
- Your Body Is a Wonderland, John Mayer
- Silly Love Songs, Paul McCartney and Wings
- When I'm Sixty-Four, The Beatles

Chansons pour vous aider à exprimer vos sentiments

Dévouement et engagement
- Ain't No Mountain High Enough, Diana Ross
- An Everlasting Love, Andy Gibb
- Saches que je, Jean-Jacques Goldman
- Quand j'aime une fois, j'aime pour toujours, Richard Desjardins
- Love of My Life, Santana and Dave Matthews
- L'un pour l'autre, Maurane
- Parce que c'est toi, Axelle Red
- Rien ne vaut vous, Serge Lama
- Oui, je veux, Johnny Hallyday
- Say You'll Be Mine, Christopher Cross
- You're My Everything, The Temptations

Adoration
- Tu es ma came, Carla Bruni-Sarkozy
- Adore You, Nikki Hassman
- I Just Want to be Your Everything, Andy Gibb
- Je t'ai dans la peau, Édith Piaf
- My Love, Paul McCartney et Wings
- Tu es mon autre, Lara Fabian et Maurane

Anniversaires et célébrations
- 40 ans, Michel Sardou
- The Anniversary Song, Richard Tucker
- A Celebration, U2
- La fête, Michel Fugain
- Gens du pays, Gilles Vigneault
- Our Love Is Here to Stay, Harry Connick, Jr.

Touchant
- L'amour existe encore, Céline Dion
- All I Want Is You, U2
- Les fourmis rouges, Michel Jonasz
- Je l'aime à mourir, Francis Cabrel

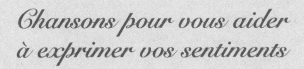

Chansons pour vous aider à exprimer vos sentiments

Chansons suggestives

- Moi, je t'aimerai, Pierre Lapointe
- Lay Lady Lay Bob Dylan
- Quand est-c'qu'on fait l'amour?, Serge Lama
- Makin' Whoopee! Eddie Cantor
- Waiting for Tonight, Jennifer Lopez
- Je t'aime moi non plus, Serge Gainsbourg et Jane
- Quand ton corps touche, Richard Desjardins

Désir et attirance sexuelle

- Afternoon Delight, Starland Vocal Band
- À tes seins (Saint Thomas), Claude Nougaro
- J'ai envie de toi, Pierre Bachelet
- Desire, U2
- I Really Want You, James Blunt
- Quelqu'un qui m'excite, Nanette Workman
- In Your Eyes, Peter Gabriel
- Slave to Love, Bryan Ferry
- Provocante, Marjo

Passion brûlante

- I'll Make Love to You, Boyz II Men
- La vie en rose, Édith Piaf
- Illégal, Marjo
- Hot Stuff, Donna Summer
- I Do What I Do, John Taylor
- J'tombe amoureuse, Diane Dufresne
- Kiss You All Over, Exile
- Hold Me, Thrill Me, Kiss Me, Kill Me, U2
- Air de Carmen, tiré de l'opéra Carmen, de Georges Bizet
- Violente Passion, Charlélie Couture

Chansons pour vous aider à exprimer vos sentiments

Chansons d'amour de style country

- Un amour qui ne veut pas mourir, Renée Martel
- Amazed, Lonestar
- Je t'attendrai toujours, Les fabuleux élégants
- Everything I Love, Alan Jackson
- Quand on est en amour, Patrick Norman
- He Stopped Loving Her Today, George Jones
- Tu m'as manqué, Bourbon Gautier
- I'll Always Love You, Dolly Parton
- Let's Make Love, Tim McGraw et Faith Hill
- Saskatchewan, Les Trois Accords
- Love Me Like You Used To, Tanya Tucker
- Love Will Find Its Way to You, Reba McEntire
- Your Everything, Keith Urban
- She's in Love with the Boy, Trisha Yearwood
- Quand j'aime une fois, j'aime pour toujours, Richard Desjardins
- Te chercher la lune, La Chicane
- Je t'aime, Patrick Norman

- Unchained Melody, Rodney McDowell
- L'arbre est dans ses feuilles, Zachary Richard

Chansons d'amour qui encensent les femmes

- Femmes de rêve, Claude Dubois
- Femme, femme, femme, Serge Lama
- Oh, Pretty Woman, Roy Orbison
- She's a Lady, Tom Jones
- Three Times a Lady, The Commodores
- Femme, je vous aime, Julien Clerc

Parmi les plus beaux duos

A Whole New World, Peabo Bryson et Regina Belle

♥ Ain't No Mountain High Enough, Marvin Gaye et Tammi Terrell

♥ Ain't Nothing Like the Real Thing, Marvin Gaye et Tammi Terrell

♥ T'es mon amour, t'es ma maîtresse, Ginette Reno et Jean-Pierre Ferland

♥ Tue-moi, Céline Dion et Dan Bigras

♥ Beauty and the Beast, Céline Dion et Peabo Bryson

♥ D'aventures en aventures, Serge Lama et Isabelle Boulay

♥ The Closer I Get to You, Roberta Flack et Donny Hathaway

♥ Je vis pour elle, Andrea Bocelli et Hélène Segara

♥ Les peaux de lièvres, Tricot Machine

♥ I Finally Found Someone, Bryan Adams and Barbra Streisand

♥ I Got You Babe, Sonny et Cher

♥ Quand tu m'aimes, Charles Aznavour et Isabelle Boulay

♥ Sous le vent, Céline Dion et Garou

♥ If, Étienne Daho et Charlotte Gainsbourg

♥ Puisque vous partez en voyage, Françoise Hardy et Jacques Dutronc

♥ Leather and Lace, Stevie Nicks et Don Henley

♥ Broken, Amy Lee et Seether

♥ Belle, Daniel Lavoie, Garou, Patrick Fiori

♥ Requiem pour un fou, Lara Fabian et Johnny Hallyday

♥ Lindbergh, Robert Charlebois et Louise Forestier

♥ Put a Little Love in Your Heart, Annie Lennox et Al Green

♥ Les yeux du coeur, Marjo et Gerry Boulet

♥ Somewhere Out There, Linda Ronstadt et James Ingram

♥ Then Came You, Dionne Warwick et the Spinners

♥ Tonight, I Celebrate My Love, Peabo Bryson et Roberta Flack

♥ I'm Your Angel, Céline Dion et R. Kelly

♥ What Kind of Fool, Barbra Streisand et Barry Gibb

♥ Where is the Love, Roberta Flack et Donny Hathaway

♥ Aimons-nous, Luce Dufault et
Bruno Pelletier
♥ You're All I Need to Get By,
Marvin Gaye et Tammi Terrell

ET QUELQUES AUTRES BEAUX
DUOS ROMANTIQUES :

♥ WITH YOU I'M BORN AGAIN,
BILLY PRESTON ET SYREETA
♥ À UN CŒUR DE CRISTAL,
RENÉE MARTEL ET RICHARD DESJARDINS
♥ LE VENT BLEU, MARIE-ÉLAINE THIBERT ET DAN BIGRAS
♥ SOMETHIN' STUPID, NANCY SINATRA ET FRANK
SINATRA
♥ SUDDENLY, OLIVIA NEWTON-JOHN ET CLIFF
RICHARD
♥ UN CUORE MALATO,
GIGI D'ALESSIO ET LARA FABIAN
♥ L'AMOUR EXISTE ENCORE,
CÉLINE DION ET

Plus belles chansons d'amour de Broadway

L

- Almost Like Being in Love, de *Brigadoon*
- Can't Help Loving Dat Man, de *Showboat*
- Blues du businessman, de *Starmania*
- Embraceable You, de *Crazy for You*
- Aime-moi pour qui je suis, de *La légende de Jimmy*
- I Have Dreamed, de *Le roi et moi*
- I Wanna Be Loved By You, de *Good Boy*
- Les uns contre les autres, de *Starmania*
- I've Never Been in Love Before, de *Guys et Dolls*
- Danse mon Esmeralda, de *Notre-Dame de Paris*
- Love, Look Away, de *Flower Drum Song*
- Étranges étrangers, de *Dracula – Entre l'amour et la mort*
- Entre elle et moi, de *Sand et les romantiques*
- Le chant de l'alouette, de *Roméo et Juliette*
- On the Street Where You Live, de *My Fair Lady*

- People, de *Funny Girl*
- Belle, *de Notre-Dame de Paris*
- Ne me quitte pas, de *Les parapluies de Cherbourg*
- So in Love, de *Embrasse-moi chérie*
- They Say It's Wonderful, de Annie la reine du cirque
- This Can't Be Love, de *The Boys from Syracuse*
- Mina, de *Dracula – Entre l'amour et la mort*
- Wishing You Were Somehow Here Again, de *Le fantôme de l'opéra*
- Try to Remember, de *The Fantastics*
- What Did I for Love, de *A Chorus Line*
- Un monde à nous, de *Cindy*
- Une bonne action, de *La mélodie du bonheur*

Les meilleurs films et les couples les plus romantiques du cinéma

Les films les plus romantiques de tous les temps

- ♥ Autant en emporte le vent
- ♥ Casablanca
- ♥ Cœur sauvage
- ♥ Danse lascive
- ♥ Danse ta vie
- ♥ Diamants sur canapé
- ♥ Docteur Jivago
- ♥ Il était une fois… La princesse Bouton d'Or
- ♥ Mémoires d'une geisha
- ♥ Mon fantôme d'amour
- ♥ Nos plus belles années
- ♥ Les pages de notre amour
- ♥ Pour le pire et pour le meilleur
- ♥ Quand Harry rencontre Sally
- ♥ Quelque part dans le temps
- ♥ Shakespeare in Love
- ♥ Tant qu'il y aura des hommes
- ♥ The Bodyguard
- ♥ Titanic
- ♥ Top gun
- ♥ Vacances romaines

Films qui nous ont fait connaître les couples les plus romantiques de tous les temps au cinéma

- ♥ La belle de Saigon (Gable et Harlow)
- ♥ Nuits blanches à Seattle (Ryan et Hanks)
- ♥ Carioca (Astaire et Rogers)
- ♥ Le Danseur du dessus (Astaire et Rogers)
- ♥ Le Chant du printemps (MacDonald et Eddy)
- ♥ Amants (MacDonald et Eddy)
- ♥ L'amour frappe Andy Hardy (Garland et Rooney)
- ♥ Une jolie femme (Gere et Roberts)
- ♥ Le port de l'angoisse (Bogart et Bacall)
- ♥ L'invincible armada (Leigh et Olivier)
- ♥ Cléopâtre (Burton et Taylor)
- ♥ Les feux de l'été (Newman et Woodward)
- ♥ La femme de l'année (Hepburn et Tracy)

QUELS SONT VOS FILMS PRÉFÉRÉS?

QUI SONT VOS AMANTS PRÉFÉRÉS À L'ÉCRAN?

Les meilleures comédies romantiques

N°

- 10
- 40 ans et encore puceau
- Annie Hall
- Arthur
- Bridget Jones : l'âge de raison
- Confidences sur l'oreiller
- Coup de foudre à Notting Hill
- Crocodile Dundee
- Deux drôles d'oiseaux
- Fais comme chez toi
- Fleur de cactus
- Frankie et Johnny
- Garden State
- House calls
- Il était une fois…
  La princesse Bouton d'Or
- L'amour extra-large
- La chose sûre
- La chouette et le pussycat
- La fracture du myocarde
- La mariée en fuite
- La vie en mauve
- Le feu sur la glace
- Le jour de la marmotte
- Le journal de Bridget Jones
- Le mariage de mon meilleur ami
- Les choses de l'amour
- Les meilleurs amis
- Mariage à la grecque

- Merci d'avoir été ma femme
- Modern Romance
- Mr. Jones
- Onde de choc
- Oublions Paris
- Polly et moi
- Réellement l'amour
- Reuben, Reuben
- Risky business
- Shirley Valentine
- Terrain d'entente
- Tombe les filles et tais-toi
- Tootsie
- Tout peut arriver
- Transamerica Express
- Un couple à la mer
- Un soupçon de vison
- Une maîtresse dans les bras,
  une femme sur le dos
- Vous avez un message

De bons films à voir à deux

♥ 40 jours, 40 nuits
♥ 50 premiers rendez-vous
♥ À la manière de Carlito
♥ À tout jamais
♥ Aladdin
♥ Anna Karénine
♥ Au nom d'Anna
♥ Basic Instinct
♥ Bons baisers de France
♥ Braveheart
♥ Butch Cassidy et le Kid
♥ Camelot
♥ Casbah
♥ Ce soir, tout est permis
♥ Chapitre deux
♥ Comment perdre son mec en dix jours
♥ Couple de stars
♥ Dance With Me
♥ Danse avec les loups
♥ De grandes espérances (Paltrow et Hawke)
♥ Diamants sur canapé
♥ Don Juan DeMarco
♥ Empire records
♥ Entre deux rives
♥ Folies de graduation
♥ Gigi
♥ Kate et Léopold
♥ La Belle et la Bête

♥ La famille Stone
♥ La rupture
♥ Le bon, la brute et le truand
♥ Le cercle des amies
♥ Le patient anglais
♥ Le président et Miss Wade
♥ Légendes d'automne
♥ Les épices de la passion
♥ Les pieds sur terre
♥ Les vacances
♥ Milliardaire malgré lui
♥ Pour un garçon
♥ Quatre mariages et un enterrement
♥ Soupçons
♥ Un été sur terre
♥ Un vent de folie
♥ Une place au soleil
♥ Victoire sur la nuit

QUEL FILM RESSEMBLE LE PLUS À VOTRE PROPRE HISTOIRE D'AMOUR?

(D'autres) bons films à voir à deux

P

- 9 semaines et demi
- Adorable vision
- Amantes
- Amours et déceptions
- Ce que veulent les femmes
- Chanteur de noces
- Chérie vote pour moi
- Comme au bon vieux temps
- Coup de foudre à Manhattan
- Éclair de lune
- Elle a tout pour elle
- Entre chiens et chats
- Fashion victime
- Je n'aime que toi
- L'amour à tout prix
- L'amour sans préavis
- La fièvre dans le sang
- La fièvre du samedi soir
- La guerre des étoiles
- La maison du lac
- La rumeur court
- Le come-back
- Les feux de l'été
- Les oiseaux se cachent pour mourir
- Les portes du destin
- Lonesome Dove
- Love (et ses petits désastres)
- Mickey les yeux bleus
- Mr. Skeffington
- Neuf mois aussi

- Nuits blanches à Seattle
- Oklahoma!
- Les pages de notre amour
- Parfum de femme
- Phénomène
- Réalité mordante
- Reviens-moi
- Sabrina (avec Julia Ormand et Harrison Ford)
- Souvenirs d'Afrique
- Temps d'automne
- Un amour à New York
- Un baiser, enfin!
- Un beau jour
- Un mariage trop parfait
- Une bouteille à la mer
- Une jolie femme
- Une vie à deux

À HOLLYWOOD, « L'AMOUR CONQUIERT TOUT » — MÊME LA GUERRE — ET, EN 1999, L'OSCAR DU MEILLEUR FILM A ÉTÉ ATTRIBUÉ À *SHAKESPEARE IN LOVE* ET NON À *IL FAUT SAUVER LE SOLDAT* RYAN.

Idées de cadeaux (1)

501 Achetez-lui quelque chose qu'elle a toujours voulu, mais qu'elle n'a jamais osé se procurer… parce que c'est trop cher, pas assez pratique, trop bizarre, que ce serait trop se gâter.

502 Les boîtes à musique! Vous les trouverez dans les boutiques de cadeaux ou demandez le catalogue de la San Francisco Box Company. Composez le 1-800-227-2190 ou visitez le www.sfmusicbox.com. Leurs boîtes à musique sont magnifiques et vous pouvez choisir parmi des centaines de chansons.

503

- ♥ Le cadeau : un flacon de parfum « Passion »
- ♥ L'activité : une nuit de passion
- ♥ La musique d'accompagnement : *Passion*, de Rod Stewart

- ♥ Le cadeau : bijou en toc
- ♥ Le commentaire : « Le diamant est *faux* — mais l'amour, lui, est *véritable.* »
- ♥ La musique d'accompagnement : *Diamond Girl*, de Seals & Croft

- ♥ Le cadeau : un cactus en pot
- ♥ Le commentaire : « Je m'accroche à toi. »
- ♥ La musique d'accompagnement : *Stuck on You*, de Lionel Richie

504 Ne mérite-t-il pas un trophée pour être « le meilleur amant au monde »? Ne mérite-t-elle une tasse d'amour pour souligner sa dernière réalisation?

Les boutiques de trophées ont une pléthore d'idées qui vous attendent. Pensez seulement aux nombreuses possibilités de plaques, de médailles, de rubans, de plaques nominatives, de certificats et de bannières. Et ces objets peuvent tous être personnalisés, gravés, lettrés ou ornés de monogrammes.

QUELLE EST LA DIFFÉRENCE ENTRE UN *CADEAU* ET UN *PRÉSENT*?

Idées de cadeaux (2)

505 Les chansons et les films romantiques vont bien ensemble :

💗 Trouvez la chanson *Some Enchanted Evening*, de Jay & the Americans —
💗 Et louez le film *South Pacific*, dans lequel vous l'entendrez.
💗 Ou — surprenez votre partenaire en lui offrant des billets pour la comédie musicale.

💗 💗 💗

💗 Trouvez la chanson *Summer Nights*, de John Travolta et Olivia Newton-John —
💗 Et louez le film *Grease*, dans lequel vous l'entendrez.
💗 Ou — surprenez votre partenaire en lui offrant des billets pour la comédie musicale.

« L'AMOUR NE SE VOIT PAS AVEC LES YEUX, MAIS AVEC L'ÂME; ET VOILÀ POURQUOI L'AILÉ CUPIDON EST PEINT AVEUGLE. »
— WILLIAM SHAKESPEARE

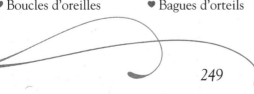

IRVING POURRAIT ME DONNER CE BRACELET POUR LA SAINT-VALENTIN ET DIRE QU'IL SYMBOLISE LE CERCLE PARFAIT DE NOTRE AMOUR.

IL POURRAIT ME DONNER CE CALENDRIER POUR ILLUSTRER TOUS LES JOURS QU'IL VEUT QUE NOUS PASSIONS ENSEMBLE... DES GANTS, POUR ME TENIR LA MAIN... DES VITAMINES POUR EXPRIMER À QUEL POINT J'AI ENRICHI SA VIE... ET UNE FLEUR POUR LE BÉGUIN QU'IL A POUR MOI.

IL POURRAIT CRÉER UNE PIÈCE AVEC DU PAPIER COLLANT POUR ILLUSTRER SON ATTACHEMENT OU DÉCHIRER UN MORCEAU DE PAPIER MOUCHOIR EN DEUX POUR ME REDIRE QUE JE SUIS SA DOUCE MOITIÉ!

C'EST PRESQUE IMPOSSIBLE DE DONNER UN CADEAU QUI N'A AUCUNE SIGNIFICATION.

506 Offrez-lui toute une *gamme* de bijoux :

💗 Bagues
💗 Bracelets
💗 Colliers
💗 Boucles d'oreilles

💗 Montres
💗 Épinglettes
💗 Bracelets de chevilles
💗 Bagues d'orteils

💗 Accessoires pour les cheveux
💗 Bagues pour le nombril

GREGORY J.P. GODEK

Cadeaux pour les nuls

507 N'offrez pas de cadeaux pratiques. Les appareils ménagers sont magnifiques, *mais n'en offrez pas comme cadeaux d'anniversaires de naissance ou de mariage, ou pour tout autre événement qui pourrait avoir une connotation romantique.* (Un ami l'a appris à ses dépens. Pour leur tout premier Noël ensemble, il a offert à son épouse … un balai électrique. Elle en parle encore… trente-sept ans plus tard.)

> EXCEPTIONS À LA RÈGLE « PAS DE CADEAUX PRATIQUES » :
> 1) DES USTENSILES DE CUISINE GOURMET POUR LES CUISINIERS.
> 2) DES OUTILS DE JARDINAGE POUR LES JARDINIERS
> 3) DES OUTILS POUR LES BRICOLEURS (OU LES FEMMES).

508 N'oubliez pas les bracelets à breloques. Ils ravivent de bons souvenirs et représentent une idée pour chaque occasion.

509 Cadeaux pour *elle* : tout ce qui vient de Fruits & Passion. Je vous en donne ma parole. Rendez-vous dans la boutique de produits pour le bain le plus proche ou composez le 1-800-276-9952. Vous pouvez aussi visiter le http://ca.fruits-passion.com.

510 Il était maniaque du golf. Elle, chocolatomane. Elle lui a offert un putter Ping qu'elle a fait graver de l'inscription suivante :

« Je t'aime plus que le chocolat. »

Il lui a donné douze boîtes de balles de golf en chocolat. Le petit mot qui se trouvait à l'intérieur se lisait comme suit :

« Je t'aime plus que le golf. »

> DISCUTEZ DU CHAPITRE « MÉMORISEZ CETTE LISTE » AVEC VOTRE PARTENAIRE. CELA POURRAIT VOUS DONNER L'INSPIRATION NÉCESSAIRE POUR DE BONNES IDÉES DE CADEAUX.

Emballage de cadeaux pour les nuls

511 Papier d'emballage créatif :

- ♥ Utilisez les bandes dessinées de votre journal du dimanche comme papier d'emballage.
- ♥ Utilisez les cartons de crème glacée Häagen-Dazs pour en faire des boîtes.
- ♥ Utilisez des *fleurs véritables* à la place des boucles.

512 Soyez prêts à *emballer* vos cadeaux. Rappelez-vous : la *présentation* est presque aussi importante que le cadeau lui-même. Vous vous desservez grandement, de même que votre partenaire, lorsque vous être trop nonchalant dans la manière d'offrir vos cadeaux et vos présents. Les présents bien enveloppés ont *deux fois* l'impact de ceux qui sont mal présentés. Conséquemment, ayez toujours de bonnes provisions de papier d'emballage, de boucles, de rubans et de boîtes, en tout temps.

513 Emballez le cadeau que vous offrez pour votre anniversaire de mariage avec du papier de mariage.

514 Achetez *plusieurs* boîtes en forme de cœur contenant des chocolats de la Saint-Valentin. Retirez les chocolats et *réservez les boîtes* pour les utiliser plus tard dans l'année. (Note : il presque *impossible* de trouver des boîtes en forme de cœur en un autre temps qu'au début du mois de février.) Utilisez ces boîtes élégantes lors de la présentation de cadeaux et de surprises pour les anniversaires de naissance et de mariage.

« DONNER N'A
JAMAIS APPAUVRI
PERSONNE. »
—ANNE FRANK

Télévision

515 En ce qui concerne la télévision, le moins vaut le plus. Maintenant, je ne m'attends pas à ce que vous réduisiez votre consommation de télévision à zéro. (Le ciel nous en préserve!) Voici donc une approche réaliste pour vous permettre de réduire votre dépendance à la télévision et de trouver beaucoup plus de temps libre pour vous et votre partenaire.

> DÉFINITION DE « L'AMOUR EN VITESSE » : FAIRE L'AMOUR PENDANT UNE PAUSE PUBLICITAIRE.

- ♥ Choisissez trois émissions que vous regardez habituellement, mais dont vous pourriez facilement vous passer. Retirez-les toutes les trois.
- ♥ Ne regardez aucune reprise!
- ♥ Si vous regardez les nouvelles, effectuez des tâches ménagères en même temps. Les informations ne requièrent pas toute votre attention et le fait de multiplier les tâches maintenant vous permettra d'épargner du temps plus tard.
- ♥ Ne regardez aucune émission pendant sa diffusion. Enregistrez tout ce que vous voulez voir sur votre magnétoscope ou votre DVR. Premièrement, vous éviterez les pauses commerciales, ce qui vous permettra d'économiser onze minutes de votre précieux temps par heure d'écoute. Deuxièmement, vous contrôlerez le moment où vous regardez la télévision.

516 En avez-vous assez de toujours courir au magasin de vidéos pour avoir votre dose de films romantiques? Pourquoi ne pas tout simplement regarder les classiques sur la chaîne Siver Screen Classics, de Bell Express Vu, laquelle se spécialise dans la présentation de films des années 1930 à 1960.

517 Faites un enregistrement audio à la *Mission impossible* :

> INVENTEZ UNE SURPRISE ROMANTIQUE EN VOUS INSPIRANT DE L'ÉMISSION PRÉFÉRÉE DE VOTRE PARTENAIRE.

- ♥ «Votre mission, si vous l'acceptez, sera de vous rendre à l'élégant Café Huppé, demain soir à 19 h, et d'y retrouver un bel étranger à la chevelure foncée pour un souper romantique. Je suggère que vous endossiez le rôle d'une beauté mystérieuse et ravissante. »
- ♥ Laissez une note sur votre enregistreuse : «Joue-moi ».

Radio

518 Appelez une station de radio locale et demandez qu'une chanson d'amour en particulier soit dédiée à votre douce moitié. Assurez-vous qu'elle soit à l'écoute!

519 Faites de vos samedis soirs un rendez-vous hebdomadaire pour écouter en ligne les spectacles de l'humoriste le plus romantique des États-Unis, Garrison Keillor, tous les vendredis et samedis soirs, sur http://origin-prairiehome.publicradio.org/programs/schedule.

520 Si votre partenaire aime chanter dans la douche ou en même temps que ce qui passe à la radio, dans l'auto, voici une bonne idée de cadeau pour lui ou elle : un logiciel de karaoké qui retire, de façon électronique, la voix principale d'un enregistrement stéréo, d'une cassette ou d'un CD, tout en y laissant l'accompagnement. Visitez le www.mtu.com pour vous procurer un éliminateur de voix.

POUR VOUS AIDER À CRÉER LA PISTE SONORE DE VOTRE PROPRE HISTOIRE D'AMOUR, RAPPORTEZ À LA MAISON, UNE FOIS PAR MOIS, DE LA NOUVELLE MUSIQUE :

JANVIER : *POWER OF LOVE*, LUTHER VANDROSS
FÉVRIER : *COME AWAY WITH ME*, NORAH JONES
MARS : *FOREVER FRIENDS*, JUSTO ALMARIO
AVRIL: *DISTANT FIELDS*, GARY LAMB
MAI : *NO NAME FACE*, LIFEHOUSE

 De nombreuses personnes m'ont dit que leurs meilleurs souvenirs romantiques sont associés à la voiture. Lors de nos rendez-vous, nous avons tous effectué l'aller et le retour avec la radio allumée. Nous nous sommes stationnés sur la Voie des amoureux, la radio assurant la musique d'ambiance.

Ravivez ces souvenirs romantiques en créant un CD personnalisé de la musique populaire de l'époque où vous vous fréquentiez.

❤ Insérez le CD dans le lecteur de sa voiture. Réglez-le de façon à ce que la première chanson commence, aussitôt qu'elle aura mis la clé dans le système d'allumage. (Quelle bonne surprise!)
❤ Ou allez faire une balade à la campagne en écoutant le CD ensemble. (Quel rendez-vous nostalgique agréable!)

JUIN : *LIVIN' INSIDE YOUR LOVE*, GEORGE BENSON
JUILLET : *SUN SINGER*, PAUL WINTER
AOÛT : *THE EMANCIPATION OF MIMI*, MARIAH CAREY
SEPTEMBRE : *HEART STRING*, EARL KLUGH
OCTOBRE : *OPENINGS*, WILLIAM ELLWOOD
NOVEMBRE : *TEN SUMMONER'S TALES*, STING
DÉCEMBRE : *SOMETHING OF TIME*, NIGHTNOISE

522

- ❤ 1-866-683-3885 – pour des bouquets de ballons
- ❤ 1-866-639-4242 – souper-croisières sur le fleuve Saint-Laurent
- ❤ 1-800-214-9463 – vin dont l'étiquette est personnalisée
- ❤ 1-888-434-4350 – romans-photos personnalisés
- ❤ 1-866-529-2079 – Vacances Air Canada pour couples seulement
- ❤ 514-284-2552 – Magazine *Mariage Québec*
- ❤ 1-800-919-3990 – Brisa Music
- ❤ 1-800-322-0344 – cadeaux de la Smithsonian Institution
- ❤ 1-800-829-2327 – ours en peluche fabriqués à la main
- ❤ 1-800-LOVEBOAT – croisières de Princess Cruises
- ❤ 1-866-462-4495 – jeux et casse-têtes
- ❤ 1-866-683-3885 – paniers de délices
- ❤ 418-337-7675 – activités de ressourcement Vivre et aimer (organisme affilié à Marriage Encounter)
- ❤ 1-888-495-2289 – lingerie
- ❤ 819-566-6526 – encore de la lingerie
- ❤ 1-800-888-8200 – et encore de la lingerie
- ❤ 1-800-327-3633 – abonnement à la publication *Travel Smart Newsletter*
- ❤ 1-800-361-9043 – voyages d'aventure
- ❤ 1-800-969-6851 – casse-têtes géants
- ❤ 1-800-637-0098 – cadeaux pour avocats
- ❤ 1-800-862-8537 – aventures en ballon en Europe
- ❤ 1-888-265-7673 – fleurs

INDICATIF MUSICAL DE CE CHAPITRE : *CALL YOU*, DE REEL BIG FISH

523

- ♥ www.jic.com – apprendre à choisir des bijoux de qualité
- ♥ www.canadianflowershop.ca – fleurs
- ♥ www.lamusefleuriste.ca – fleuriste designer
- ♥ www.threestooges.com – produits des Trois Stooges – *nyuk, nyuk, nyuk*
- ♥ www.eroticprints.org – information sur *The Erotic Print Society* et bien d'autres choses!
- ♥ www.perfumania.com – un très, très grand choix de parfums
- ♥ www.victoriassecret.com – lingerie
- ♥ www.cdnow.com – CD de musique
- ♥ www.virginmega.com – d'autres CD de musique
- ♥ www.lepanierdesdelices.com – chocolat Godiva, entre autres
- ♥ www.francoischarron.com – LE site techno du Québec
- ♥ www.imdb.com – *Internet Movie Database*
- ♥ www.sciencepresse.qc.ca – livres rares et éditions épuisées
- ♥ www.microapplication.ca – romans-photos personnalisés
- ♥ www.bibliopolis.net/claq/ - livres anciens et d'occasion
- ♥ www.playbacksurmesure.com – chansons personnalisées
- ♥ www.chlorophylle.net – vêtements de plein air fabriqués au Québec
- ♥ www.ebay.com – toutes sortes de choses à l'encan
- ♥ www.bestfares.com – club de voyages international
- ♥ www.luxurylink.com – voyages de luxe mis à l'encan
- ♥ www.innfinder.com – auberges de partout au Canada et aux États-Unis
- ♥ www.bedandbreakfast.com – encore d'autres gîtes, partout dans le monde
- ♥ www.virtualflorist.com – bouquets virtuels et messages
- ♥ www.travelocity.ca – arrangements de voyages à bas prix
- ♥ www.hotels.ca – chambres d'hôtel abordables

Concepts (1)

524 Connaissez-vous la différence entre « urgent » et « important » ?

Les confondre vous amène à perdre de vue vos véritables priorités et ce qui compte réellement dans la vie.

Ce qui est *urgent* demande une attention *immédiate* : échéances, détails, et priorités à court terme. Cela peut représenter ce qui est important pour vous, mais il s'agit plus souvent de ce qui est important pour les *autres*.

Ce qui est *important* reflète *vos* priorités et *vos* valeurs. Comme sa nature se situe plus à long terme, l'important est plus facile à reporter.

L'amour est *important* — les problèmes de la voiture sont urgents. Méfiez-vous de l'*urgent* : il pourrait éclipser ce qui est important dans votre vie !

> CONCEPT
> *TRÈS IMPORTANT*

525 Une « relation » est une entité. Il s'agit d'une chose croissante, vivante. Et ce n'est pas qu'une métaphore poétique : je le pense vraiment. Une *relation* est quelque chose de nouveau que deux personnes choisissent de créer quand elles décident de devenir un couple. La relation, bien que liée à chacun des individus, est toujours séparée d'eux. (Il y a *toi*, il y a *moi*, puis il y a cette chose mystérieuse, indéfinissable, invisible, quoique très réelle, que nous appelons *nous*.) Et comme chaque personne a individuellement besoin de temps, d'attention et de soins, il en est de même de la relation.

GREGORY J.P. GODEK

526 Méfiez-vous du phénomène appelé «entropie de la relation» — la tendance selon laquelle les relations deviennent plus diffuses si on ne prend pas la peine de les soigner et de les nourrir; la tendance selon laquelle des amoureux, déjà très proches, s'éloignent l'un de l'autre, s'ils ne consacrent pas les efforts nécessaires sur une base régulière.

ÊTES-VOUS COINCÉ DANS UNE «IMPASSE ROMANTIQUE» — OÙ CHAQUE PARTENAIRE SE RETIENT, ATTENDANT QUE L'AUTRE FASSE LES PREMIERS PAS? PENSEZ-Y : FAIRE LES PREMIERS PAS N'ÉQUIVAUT PAS À DÉPOSER LES ARMES — EN REVANCHE, C'EST LA CHOSE LA PLUS ASSERTIVE, LA PLUS ROMANTIQUE ET LA PLUS RISQUÉE. (CE N'EST CERTES PAS UN SIGNE DE FAIBLESSE POUR MOI!)

Concepts (2)

527 Les relations *occasionnelles* sont agréables, mais limitées. Ce sont les *relations durables* qui en valent réellement la peine. Pourquoi? Parce que la constance de l'effort romantique reflète votre véritable engagement envers votre partenaire. Parce qu'il démontre qu'il ou elle représente la priorité de la plus haute importance dans votre vie.

528 L'amour romantique consiste en une triade composée de passion, d'engagement et d'intimité. Voici un aperçu de la manière dont ces ingrédients s'organisent et se réorganisent à différentes étapes de la relation.

La passion occupe habituellement le premier rang, pendant la période des fréquentations. L'engagement peut alors être inexistant et l'intimité n'est qu'un potentiel. Au fur et à mesure que la relation progresse, l'engagement et l'intimité prennent la place à tour de rôle, créant un cadre qui permettra de soutenir la croissance de la relation. Stimulé par la passion, l'engagement devient souvent plus sérieux et se traduit par un mariage. La passion des jeunes mariés supporte la relation pendant un an ou deux, alors que l'engagement est assumé et que l'intimité se construit. Quand les inévitables défis et les tentations surviennent, il est souhaitable que l'engagement soit assez fort et l'intimité assez profonde pour assurer la durabilité de la relation.

ÉVALUEZ, SUR UNE ÉCHELLE DE UN À DIX, VOS NIVEAUX DE PASSION, D'ENGAGEMENT ET D'INTIMITÉ ET CEUX DE VOTRE PARTENAIRE. IDENTIFIEZ CEUX QUI ONT BESOIN D'ÊTRE AMÉLIORÉS ET HOP! AU TRAVAIL!

La passion, l'engagement et l'intimité sont tous confrontés aux feux ennemis de diverses sources extérieures : le travail, les amis, les questions d'argent, les enfants, etc.

Certains des défis proviennent de sources internes : l'insécurité, le manque d'estime de soi, la peur, l'immaturité, le manque d'expérience, etc.

GREGORY J.P. GODEK

La force combinée de la passion, de l'engagement et de l'intimité déterminera la destinée de la relation. Si l'engagement est fort, mais que la passion est faible, le couple demeurera, mais ne sera pas très heureux. Si la passion et l'engagement sont forts, mais que le niveau d'intimité est faible, les partenaires resteront en couple, mais la croissance de la relation sera vouée à l'échec. Les couples les plus heureux sont ceux qui sont en mesure d'atteindre un équilibre dynamique de passion, d'engagement et d'intimité.

Métaphore féminine/organique :
Poser des gestes romantiques est comme arroser la fleur de votre relation. Ne la laissez pas se faner.

♥ ♥ ♥

Métaphore masculine/mécanique :
Une relation est comme une voiture. Imaginez ceci : vous venez de faire l'acquisition de la voiture de vos rêves — une Ferrari F50 rouge. Vous faites le plein, vous la cirez — et c'est tout ce que vous devez faire pour la conduire pendant les vingt prochaines années, n'est-ce pas? FAUX! Les relations fonctionnent de la même façon. Elles doivent être alimentées, ajustées, retouchées et polies régulièrement.

Erotica (1)

529 Au cas où vous vous le demanderiez (et je sais comment vous pensez) : la fleur la plus *suggestive sexuellement* est celle de l'hibiscus. (Et seulement parce que je sais à quel point vous êtes curieux : les lys Calla occupent la deuxième place.)

> INDICATIF MUSICAL
> DE CE CHAPITRE :
> *JE T'AIME MOI
> NON PLUS,*
> DE SERGE
> GAINSBOURG

530 Bob avait l'habitude de taquiner sa femme, Tricia, en disant qu'elle était aussi jolie qu'une « *playmate* ». Elle en était flattée, mais répondait que, si elle était trop gênée pour en être une — peut-être pourrait-elle être sa pin-up. Bob a alors commencé à la surnommer ainsi. Ce n'était qu'une petite chose qu'ils se disaient en privé… jusqu'à ce Tricia engage un artiste de la région et lui demande de faire son portrait, dans le style *pin-up* de Vargas, des années 1940. Elle l'a offert à Bob pour son quarantième anniversaire de naissance. Dire qu'il était « surpris et ravi et étonné et ému » serait un euphémisme!

531 Inventez un « pot de fantasmes érotiques ». Sur cinquante petits bouts de papier, décrivez des fantasmes, certains subtilement ou suprêmement érotiques, d'autres pour lui ou pour elle, certains à réaliser en un temps éclair, d'autres à faire durer, des fantasmes auditifs, savoureux, préférés et des surprises.

Une fois par semaine, à tour de rôle, pigez une idée du pot.

> « L'AMOUR EST SON
> PROPRE APHRODISIAQUE
> ET EST LE PRINCIPAL
> INGRÉDIENT POUR FAIRE
> DURER LE SEXE. »
> — MORT KATZ

532 Ne faites pas seulement l'amour avant de vous endormir! Pourquoi est-ce si souvent le dernier point, sur la liste? (Pourquoi tant de couples négligent-ils leurs priorités à ce point? Comment ces travaux ménagers absurdes peuvent-ils être plus importants que l'intimité que vous avez avec votre partenaire?)

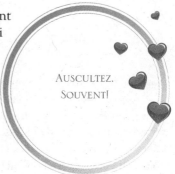

AUSCULTEZ.
SOUVENT!

Erotica (2)

533 Un homme, dans un de mes cours sur les relations amoureuses, nous a raconté comment le renversement accidentel d'un verre de vin s'est transformé en une tradition érotique qu'il célèbre régulièrement avec son épouse. Elle avait renversé un verre de vin sur sa nouvelle blouse en soie. Au lieu de se fâcher, elle a pensé pendant un instant, a pris le verre de vin de son mari, l'a renversé sur le devant de sa blouse et lui a dit : « Si tu le veux, viens le chercher! » (Ils sont, depuis, passés aux liqueurs!)

534 Savez-vous ce que votre partenaire trouve érotique? Ou pensez-vous le savoir? Vous *imaginez-vous* qu'elle aime ce que votre *ancienne* copine appréciait? Pensez-vous qu'il est comme l'homme décrit dans le *Châtelaine* du mois dernier? Croyez-vous tout ce qui ce trouve dans le courrier du *Penthouse*?

♥ Échangez sur ce que vous considérez érotique.
♥ Mettez de côté vos jugements et vos inhibitions.
♥ Décrivez les expériences que vous avez trouvées sexy et érotiques.
♥ Soyez ouverts à voir la sexualité d'un œil nouveau.

535 Quand vous choisissez des films érotiques, il peut être utile de vous rappeler que les hommes et les femmes définissent le terme « érotique » de façon différente. Les femmes apprécient la passion brûlante de *Sur la route de Madison* ou de *Les épices de la passion*. En matière de films érotiques, les hommes, quant à eux, peuvent résumer leurs goûts en deux mots : « blonde nue ». Pensez aux thrillers érotiques *Basic Instinct* ou *Body Double*.

> LES FILLES ——
> POSEZ SUR UN LIT
> COUVERT DE DRAPS DE SOIE
> NOIRE, EN PORTANT DE LA
> LINGERIE DE SOIE BLANCHE.
> POSEZ SUR UN LIT COUVERT
> DE DRAPS DE SOIE BLANCHE,
> EN PORTANT DE LA
> LINGERIE DE SOIE
> NOIRE.

536 Versez du miel sur certaines parties du corps de votre partenaire. Léchez-le. (Le vin et les liqueurs fonctionnent eux aussi à merveille!)

Joyeux anniversaire! (1)

537 Envoyez-lui une carte chaque jour du mois précédent son anniversaire.

538 Trouvez et enregistrez-lui une série de chansons relatives aux anniversaires et à l'âge, telles que *You Say It's Your Birthday*, de l'album blanc des Beatles. J'ai procédé à une petite recherche en votre nom et voici ce que j'ai trouvé :

♥ *Gens du pays*, de Gilles Vigneault
♥ *Happy Birthday*, de Stevie Wonder
♥ *Happy Birrthday to You*, de Bing Crosby
♥ *Toto 30 ans*, d'Alain Souchon
♥ *Young at Heart*, de Frank Sinatra
♥ *La Bohème*, de Charles Aznavour
♥ *I Wish I Were 18 Again*, de George Burns
♥ *La chanson des vieux amants*, de Jacques Brel
♥ *On n'a plus quinze ans*, de Charles Aznavour

SI VOTRE PARTENAIRE CÉLÉBRERA BIENTÔT SON TRENTIÈME ANNIVERSAIRE, OFFREZ-LUI LA BANDE SONORE DU FILM *13 ANS, BIENTÔT 30*. UTILISEZ-LA ENSUITE COMME MUSIQUE D'AMBIANCE LORS DE LA FÊTE.

539 Des magazines originaux, datant de la semaine ou du mois de sa naissance font de très beaux cadeaux. (Si, bien sûr, votre partenaire n'est pas trop chatouilleux en ce qui a trait à son âge!) Visitez la boutique de livres d'occasion de votre localité.

540 Si votre partenaire est particulièrement sensible quant à son âge, mais que vous cherchez quand même à célébrer son anniversaire, voici une solution : comptez les bienfaits, au lieu des années. Vous pourriez dresser, sur des rouleaux de parchemin, la liste des choses pour lesquelles vous êtes tous deux reconnaissants. Vous pourriez célébrer un bienfait à la fois. Vous pourriez faire la liste à tour de rôle. Vous pourriez célébrer plusieurs fois par année.

HUMORISTIQUE ET RÉVÉLATEUR : *LOVE CARDS: WHAT YOUR BIRTHDAY REVEALS ABOUT YOU & YOUR PERSONAL RELATIONSHIP.* DE ROBERT CRAMP

Joyeux anniversaire! (2)

541 Utilisez des bougies pyrotechniques à la place des chandelles, sur son gâteau d'anniversaire.

542 Offrez-lui un journal de la journée de sa naissance! Le *Historic Newspaper Archives* a des journaux provenant de partout dans le monde, dont le Canada, et de plus de cinquante villes des États-Unis. Vous pouvez ainsi vous procurer le *New York Times*, le *Wall Street Journal* et le *Los Angeles Times*. Il s'agit d'exemplaires authentiques et bien conservés du journal d'origine. Composez le 1-800-221-3221 ou visitez le www.historicnewspaper.com.

INDICATIF MUSICAL DE CE CHAPITRE : *GENS DU PAYS,* DE GILLES VIGNEAULT

GREGORY J.P. GODEK

 **545** Concept romantique de base : les cartes d'anniversaire. Nouvelles tournures :

- ♥ Envoyez une carte par jour pendant une semaine, un mois.
- ♥ Envoyez autant de cartes que le nombre d'années correspondant à son âge.
- ♥ Envoyez vingt-cinq cartes — toutes le même jour.
- ♥ Cachez des cartes dans son porte-documents, dans le réfrigérateur.
- ♥ Créez vos propres cartes d'anniversaire.
- ♥ Donnez-leur une allure simple, à l'aide de crayons de couleur ou de marqueurs.
- ♥ Donnez-leur fière allure, à l'aide de votre ordinateur.
- ♥ Inscrivez vos meilleurs vœux d'anniversaire sur un gâteau — ou une pizza.
- ♥ Faites une carte de la taille d'une affiche.
- ♥ Louez un panneau publicitaire et faites une ÉNORME carte d'anniversaire!
- ♥ Faites calligraphier joliment votre message.

544 Persuadez son patron de l'appeler à six heures du matin le jour de son anniversaire — pour lui donner congé!

L'argent fait tourner le monde

545 Plusieurs personnes me demandent :
«Comment puis-je être romantique
avec un budget si serré?»

Franchement, le manque d'argent peut être
une bonne chose en cette matière. «Pourquoi?»,
me demanderez-vous. Parce que cela vous oblige
à faire preuve d'encore plus de créativité, de
donner plus de vous-même et de donner du temps,
au lieu de dépenser de l'argent. L'amour ne meurt
jamais en raison d'un manque d'argent, mais souvent
pour cause d'ennui et de négligence.

INDICATIF MUSICAL
DE CE CHAPITRE :
MONEY, MONEY, MONEY,
D'ABBA

546

♥ Un chèque-cadeau de chez Tiffany's.
♥ Une heure de magasinage intensif, sans limite de budget!
♥ Un souper dans tous les restaurants cinq étoiles d'Amérique du Nord.

547 En parlant d'argent… Saviez-vous que vous pouvez émettre un
chèque sur *n'importe quoi*? Dans la mesure où vous n'omettez
aucun numéro important, c'est légal, et la banque a l'obligation
de l'honorer!

♥ Un homme a présenté à sa femme un chèque rédigé sur un matelas!
♥ Un autre a plutôt choisi un slip!

548 Il était près de minuit, par une chaude nuit du mois d'août. Ils
regardaient la télévision. Stu s'est doucement approché de son
épouse et lui a susurré : «Allons faire l'amour dehors sur la véranda. » «Pas
ce soir, lui a répondu Peggy, et si les enfants nous surprenaient?» «Chérie,
viens donc… Je vais te donner cent dollars si tu acceptes! » «Arrête de me
taquiner! », a-t-elle tranché. Il a ouvert son porte-monnaie et lui a tendu une
poignée de billets de vingt dollars. Elle a hésité. Elle a souri. Elle a pris l'argent
et s'est dirigée vers la véranda.

GREGORY J.P. GODEK

L'amour fait tourner le monde

549 La « carte de crédit de l'amour » est un concept intéressant, qui a été créé par un couple, dans un de mes cours sur les relations amoureuses. Voici comment cela fonctionne :

Vous créez votre propre « banque », laquelle offre deux types de crédit : de l'argent et du temps. Sur une base trimestrielle, les gestionnaires de la banque (vous deux) se rencontrent pour établir ses limites de crédit. Quand l'argent est plus rare, la banque émet plus de temps. En revanche, quand le temps manque, plus d'*argent* est disponible.

> L'AMOUR FAIT PEUT-ÊTRE TOURNER LE MONDE, MAIS C'EST L'AMOUR *ROMANTIQUE* QUI DONNE À LA BALADE TOUTE SA VALEUR.

Concevez, laminez et conservez la « carte de crédit de l'amour » dans votre porte-monnaie. Il s'agit d'un rappel : vous avez l'obligation de passer du temps et de dépenser de l'argent pour votre relation amoureuse, sur une base régulière. (Certains couples gardent le solde de leur carte de crédit sur un tableau installé sur leur réfrigérateur.)

550 Cynthia et Robert échangeaient leurs idées sur le chapitre « Mémorisez cette liste » de ce livre. Quand Robert a demandé à Cynthia quelle était sa couleur préférée, elle a répondu : « arc-en-ciel ». Cela en aurait arrêté plus d'un mais, étant de nature romantique et créative, Robert stimulé par le défi, lui a offert des cadeaux qui y sont associés, En voici quelques exemples :

♥ Un prisme de cristal.
♥ Une affiche de paysages magnifiques, surmontés d'un arc-en ciel.
♥ Plusieurs kaléidoscopes.
♥ Une boîte de crayons Crayola (la grosse boîte de 64 crayons).
♥ Un voyage aux chutes Niagara, où les arcs-en-ciel peuvent être vus au travers la brume. (Robert est actuellement à la recherche d'un spectromètre d'occasion provenant d'une école ou d'un laboratoire pour le prochain anniversaire de Cynthia.)

Faites-le à l'extérieur

551 Regardez un coucher de soleil, tous les deux. C'est une bonne façon de passer à une autre vitesse, à la fin de la journée. Cela vous permettra de ralentir et de reprendre contact avec votre partenaire.

Vous souhaiterez peut-être explorer les lieux pour trouver l'endroit qui se prête le mieux à l'observation du coucher de soleil, dans votre voisinage. Cela peut être une colline bien en évidence ou une pente subtile que vous n'aviez jamais remarquée avant. Il peut également s'agir du toit d'un bâtiment.

INDICATIF MUSICAL
DE CE CHAPITRE :
J'IRAI OÙ TU IRAS,
DE CÉLINE DION.

552 Allez faire de la randonnée pédestre. Allez glisser en traîne sauvage. Allez à une partie de baseball. Allez visiter un parc national. Allez découvrir un jardin public. Allez entendre un concert donné à l'extérieur. Allez pique-niquer. Allez faire un tour à la campagne. Allez marcher. Allez-y!

553 (Faites l'amour dans votre arrière-cour, à minuit.)

554 Allez camper! Demandez à des amis de vous prêter l'équipement des débutants. Si vous aimez l'expérience, vous achèterez le vôtre. (Assurez-vous d'inscrire sur votre liste un sac de couchage *double*.)

555 À quand remonte la dernière fois où vous avez joué au mini-golf? Allez mesurer vos aptitudes, vous aurez certainement beaucoup de plaisir.

« L'AMOUR EST COMME
UNE MONTAGNE : C'EST
DIFFICILE À GRIMPER, MAIS
UNE FOIS ARRIVÉ AU SOMMET,
LA VUE EST SPLENDIDE. »
— DANIEL
MONROE TUTTLE

Faites-le en public

556 La complimentez-vous, en public? À quand remonte la dernière fois où vous avez dit à quelqu'un d'autre à quel point vous étiez chanceux d'avoir cette femme dans votre vie? La complimenter en public l'incitera à se sentir très spéciale.

557 Chuchotez-lui des petits riens à l'oreille quand vous êtes en public.

- ❤ Susurrez des compliments; appelez-la par son petit surnom affectueux.
- ❤ Chuchotez des commentaires *scandaleux* et des suggestions carrément obscènes! (Plus la réunion est officielle, plus les commentaires chuchotés devraient être choquants ou suggestifs. La juxtaposition d'un événement raffiné et de propos crus qui expriment la passion que vous ressentez pour elle devrait ajouter une petite étincelle qui durera toute la soirée!)

> INDICATIF MUSICAL
> DE CE CHAPITRE :
> *IN PUBLIC*, DE KELIS.
> (AVERTISSEMENT :
> TRÈS SUGGESTIF.)

558 Vous rappelez-vous ce que signifie l'acronyme É.A.P.? Avez-vous perdu l'habitude de manifester votre affection pour votre partenaire en public? Tenez-vous par la main. Posez votre main sur son épaule. Enroulez votre bras autour du sien.

Faites-le, tout simplement!

559 Avez-vous déjà rêvé de prendre, avec votre partenaire, *quatre semaines* de vacances remplies de plaisir pour faire le tour de l'Europe — mais vous n'avez que *deux semaines* de vacances payées? Pauvre petit.

INDICATIF MUSICAL
DE CE CHAPITRE :
*QUAND EST-CE QU'ON
FAIT L'AMOUR.*
DE SERGE LAMA

Voici ce que vous allez faire : partir, *de toute façon*. Ne laissez pas la politique des deux maigres semaines de vacances adoptée par votre employeur vous contraindre! Prenez tout simplement deux semaines de plus, *sans solde*. Je sais qu'il s'agit, pour la plupart des gens, d'une façon plutôt radicale d'*envisager* les choses, encore plus de les *faire* — mais je vous demande de considérer sérieusement cette possibilité. La création d'un régime d'épargne vous permettra de le faire. Cela pourrait prendre un an. Peut-être cinq. Mais ça en aura vraiment valu la peine!

560 Sally avait l'habitude de se plaindre que Jack ne la complimentait jamais. Après y avoir réfléchi, Jack a compris. « Ce n'est pas parce que je ne t'aime pas ou que je n'ai rien de gentil à te dire. C'est que je n'arrive pas à penser *spontanément* à les dire. » Cela étant dit, il a instauré une nouvelle tradition «Composez-un-Compliment». Sally pourrait l'appeler à n'importe quel moment du jour ou de la nuit pour recevoir un compliment spontané et bien senti!

À VOTRE AVIS.
QUELLES SONT LES DIX IDÉES
QUI SERAIENT LES PLUS
APPRÉCIÉES PAR VOTRE PARTENAIRE?
NE LES ÉCRIVEZ PAS SIMPLEMENT SUR
N'IMPORTE QUEL BOUT DE PAPIER
— INSCRIVEZ-LES DIRECTEMENT
DANS VOTRE AGENDA ET PLANIFIEZ
DU TEMPS POUR POSER LES
GESTES OU ACHETER
LES CADEAUX.

561 Les romantiques se « fréquentent » toujours.
« Fréquenter » est un *état d'esprit*, tout autant qu'une activité réservée aux personnes célibataires. Pourtant, les gens mariés qui continuent de « fréquenter » leurs partenaires sont les plus heureux du monde.

- ♥ Ne vous contentez pas d'aller voir un film samedi, comme d'habitude. Appelez-la au travail mercredi et demandez-lui *officiellement* de sortir avec vous samedi.
- ♥ Bon nombre de personnes qui ont des relations A+ m'ont confié qu'ils planifiaient des « rendez-vous » chaque semaine.

Osez, juste un peu

562 *Exhibitionism for the Shy*. Quel titre séduisant, pour un livre! Quel concept intéressant! Ce livre impressionnant vous explique comment transformer votre modestie sexuelle en un avantage érotique. Comme l'indique Carol Queen, son auteur, « pour découvrir un nouveau monde d'expériences érotiques, vous ne devez pas vous débarrasser de vos inhibitions, vous n'avez qu'à les employer de façon créative. » Ce livre est un guide qui vous permet de procéder à une sérieuse exploration. (Pas d'illustration louche. En fait pas d'illustration du tout!) Vous pouvez vous le procurer en librairie, composer le 1-800-289-8423 ou visiter le www.goodvibes.com.

> INDICATIF MUSICAL
> DE CE CHAPITRE :
> *PROVOCANTE,*
> DE MARJO

> JE SERAIS SURPRIS QU'IL
> NE SOIT PAS *TOUT*
> *SIMPLEMENT ENCHANTÉ!*

563 Pour femmes seulement : Quand vous êtes tous les deux tirés à quatre épingles et que vous sortez ensemble, tendez-lui secrètement votre slip sous la table. Observez bien son expression.

564 Si votre partenaire y consent, vous pourriez envisager de vous exposer au soleil complètement nus. Les nombreux adeptes du bronzage intégral louent la sensation de liberté, de santé et de proximité avec la nature que procure le fait de tout enlever en public.

- ♥ *Free Beaches* est un guide sur les plages naturistes du monde entier, disponible à la *Naturist Society*. Composez le 1-800-886-7230, écrivez à l'adresse suivante : P.O. Box 132, Oshkosh, Wisconsin 54903, ou visitez www.naturistsociety.com.
- ♥ Communiquez avec la Fédération québécoise de naturisme en composant le 514-252-3014 ou en visitant le www.fnq.qc.ca.

565 La *Erotic Print Society* vend des reproductions en séries limitées, des livres et des cadeaux classiques et contemporains. Au www.eroticprints.org, ou à EPS, 54 New Street, Worcester, WR1 2DL, Royaume-Uni.

Le don de temps

566 Votre partenaire veut plus de vous-même. Pas plus de choses! Tous les deux mois, consacrez-lui une journée entière. Donnez-lui le plein contrôle sur la manière d'utiliser ce temps. Maintenant, demandez-lui de faire la même chose pendant les mois qui ne sont pas les « vôtres ».

> IMAGINEZ LES POSSIBILITÉS.

567

- ♥ Vous pouvez *épargner* du temps en faisant vos achats par catalogue.
- ♥ Vous pouvez *réorganiser* votre temps en effectuant les tâches ménagères à tour de rôle.
- ♥ Vous pouvez *créer* du temps en « doublant » vos activités.
- ♥ Vous pouvez *mieux utiliser* votre temps en vous procurant un livre sur la gestion du temps.
- ♥ Vous pouvez *libérer* du temps en confiant l'entretien ménager à une entreprise spécialisée.
- ♥ Vous pouvez *produire* du temps en modifiant vos habitudes de sommeil.
- ♥ Vous pouvez *apprécier* le temps en simplifiant votre vie.
- ♥ Vous pouvez *trouver* du temps en procédant à une meilleure planification.

568 « Doublez » vos activités. Combinez différentes activités et vous trouverez plus de temps pour être ensemble.

- ♥ Rencontrez-vous pour le dîner. (Vous devez prendre du temps pour dîner de toute façon. N'est-ce pas?)
- ♥ Soupez en regardant un film romantique sur bande vidéo.
- ♥ Faites les tâches ménagères ensemble : l'épicerie, l'entretien de la voiture.

> « COMMENT NOUS PASSONS NOS JOURS EST, NATURELLEMENT, COMMENT NOUS PASSONS NOS VIES. »
> — ANNIE DILLARD

569 Deux heures de paix et de tranquillité : *probablement le plus beau cadeau que vous puissiez offrir à quelqu'un.*

Du temps pour l'amour

570 Ne faites pas l'épicerie le *vendredi soir*! Ni le lavage le samedi matin! Ce sont des *heures précieuses* — du temps que vous pourriez passer *ensemble*!

Adoptez la pratique du « partage des tâches ».

> INDICATIF MUSICAL DE CE CHAPITRE : *LE TEMPS DE L'AMOUR*, DE FRANÇOISE HARDY

💚 Trouvez des façons d'effectuer les tâches ménagères à tour de rôle de façon à favoriser une utilisation plus efficace de votre temps.

💚 Faites deux tâches à la fois.

💚 Effectuez ces travaux *ensemble* : doublez la main-d'œuvre et doublez l'efficacité!

571 Une fois par semaine : rapportez une commande du restaurant chinois à la maison ou faites livrer de la pizza. Rationalisez votre heure de souper et utilisez de façon *romantique* le temps que vous avez épargné.

> DOMINO À LA RESCOUSSE!

572 Apprenez à apprécier le temps; apprenez à redéfinir le temps; apprenez à insuffler plus d'amour au temps que vous avez. Lisez le fabuleux livre : *Time and the Art of Living*, de Robert Grudin.

💚 Revoyez vos agendas et vos engagements ensemble. Planifiez des « sorties » ensemble.

💚 Organisez les surprises longtemps d'avance.

💚 Assurez-vous de toujours avoir votre placard de cadeaux bien garni.

573 Accordez-vous du temps le matin pour faire l'amour. Réveillez-vous une heure plus tôt!

GREGORY J.P. GODEK

Pour célibataires seulement (1)

574 Vous vous fréquentez depuis quelque temps et vous envisagez la possibilité d'une relation « plus sérieuse », mais vous n'êtes pas certaines qu'il est vraiment la personne que vous recherchez. Comment évaluer votre relation? À l'aide de cette formule toute simple :

70 % + des étincelles = allez-y!

En d'autres termes, si la personne a au moins 70 p. cent des qualités que vous souhaitez chez un partenaire idéal et que votre relation produit également des étincelles (passion et romantisme ; similitude de pensée ; ça « clique »), n'hésitez pas! Vous savez que vous ne pourrez jamais trouver une personne qui correspond à 100 p. cent à vos attentes (le prince charmant n'existe pas) — mais vous feriez mieux de ne pas poursuivre avec quelqu'un qui correspond à moins de 50 p. cent à ce que vous espérez.

575 Soyez à l'écoute des « pings ». Que sont les pings? Il s'agit de toute action ou habitude chez votre partenaire, qui vous irrite au plus haut point, et que *vous ne pourriez supporter pendant le reste de votre vie.* Par exemple :

QU'EST-CE QU'UN
« PING »?

- ♥ Vous êtes dans la voiture, en train de balayer les stations de radio, à la recherche de musique classique. Vous avez un mouvement de recul, quand vous entendez *Stayin' Alive*, mais elle hurle : « Oh! J'*adore* les Bee Gees! » (Ping!)
- ♥ Il vous a demandé de vous préparer pour une « sortie spéciale », puisqu'il a des billets pour des « sièges de loge ». Croyant que vous iriez d'abord au concert et dîner dans un restaurant cinq étoiles, vous avez passé des heures à vous préparer et avez mis votre ensemble le plus élégant. Il passe vous prendre, porte des jeans et vous montre des billets pour une partie des Alouette. (Ping!)

Note : les « pings » d'une personne sont peut-être ce qu'une autre appréciera le plus. Les « pings » sont des éléments relatifs!

Pour célibataires seulement (2)

576 Les gars : quand vous offrez des bijoux, ne les emballez jamais, jamais, *jamais* dans un écrin de bague, à moins qu'il ne s'agisse d'une bague de fiançailles. Vous ne le saviez peut-être pas, mais ces petites boîtes carrées ne signifient qu'une seule chose pour les femmes : M-A-R-I-A-G-E. Demandez à votre joaillier de vous proposer un autre genre de boîte ou de faire une présentation créative. Pourquoi s'attirer les problèmes?

577

- ♥ Si vous avez déjà discuté de la possibilité de vivre ensemble et que vous décidez d'accepter, placez la clé de votre appartement dans une boîte-cadeau, enveloppez-la et offrez-la lui.
- ♥ Ou envoyez-la par la poste avec une note: « Tu détiens déjà la clé de mon cœur… je veux maintenant t'offrir *celle-ci*. »

> SI VOUS NE ME CROYEZ PAS, LES GARS, ALLEZ DEMANDER AUX FEMMES.

578 Conseil pour les garçons :

- ♥ Comment *attirer* son attention : apprenez à danser.
- ♥ Comment la *garder* : apprenez à faire la cuisine.

579 Envoyez-lui une copie de votre curriculum vitæ au lieu d'une carte de souhaits. Ajoutez la note suivante : « J'aimerais que tu me connaisses mieux. » (Autres documents amusants à envoyer : un bulletin de l'école secondaire. Une photo de vous alors que vous étiez bébé.)

Pour personnes mariées seulement (1)

580 Un samedi après-midi, dites à votre partenaire, de façon nonchalante : «Si c'était à refaire, je t'épouserais *encore*. En fait, remarions-nous tout de suite!» Ensuite, emparez-vous de lui ou d'elle, courez à la chapelle locale (où vous aurez préalablement tout arrangé avec le prêtre) et renouvelez vos vœux dans le cadre d'une petite cérémonie. Surprise! (Vous souhaiterez peut-être choisir la chanson *Épouse-moi*, de Matt Houston.)

> INDICATIF MUSICAL
> DE CE CHAPITRE :
> *MARI ET FEMME,*
> DE DICK RIVERS

581 Les gars : le jour de votre anniversaire de mariage, recréez son bouquet de mariée. Vu que vous ne savez probablement pas faire la différence entre du chrysanthème et de l'herbe à puce, apportez une photo de votre mariage au fleuriste.

> *SI CELA NE LUI FAIT PAS
> MONTER LES LARMES AUX
> YEUX, RIEN NE LE POURRA.*

582 Déterrez votre album de mariage. Faites faire un agrandissement de 20 par 25 cm de la meilleure photo de la mariée. Emballez-le et *offrez-vous-le*, à l'occasion de votre anniversaire de naissance ou pour Noël.

583

> LISEZ
> *THE CASE OF MARRIAGE,*
> DE MAGGIE GALLAGHER
> ET LINDA WAITE.

♥ Faites encadrer votre invitation de mariage par un professionnel. Gardez-la sur la table de chevet.
♥ Pour vos dixième, vingtième et trentième anniversaires de mariage, créez une invitation officielle pour votre époux ou votre épouse, l'invitant à se joindre à vous pour une autre décennie de mariage.

Pour personnes mariées seulement (2)

584

♥ Au beau milieu d'une fête ou d'un événement social, tournez-vous vers elle et murmurez-lui à l'oreille : « Tu es la *meilleure*. »

♥ Pendant que vous marchez dans la rue tous les deux, tournez-vous vers elle et murmurez-lui à l'oreille : « Je suis heureux de t'avoir épousée. »

♥ Alors que vous vous rendez quelque part en voiture, tournez-vous vers elle et murmurez-lui à l'oreille : « Je ne pourrais imaginer ma vie sans toi. »

> « TOUS LES MARIAGES SONT SIMILAIRES, MAIS CHAQUE UNION EST DIFFÉRENTE. »
> — JOHN BERGER

585

Faites un collage artistique des photos et des souvenirs de votre célébration de mariage.

586

Gardez une copie de votre licence de mariage dans votre porte-monnaie, à côté de votre permis de conduire.

PARTICIPEZ À UN SÉMINAIRE DE FIN DE SEMAINE, ORGANISÉ PAR VIVRE ET AIMER. COMPOSEZ LE 418-337-7675.

♥ ♥ ♥

DEVENEZ MEMBRE DE L'*ASSOCIATION FOR COUPLES IN MARRIAGE ENRICHMENT*. COMPOSEZ LE 336-724-1526 OU LE 1-800-634-8325.

587

Chansons qui célèbrent l'amour et le mariage. Faites une bande sonore pour un anniversaire de mariage ou de naissance ou tout simplement pour célébrer votre amour, mardi prochain.

♥ *L'Hymne à l'amour*, d'Édith Piaf
♥ *Pour cet amour*, de Monique Leyrac
♥ *Vivre à deux*, de Marie Laforêt
♥ *Les vieux mariés*, de Michel Sardou

- ♥ *La vie en rose*, d'Édith Piaf
- ♥ *La vie à deux*, de Michel Jonasz
- ♥ *Ma préférence*, de Julien Clerc
- ♥ *Si tu n'existais pas*, de Joe Dassin
- ♥ *L'amour existe encore*, de Céline Dion
- ♥ *Parle-moi*, d'Isabelle Boulay
- ♥ *Il faut savoir*, de Charles Aznavour

Joyeux Noël

588

- ♥ Un cadeau par jour pour les douze jours des Fêtes.
- ♥ Ou — donnez-les tous en même temps…

Le premier jour des Fêtes, mon bel amour m'a offert —
   Un bouton de rose rouge dans un vase.

Le deuxième jour des Fêtes, mon bel amour m'a offert —
   Deux bouteilles de champagne.

Le troisième jour des Fêtes, mon bel amour m'a offert —
   Trois beaux baisers pénétrants.

Le quatrième jour des Fêtes, mon bel amour m'a offert —
   Quatre soirées de danse.

Le cinquième jour des Fêtes, mon bel amour m'a offert —
   Cinq bagues en or!

Le sixième jour des Fêtes, mon bel amour m'a offert —
   Six bains moussants.

Le septième jour des Fêtes, mon bel amour m'a offert —
   Sept billets de cinéma.

Le huitième jour des Fêtes, mon bel amour m'a offert —
   Huit petits oursons.

Le neuvième jour des Fêtes,
mon bel amour m'a offert —
Neuf coupons pour des massages de dos.
Le dixième jour des Fêtes,
mon bel amour m'a offert —
Dix actions de Microsoft.
Le onzième jour des Fêtes,
mon bel amour m'a offert —
Onze ballons en forme de cœur.
Le douzième jour des Fêtes,
mon bel amour m'a offert —
Douze CD de Robert Charlebois.

VOICI QUELQUES
IDÉES DE DÉCORATIONS
D'ARBRE DE NOËL :
FAITES UNE GUIRLANDE AVEC DES
BILLETS DE 5 $ RETENUS ENSEMBLE
PAR DU RUBAN ADHÉSIF.
SORTEZ LES CD DE LEURS
POCHETTES ET ACCROCHEZ-LES
POUR QU'ILS BRILLENT
DANS L'ARBRE.

589 Une femme a intégré
dans son mariage une grande
collection de décorations de Noël très particulières.
Son mari a sauté sur l'occasion et ils ont maintenant un rituel
qu'ils appellent «Cherchez la décoration spéciale de cette année. »

AUTRES SUGGESTIONS DE
DÉCORATIONS D'ARBRE DE NOËL :
FAITES LAMINER UNE BANDE DESSINÉE
PORTANT SUR LES FÊTES QUE VOUS
ACCROCHEREZ DANS L'ARBRE.
FAITES CALLIGRAPHIER UN POÈME OU
UNE CITATION PARTICULIÈREMENT
APPRÉCIÉS ET TRANSFORMEZ-LES EN
UNE DÉCORATION INSPIRANTE.

GREGORY J.P. GODEK

Bonne fête d'Hannoucah

590 Pour célébrer le « festival des Lumières » :

♥ Illuminez votre maison de centaines de chandelles.
♥ Choisissez une ménorah qui a une signification particulière pour votre partenaire.
♥ Écrivez un poème ayant pour thème la raison pour laquelle il ou elle éclaire votre vie.

591 Célébrez les huit jours de l'Hannoucah :

Jour 1 : Offrez un cadeau qui reflète vos convictions religieuses.
Jour 2 : Offrez le cadeau d'une heure de votre temps.
Jour 3 : Offrez un cadeau pour célébrer le nombre d'années de votre mariage.
Jour 4 : Offrez un cadeau que vous aurez fabriqué vous-même.
Jour 5 : Offrez un cadeau en guise de reconnaissance de la petite blague que vous partagez en privé, ensemble.
Jour 6 : Offrez un cadeau que vous pouvez partager tous les deux.
Jour 7 : Offrez un cadeau musical.
Jour 8 : Offrez un cadeau artistique.

592 Achetez quatre sevivons. Nous allons transformer le jeu traditionnel des enfants en un tout nouveau jeu *romantique*. Sur chacune des sevivons, retirez les lettres hébraïques *nun, gimel, hei* et *shin* — et remplacez-les par :

> UNE SUGGESTION (PAS TRÈS) MODESTE POUR UN CADEAU D'HANNOUCAH : LE LIVRE *KOSHER SEX : A RECIPE FOR PASSION AND INTIMACY*, DU RABBIN SCHMULEY BOTEACH.

♥ M, T, N, F — pour *moi, toi, nous* et *famille*
♥ L, A, S, M — pour « *là, tout de suite* », *aujourd'hui, cette semaine, ce mois-ci*
♥ S, F, P, C — pour *souper, film, pique-nique, concert.*
♥ *Vous* choisissez comment identifier celle-là.

Voici comment jouer : à tour de rôle, les joueurs tournent une sevivon chaque soir de l'Hannoucah. La sevivon M, T, N, F vous demande de faire quelque chose de tendre envers la personne qu'elle indique.

Joyeux anniversaire

593 Identifiez un *événement pivot* qui vous a réunis. Célébrez cet événement chaque année.

QUEL EST L'ÉLÉMENT QUI VOUS A RÉUNIS? LE DESTIN? LE KARMA? CUPIDON? UNE COÏNCIDENCE COSMIQUE?

594 La plupart des couples célèbrent leur anniversaire une fois par année. C'est une chose romantique et agréable à faire.

Quelques couples célèbrent leur anniversaire chaque mois. C'est un peu trop, mais c'est adorable, trouvez-vous?

Puis, un jour, dans un de mes cours, j'ai rencontré un couple qui m'a affirmé avoir célébré son anniversaire 10 958 fois! Comme ils semblaient être dans la quarantaine, j'étais quelque peu sceptique, jusqu'à ce qu'ils expliquent : ils se sont mariés le 25 août — ce qui est souvent écrit 8/25. Ils ont transposé cela en une heure, 8 h 25. Ainsi, *chaque jour* à 8 h 25, ils célèbrent leur anniversaire de mariage. Bien sûr (ont-ils tenu à préciser), ils doivent célébrer leur anniversaire *deux fois* par jour, en recommençant *de nouveau* à 20 h 25. (Et *moi* qui croyais être romantique!)

595 À l'occasion de leur premier anniversaire de mariage, Michael a envoyé à Pamela une belle carte romantique. Pamela l'a conservée et l'a *renvoyée* à Michael à l'occasion de leur *deuxième* anniversaire. Michael a gardé la carte et l'a renvoyée à Pamela lors de leur *troisième* anniversaire de mariage. Cette tradition inhabituelle s'est amorcée en 1949 — et se poursuit toujours aujourd'hui. («Le coût du timbre est aujourd'hui plus élevé que celui de la carte à l'époque», a fait observer Pamela en souriant.)

INDICATIF MUSICAL DE CE CHAPITRE : *LE JOUR DE TA FÊTE,* DE GILLES MARCHAL

Joyeux anniversaire

596 Déclarez le « *mois* d'anniversaire » de votre partenaire et faites quelque chose de spécial chaque jour, pendant les trente jours précédant LE jour.

« Quelle coïncidence! Tu as oublié mon anniversaire et moi j'ai oublié comment cuisiner! »

597 Pourquoi ne pas lui offrir une vidéo de l'année de sa naissance? Vous pouvez en effet recevoir une vidéo d'actualités de trente minutes, comportant des événements qui se sont produits dans le monde, des nouvelles, des personnalités, des styles et les événements importants qui sont survenus pendant l'année de sa naissance (entre 1929 et 1969). *Cool*, hein? Tout cela pour seulement 14, 95 $. Appelez FlickBack Media au 1-800-541-3533 ou rendez-vous au www.flickback.com.

Fait sur mesure

598 Si vous voulez présenter à votre partenaire des mots d'amour rendus par une calligraphie artistique, élégante, merveilleuse, fabuleuse, communiquez avec le Scribouillard. Composez le 514-802-6044 ou visitez le www.scribouillard.com pour prendre connaissance de tous les services offerts. D'autres entreprises offrant des services de calligraphie, d'enluminure et d'encadrement peuvent également être trouvées sur la toile.

599 L'équipe d'Éric Miller se fera un plaisir d'écrire et d'enregistrer des chansons originales pour vous. Les possibilités sont très nombreuses!

♥ L'option la plus rapide et la moins dispendieuse est de choisir l'une de ses propres mélodies, à partir d'un catalogue de styles (rock, ballades, country, folk, reggae). Vous remplissez ensuite un questionnaire pour personnaliser la chanson à l'aide de dates, de noms, de références. Il peut aussi écrire les paroles pour vous ou mettre les vôtres en musique. Il peut composer une chanson en entier, une toute nouvelle musique, de nouvelles paroles et les enregistrer de façon sobre ou plus élaborée.

♥ Pour joindre Éric Miller et obtenir de plus amples renseignements sur les services et sur les tarifs, visitez le www.playbacksurmesure.com.

♥ Jim Rickert offre les mêmes services, à des tarifs raisonnables, dans la langue de Shakespeare. Vous pouvez le joindre en composant le 617-471-8800, en écrivant à The Creative Works, 49 Centre Street, Quincy, Massachussetts 02169 ou en visitant le www.creativeworksstudio.net.

600 Si votre amoureux est aussi amoureux des bons vins, pourquoi ne pas le surprendre avec un vin de la Californie comportant une étiquette personnalisée? Faites preuve de créativité en imaginant l'illustration ou en élaborant les mots et inventez une étiquette unique pour votre partenaire. Appelez les Windsor Vineyards au 1-800-289-9463 à Tiburon, en Californie, ou visitez le www.windsorvineyards.com.

> L'UNE DES DIX MEILLEURES IDÉES : FAIRE ENREGISTRER UNE CHANSON ORIGINALE ÉCRITE ET COMPOSÉE POUR VOTRE PARTENAIRE.

GREGORY J.P. GODEK

Unique

601 Comme elle est unique, pourquoi ne pas lui offrir un bijou unique? Retenez les services d'un joaillier, établissez un budget, décrivez-lui sa personnalité et son style, offrez-lui quelques idées que vous pourriez vous-même avoir pour la pièce et demandez à l'artisan de vous proposer des esquisses. Après avoir obtenu cette œuvre unique pour elle, présentez-la lui en mettant beaucoup d'emphase.

> SI VOUS N'ÊTES PAS ENCORE MARIÉS, FAITES-LUI FAIRE UNE *BAGUE DE FIANÇAILLES UNIQUE*! CONSULTEZ L'INDEX DES JOAILLIERS DANS LE SITE DU CONSEIL DES MÉTIERS D'ART DU QUÉBEC AU WWW.METIERS-D-ART.QC.CA.

602 La raison pour laquelle une douzaine de roses est si populaire est le fait qu'elle soit appropriée pour, pratiquement, *tout le monde*. Les roses font un excellent début, mais pourquoi ne pas créer un bouquet vraiment *personnalisé*?

- ♥ Un bouquet de crayons — pour un professeur, un écrivain, un journaliste.
- ♥ Un bouquet de pinces — pour un ou une bricoleuse.
- ♥ Un bouquet d'ustensiles de cuisine — pour un cuisiner gourmet.
- ♥ Un bouquet de coupons de Big Mac — pour l'accro des aliments prêts à manger.

603 Aimeriez-vous que votre vie se lise comme un roman? C'est maintenant *possible*! Vous pouvez obtenir un roman personnalisé dont les héros sont incarnés par vous et votre partenaire. Vous choisissez votre roman parmi les huit titres proposés et vous complétez le scénario en choisissant le déroulement de l'histoire, les noms des lieux et des personnages, etc. Pour moins de cent dollars, vous obtenez un livre d'environ 180 pages imprimé, relié et envoyé chez vous. Visitez le www.monroman.com.

604 Commandez un énorme casse-tête personnalisé pour votre partenaire. Vous pourriez ainsi créer un message ou vous en servir pour faire une demande de mariage. Appelez Multi I.D. au 819-281-4905 ou visitez le www.invitation-plus.com.

Faites-le vous-même

605 Faites vous-même vos biscuits chinois! Procurez-vous un sac de biscuits à l'épicerie chinoise ou orientale de votre région ou achetez-en une certaine quantité à votre restaurant chinois préféré. Retirez les messages à l'aide d'une pince à épiler et insérez les vôtres! Absurdes ou sexy, humoristiques ou profonds, c'est à vous de décider!

« LA CRÉATIVITÉ EST L'ARRÊT SOUDAIN DE LA STUPIDITÉ. » — EDWIN LAND

606 Faites vos propres cartes de souhaits. (Les cartes fabriquées commercialement sont adéquates, j'en ai un tiroir plein. Les cartes fabriquées chez soi ont toutefois un cachet bien à elles.) Vous n'avez pas besoin d'avoir des aptitudes artistiques particulières, tout ce qu'il vous faut est de la sincérité. (Rappelez-vous : elle n'est pas avec vous parce que vous êtes Picasso, mais parce que vous êtes vous.)

- Des crayons et du papier de construction sont parfaits pour mener à bien ce projet.
- Créez une carte géante, de la taille d'une affiche!
- Réalisez quelque chose de spécial à l'aide d'un logiciel de graphisme.

607 Que faites-vous avec les cartes de souhaits que vous a déjà envoyées votre amour? Vous ne les jetez pas, n'est-ce pas? Le ciel nous en préserve! Les vrais romantiques…

- Les font trôner sur le dessus du foyer ou sur des tables.
- Les placent bien en vue sur leurs bureaux au travail.
- Les font monter et encadrer.
- Les mettent dans un album.
- Les rangent dans un dossier pour s'en servir ultérieurement de façon créative.
- En font un collage.
- Et un couple excentrique, dans un de mes cours sur les relations amoureuses, en a entièrement recouvert un mur de leur maison.

PLUS VOUS METTREZ DE *VOUS-MÊME* DANS VOS CADEAUX ET LORSQUE VOUS POSEZ DES GESTES ROMANTIQUES, PLUS ILS SERONT APPRÉCIÉS.

GREGORY J.P. GODEK

Cache-cache

608 Des petites cachettes pour les petits mots d'amour, les languettes adhésives et les petits cadeaux :

- ♥ Sous l'oreiller
- ♥ Dans le coffre à gants
- ♥ Dans la pharmacie
- ♥ Dans le réfrigérateur
- ♥ À l'intérieur du livre qu'elle est en train de lire
- ♥ Dans son chéquier
- ♥ Dans la poche de sa chemise
- ♥ Dans son portefeuille
- ♥ Dans sa mallette
- ♥ Dans son sac à main
- ♥ Dans une boîte de pizza
- ♥ Sous l'assiette du souper
- ♥ Dans le tiroir des bas
- ♥ Dans son agenda
- ♥ Dans le coffre de sa voiture
- ♥ Dans l'étui de ses lunettes

609 Les romantiques *vraiment polissons* vont loin pour cacher des cadeaux et des mots d'amour. Voici des suggestions des élèves les plus extravagants que j'ai rencontrés dans mes cours sur les relations amoureuses :

> VOUS AUREZ AUTANT DE PLAISIR QUE VOTRE PARTENAIRE!

- ♥ Ouvrez avec soin les emballages de différents produits, insérez l'article en question, et refermez l'emballage avec précaution. Les cibles les plus appréciées comprennent les boîtes de céréales, les soupes en conserve, les cartons de crème glacée, les sacs de M&M, les barres de chocolat, les bouteilles de boissons gazeuses et, bien sûr, les boîtes de Cracker Jack!
- ♥ Des mots d'amour sont apparus congelés dans des cubes de glace, flottant dans des bols de sangria, cachés dans des bouquets et attachés à des ballons.
- ♥ Des petits cadeaux ont été livrés par Federal Express!

« L'AMOUR N'EST PAS AVEUGLE, IL NE VOIT QUE CE QUI LUI IMPORTE. »
— WILLIAM CURRY

610 Vous cherchez des suggestions pour des mots d'amour, des cadeaux et des babioles à cacher? Provenant encore des participants aux cours :

- ♥ Bagues d'amitié
- ♥ Boucles d'oreilles
- ♥ Bandes dessinées
- ♥ Billets pour une partie de hockey
- ♥ Coupons d'amour
- ♥ Invitation à souper
- ♥ Billets de cinéma
- ♥ Friandises de la Saint-Valentin en forme de cœur

Exercices de créativité

611

A 1. Mettez-y une petite touche :
commencez avec quelque chose de facile et ajoutez-y
une petite touche de créativité.

2. Changez votre routine :
le fait de sortir de vos habitudes peut entraîner l'émergence
de nouvelles idées.

3. Prenez en considération chacune des idées folles qui surgissent
dans votre tête :
vous ne les utiliserez pas toutes, mais le processus permet
d'élargir votre pensée.

4. Établissez-vous une échéance :
le fait de travailler sous pression peut parfois être stimulant!

5. Apprenez de vos erreurs :
les erreurs n'en sont pas vraiment si elles vous apportent
quelque chose d'utile.

6. Allez-y selon vos forces :
faites quelque chose qui vous vient naturellement, suivez le courant.

7. Allez à contre-courant :
essayez quelque chose de différent.

8. Pigez dans votre inconscient :
   il se trouve beaucoup de choses sous la surface.
9. Défiez les *a priori* :
   ne tenez pas pour acquis que vous savez tout ce qu'il faut savoir!
10. Imaginez de quelle manière quelqu'un d'autre le ferait :
    comment Einstein trouvait-il de nouvelles idées? Mozart?
    Et Walt Disney?
11. Utilisez différents modèles de pensée :
    pensez de façon organique, comme le fait un chat; pensez
    comme un millionnaire.
12. Reformulez la question :
    la question peut être « Comment puis-je être plus tendre? »
    ou elle peut être « Comment puis-je être plus spontané? »
13. Soyez à l'écoute de votre intuition/sixième sens/voix intérieure :
    peu importe comment vous choisissez de le faire, faites-le!

Exercez votre créativité

14. Admettez que vous êtes insatisfait du *statu quo* :
    cela vous incitera à trouver des solutions.
15. Ne le faites pas seul :
    procédez à une séance de remue-méninges romantique,
    avec quelques amis.
16. Utilisez des idées aléatoires pour stimuler différentes façons de penser :
    ne demeurez pas coincé dans un seul mode de pensée.
17. Changez vos perspectives :
    1) voyez l'ensemble de la situation 2) remarquez les *détails*.
18. Empruntez (et personnalisez) des idées :
    empruntez des idées de livres, de films, de produits, d'autres couples.

19. Faites face à vos peurs :
qu'est-ce qui vous empêche d'être plus créatif? Plus démonstratif?
Plus spontané? D'aimer vous amuser?

20. Dessinez des images, gribouillez, faites des diagrammes :
utilisez l'hémisphère visuel de votre cerveau.

21. Endossez un autre personnage :
pensez comme un enfant, comme
quelqu'un du sexe opposé, pensez
comme le fait votre partenaire.

22. Ne passez pas de jugement :
générez beaucoup, *beaucoup*
d'idées avant de commencer
à évaluer.

23. Ayez du plaisir :
ne prenez pas cela trop
au sérieux, jouez avec les
idées, délirez.

COMMENCEZ AVEC
UNE IDÉE ROMANTIQUE
CLASSIQUE À LAQUELLE
VOUS INSUFFLEREZ
UN PEU DE
CRÉATIVITÉ.

GREGORY J.P. GODEK

Partez en voyage!

612 Même si vous n'êtes pas des nouveaux mariés — surtout si vous n'êtes pas des nouveaux mariés — visitez le www.world-party.com. Il s'agit d'un guide en ligne sur les festivals et les fêtes qui se déroulent dans le monde entier.

> RAVIVEZ VOS SENTIMENTS DE NOUVEAUX MARIÉS EN RÉSERVANT LA SUITE NUPTIALE D'UN HÔTEL OU D'UN LIEU DE VILLÉGIATURE. ASSUREZ-VOUS DE FAIRE BON USAGE DU CARTON « NE PAS DÉRANGER » !

613 Jumelez votre amour de la bicyclette à votre passion pour le vin! Faites le tour des vignobles de la Californie en vélo! Pédalez à votre propre rythme et visitez jusqu'à trente-cinq vignobles! Ces deux entreprises proposent des tours guidés de cinq jours en vélo dans la vallée de Napa et dans le comté de Sonoma :

♥ Backroads Bicycle Touring, 1-800-462-2848, www.backroads.com
♥ Vermont Bicycle Touring, 1-800-245-3868, www.vbt.com

614

♥ Visitez un vignoble. Ou deux.
♥ Visitez un vignoble dans *toutes les régions* qui produisent du vin au Canada.

615 Des vacances comme celles qu'on prend d'habitude n'ont rien à voir avec une « deuxième lune de miel »! Il y a quelque chose de magique et de romantique dans un deuxième voyage de noces. Comment pouvez-vous en organisez un?

> QUELLE EST LA DIFFÉRENCE ENTRE DES *VACANCES* ET UNE *LUNE DE MIEL*?

Vous commencez à y penser environ un an d'avance (pour créer de l'anticipation). Vous lui achetez une pile de magazines sur le mariage (où se trouvent toutes les destinations pour les lunes de miel). Vous lui envoyez des brochures de voyage par la poste (accompagnées de vos notes et commentaires personnels). Vous lui offrez des vêtements spéciaux. Si vous faites cela comme il se doit, cela donnera vraiment du piquant à votre vie — pendant un an ou plus!

Bon voyage!

616 Lorsque vous prenez des vacances ensemble, apportez toujours avec vous quelques petits cadeaux surprises. Cela est abordable, vous donne une raison de plus d'avoir hâte, vous fait emballer longtemps d'avance et vous permet de surprendre votre partenaire à tout moment.

617 Toutes sortes de conseils de voyages et d'information courante sont disponibles dans les magazines spécialisés portant sur des destinations et des sujets particuliers. En voici deux :

- ♥ *La Belle France : The Sophisticated Guide to France.*
  Un bulletin mensuel de huit pages. Composez le 1-800-225-7825
  ou visitez le www.lbfrance.com.
- ♥ *Golf Odyssey : The Guide for Discriminating Golfers.*
  Douze numéros par année. Composez le 1-800-550-2286
  ou visitez le www.golfodyssey.com/newsletter.html.

618 Imaginez votre propre « voyage de rêve ». Comment votre partenaire voit-il des vacances parfaites, merveilleuses, fantastiques? Laissez aller complètement votre imagination. Maintenez le rêve bien vivant au fil des ans en gardant les brochures, les affiches et les livres sur votre destination rêvée.

Au moyen d'une planification adéquate, un peu de créativité et de temps, d'un régime d'épargne réaliste et de véritables efforts consacrés à votre vision, vous pouvez faire de votre voyage de rêve une réalité.

> « UN HOMME PART À
> LA CONQUÊTE DU MONDE,
> À LA RECHERCHE DE CE DONT
> IL A BESOIN ET REVIENT À LA
> MAISON POUR LE TROUVER. »
> — GEORGE MOORE

GREGORY J.P. GODEK

Voitures

619 Remplissez sa voiture de ballons. Les rouges.

620 À quand remonte la dernière fois où vous avez fait du « *stationnement* » ? (Pour la plupart d'entre nous, c'était pendant nos études de niveau secondaire.)

Découvrez de nouveau l'intensité sexuelle, la crainte d'être pris sur le fait, juste le plaisir de se stationner! Trouver la Voie des amoureux de votre localité, remplissez le siège arrière de coussins et prenez rendez-vous pour vendredi prochain!

> POUR VOTRE INFORMATION : VOUS AVEZ BESOIN DE 217 BALLONS POUR REMPLIR UNE HONDA ACCORD.

621 Accrochez un de vos slips au rétroviseur de sa voiture.

622 Cachez des petits mots d'une seule ligne partout dans sa voiture : sur les pare-soleils, dans le coffre à gants, le cendrier, le coffre arrière, sous le capot, sur le miroir, sur la ceinture de sécurité.

623 Lavez et passez l'aspirateur dans sa voiture, jusqu'à ce qu'elle brille de propreté!

ALLEZ FAIRE UN TOUR DANS UNE COCCINELLE D'ORIGINE.

Sports

624 Les amateurs de sports *adorent* les souvenirs qui se rapportent à leur passion. Des fanions, des affiches, des tee-shirts et des casquettes de leurs équipes préférées, des photos dédicacées et des balles portant la signature de leurs joueurs vedettes font de beaux cadeaux. Il y a toujours, évidemment, les billets de saison.

« D'ACCORD, LORETTA, JE VAIS PARTAGER MES SENTIMENTS...
JE VEUX REGARDER LA PARTIE DE BASEBALL. »

625 Pour votre amateur de baseball : demandez à un graphiste de votre localité de créer une carte de baseball personnalisée mettant en vedette votre partenaire. Écrivez vos propres « statistiques vitales » humoristiques, faites scanner sa photo et transposez-la sur du carton mince. (Présentez-la discrètement à votre partenaire en la glissant dans un paquet « scellé » de nouvelles cartes de baseball!)

626 Pendant qu'il regarde les sports à la télévision, apportez-lui des noix et du maïs soufflé, de la bière et des barres de crème glacée. En ce qui concerne les fanatiques de sports, la seule philosophie à adopter est : « Si vous ne pouvez les vaincre, rejoignez-les. »

Souper à la maison

627 Choisissez une bouteille de vin en raison de son nom romantique. J'ai récemment acheté une bouteille d'*Il Cuore*, un Cabernet Sauvignon 1996. L'étiquette est colorée et des formes géométriques évoquent des cœurs. À l'arrière, on explique que « le tableau original qui a servi à illustrer l'étiquette d'*Il Cuore* a été créé par Dan Rizzie, dont les œuvres cubiques colorées font partie des collections du Metropolitan Museum et du Musée d'art moderne de New York ». On précise également de Dan Rizzie est « un Italien de cœur ». Merci aux Aficionado Cellars, de Graton, dans le comté de Sonoma, en Californie. Composez le 1-888-751-WINE ou visitez le www.aficionadocellars.com.

> RALENTISSEZ!
> CHAQUE REPAS N'A PAS
> À ÊTRE « ROMANTIQUE »,
> MAIS IL DOIT REPRÉSENTER
> L'OCCASION DE VOUS
> PARLER ET DE VOUS
> RÉUNIR.

628 Il est romantique — mais courant — de dîner à la chandelle. Voici donc une suggestion pour faire changement : prenez votre *déjeuner* à la chandelle.

629 Préparez un *souper d'amoureux* pour votre partenaire lors d'occa-sions particulières ou lorsqu'elle a besoin d'un peu d'encouragement. Les « aliments des amoureux » sont des aliments réconfort, servis avec un peu plus d'amour. Ces derniers relèvent de choix extrêmement personnels. Il peut s'agir de gruau chaud et de sucre brun, servi tard le soir. Il peut s'agir d'une tasse de chocolat chaud servi pendant un après-midi d'hiver. Il peut s'agir de deux portions de crème glacée Haägen Dazs. Votre partenaire sait-il ou elle quels sont vos aliments réconfort? Connaissez-vous les siens?

630 Faites un toast l'un pour l'autre, chaque fois que vous prenez un verre de vin. Regardez-vous dans les yeux. Faites un toast à tour de rôle. Murmurez-le.

Souper à l'extérieur

631 Saviez-vous qu'il existe deux types de restaurants romantiques?

1. Le restaurant élégant, où il y a de l'action et souvent de très belles vues.
2. Le petit restaurant intime, discret, avec de petites tables.

Quel type de restaurant préfère-t-elle?
Ne l'invitez pas à l'un si elle préfère l'*autre*!

LES AUTRES CLIENTS CROIRONT QUE VOUS ÊTES DES NOUVEAUX MARIÉS.

632 Faites les arrangements nécessaires pour qu'un petit cadeau lui soit livré pendant votre souper. Imaginez une boîte élégamment emballée présentée sur un plateau d'argent.

633 Faites les arrangements nécessaires pour qu'une douzaine de roses lui soit livrée à votre table.

634 Embauchez un musicien pour qu'il chante la sérénade à votre table. Demandez-lui de jouer sa chanson romantique préférée.

635 Procurez-vous un menu de son restaurant préféré. Transformez-le en un « Certificat valable pour un souper romantique au restaurant ». Postez-le lui au bureau.

636 Un brunch du dimanche! Consultez les journaux de votre localité pour obtenir la liste des brunches qui y sont offerts. Demandez à vos amis de vous recommander leurs endroits préférés.

« FAITES DU PIED » SOUS LA TABLE D'UN RESTAURANT ÉLÉGANT.

GREGORY J.P. GODEK

Nombres correspondants

637

- Envoyez-lui vingt animaux en peluche pour son vingtième anniversaire.
- Envoyez-lui trente roses rouges pour son trentième anniversaire.
- Envoyez-lui quarante raisons qui expliquent pourquoi vous l'aimez pour son quarantième anniversaire.
- Envoyez-lui cinquante chansons d'amour pour son cinquantième anniversaire.
- Envoyez-lui soixante cartes de souhaits pour son soixantième anniversaire.
- Envoyez-lui soixante-dix tournesols pour son soixante-dixième anniversaire.
- Envoyez-lui quatre-vingts mots d'amour pour son quatre-vingtième anniversaire.
- Envoyez-lui quatre-vingt-dix ballons pour son quatre-vingt-dixième anniversaire.
- Envoyez-lui cent *Kisses* de Hershey pour son centième anniversaire.

638

- Envoyez-lui une carte de souhaits pour chacune des années de son âge — *envoyez-en une par jour, peu importe le temps que cela demande*.
- Envoyez-lui une carte de souhaits pour chacune des années de son âge — envoyez-les toutes *en même temps!*

639

- Est-ce qu'il *adore* Beethoven? Offrez-lui l'enregistrement des neuf symphonies.
- S'il préfère Mozart, vous devrez alors acheter les 41 symphonies.
- Et s'il s'agit de Haydn, vous avez un problème : il en a composé 108!

> VARIATIONS SUR UN THÈME : PRÉSENTEZ LES NEUF SYMPHONIES, ACCOMPAGNÉES DE NEUF ROSES, NEUF BALLONS ET NEUF PETITS MOTS D'AMOUR.

Suivant les règles

640 Ne serait-il pas génial de *publier un livre pour elle*? Ce pourrait être un recueil des poèmes que vous avez écrits pour elle ; une collection de lettres d'amour. Peut-être des mémoires que vous partagez ensemble ou une histoire fictive inspirée de ce que vous avez vécu ensemble? (Peut-être un roman érotique?)

Armé d'un ordinateur et d'un logiciel, Page Maker ou Quark, n'importe qui peut écrire un livre et le mettre en page pour qu'il ait une allure professionnelle. Dessinez ensuite une page couverture (ou retenez les services d'un graphiste). Enfin, communiquez avec un imprimeur et faites faire une copie. S'il s'agit de vos mémoires ou d'un livre soulignant votre cinquantième anniversaire de mariage, vous souhaiterez peut-être en faire imprimer quelques copies supplémentaires pour chacun des invités qui participeront à la fête organisée pour souligner l'occasion.

641 Lisez à haute voix l'un pour l'autre. C'est une façon merveilleuse de passer du temps ensemble et de partager une histoire. (Pensez au confort et à la proximité que vous créez lorsque vous lisez une histoire à un enfant.) Pour la lecture à haute voix, certains des livres préférés des élèves de mes classes comprennent :

- ♥ *Illusions*, de Richard Bach
- ♥ *Les Seigneur des anneaux*, de J.R.R. Tolkien
- ♥ *Le prophète*, de Kahlil Gibran.

> LA LECTURE À HAUTE VOIX DE RÉCITS *ÉROTIQUES* PEUT ÊTRE CONSIDÉRÉE COMME UN PRÉLIMINAIRE SEXUEL.

642 Bien sûr, il y a www.amazon.com et www.barnesandnoble.com. D'autres ressources en ligne existent toutefois pour des livres plus populaires ou plus difficiles à trouver : www.sciencepresse.qc.ca, www.bibliopolis.net/claq/, www.isbn.nu, www.addall.com, www.powells.com, www.fatbrain.com. Une ressource qui vous permet de rechercher dans l'inventaire de milliers de librairies de livres d'occasion : www.bibliofind.com.

Des idées engageantes!

643 Un homme de l'une de mes classes a eu l'idée de présenter à la femme qu'il fréquentait un bouton de rose… dans lequel était caché une bague à diamant. La rose était sur son bureau depuis deux jours, elle avait été admirée souvent et son arôme senti à plusieurs reprises, avant qu'elle ne s'ouvre complètement, révélant la bague! (Elle a failli perdre conscience!)

INDICATIF MUSICAL
DE CE CHAPITRE :
MARRY ME,
D'AMANDA MARSHALL.

POUR VOTRE
INFORMATION : LES ROMAINS
DE L'ANTIQUITÉ CROYAIENT QUE
LES DIAMANTS ÉTAIENT DE LA
POUSSIÈRE D'ÉTOILES FILANTES QUI
AVAIENT ÉTÉ TOUCHÉES PAR LA FLÈCHE
D'ÉROS. LES GRECS DE L'ANTIQUITÉ,
POUR LEUR PART, CROYAIENT QUE
LES DIAMANTS PROVENAIENT
DES LARMES DES DIEUX.

644 Il y a toujours la fameuse bague-à-diamant-dans-une-boîte-de-Cracker-Jack.

645 Posez votre candidature pour l'emploi de « mari ». Écrivez un curriculum vitae soulignant vos objectifs, les qualités qui font de vous un bon candidat, vos qualifications et votre expérience pertinente.

646 *Bagues de fiançailles pour hommes!* Pourquoi les *femmes* seraient-elles les seules à avoir des bagues de fiançailles? Point de vue d'une femme moderne : les bagues de fiançailles représentent des déclarations publiques signifiant que vous êtes « déjà prise ». Pourquoi se promènerait-il toujours libre, *lui*? Point de vue d'un homme : vous venez de dépenser plusieurs milliers de dollars pour une bague — ne croyez-vous pas que, pour elle aussi, « les actes valent plus que les paroles » ?

UN APPEL POUR L'ÉGALITÉ DES DROITS
(POUR LES HOMMES!)

Veux-tu m'épouser?

647 Voici quelques-unes des demandes les plus créatives et les plus inhabituelles dévoilées par les participants aux cours sur les relations amoureuses (et qui ont été acceptées!) :

- Demandes dans une publicité aérienne
- Demandes inscrites sur une bannière aérienne
- Demandes inscrites dans un jeu de patience
- Demandes enregistrées sur bande vidéo
- Demandes inscrites sur des panneaux d'affichage
- Demandes trouvées à l'intérieur de biscuits chinois personnalisés
- Demandes enregistrées sur bande audio
- Demandes envoyées par télégramme
- Demandes formulées à l'aide de la lueur des chandelles qui épelle : « Veux-tu m'épouser? »
- Inscrivez la demande sur le toit et invitez-la à voler!

INDICATIF MUSICAL DE CE CHAPITRE : *CET ANNEAU D'OR*, DE PATRICK NORMAN

648 Un peu de classe pour les hommes : envoyez un télégramme à ses parents pour leur demander la permission d'épouser leur fille.

649 Certains couples consultent des astrologues pour connaître la meilleure date et l'heure la plus appropriée pour leurs fiançailles. (Cela ne peut pas faire de tort. Cela peut même aider.)

650 Les filles : faites une photocopie de votre main et de votre nouvelle bague de fiançailles. Ajoutez une note disant : « Je possède un morceau de ton cœur » pour lui faire savoir votre appréciation.

> ASTROLOGIE? VOYONS DONC, POURQUOI PAS? AVEC UN TAUX DE DIVORCES DE 51 P. CENT, NOUS AVONS BESOIN DE TOUT CE QUI NOUS EST OFFERT!

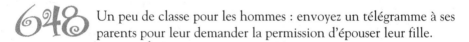

GREGORY J.P. GODEK

651 Elle a reçu un cadeau inattendu pour aucune occasion spéciale. Une boîte bien emballée de Tiffany's. Elle l'a ouverte pour trouver un plateau d'argent sur lequel était gravé : « Sally, veux-tu m'épouser ? »

> GAGNANT DE LA DEMANDE LA PLUS ORIGINALE : IL A JOLIMENT EMBALLÉ UNE PILE DE MAGAZINES DE MARIAGE EN LUI DISANT : « TU VAS EN AVOIR BESOIN ! »

Histoires de mariage

652 Un mari, dans l'une de mes classes, présente toujours sa femme de cette façon : « ... et laissez-moi vous présenter ma *jeune mariée*, Alice. » (Alice, soixante-quatre ans, son épouse depuis quarante ans, rougit à chaque fois.)

653 Abonnez-vous au magazine *Marriage*, l'un des secrets les mieux gardés aux États-Unis. Dans chaque numéro, je trouve des idées aussi pratiques d'inspirantes. Composez le 1-800-MARRIAGE ou visitez le www.marriagemagazine.com.

654

1. Les *sept principes pour qu'un mariage fonctionne bien*, de John M. Gottman et Nan Silver
2. *Améliorez votre couple sans en parler*, de Patricia Love. D. Éd. et Stephen Stosny, Ph. D.
3. *The New Rules of Marriage*, de Terrence Real
4. *Passionate Marriage : Keeping Love and Intimacy Alive in Committed Relationships*, de David Scharch

> INDICATIF MUSICAL DE CE CHAPITRE : *QUAND J'AIME UN JOUR J'AIME POUR TOUJOURS*, DE RICHARD DESJARDINS

5. *Les sept clés du bonheur à deux*,
   de Rita M. DeMaria et Sari Harrar
6. *L'acte conjugal*, du Dr Tim LaHaye
   et de Beverly LaHaye
7. *Tout ce qu'on ne vous a jamais
   dit sur le sexe et l'amour*,
   de Pepper Schwartz
8. *Marital Myths Revisited*,
   d'Arnold Lazarus
9. *Les Mirages du mariage*,
   de William Lederer et Don Jackson
10. *Take Back Your Marriage*,
    de William J. Doherty, Ph. D.

« QUE DEUX PERSONNES,
UNIES PAR LE MARIAGE,
VIVENT ENSEMBLE JOUR APRÈS
JOUR EST, HORS DE TOUT DOUTE,
UN MIRACLE QUI A ÉTÉ
NÉGLIGÉ PAR LE VATICAN. »
— BILL COSBY

655 Faites inscrire vos vœux de mariage dans une belle calligraphie et faites-les encadrer. Accrochez-les dans votre salle de séjour.

Monogamie — pas monotonie

656 Avez-vous déjà remarqué que le scénario de la plupart des meilleurs films romantiques repose sur une histoire qui se déroule entre deux personnes *célibataires*? Contrairement à la croyance populaire, ce n'est pas parce que l'histoire se termine par un mariage; c'est qu'il est tellement plus facile de capter l'engouement sur une bobine que de saisir la profondeur, le sens et les subtilités d'une relation A+, à long terme.

« Bien sûr, dans la vraie vie, le mariage, avec ses motifs et ses compromis souterrains, est plus fascinant, plus impressionnant et comporte même plus de ramifications qu'une série d'histoires d'amour. Mais dans les films, la surface — les visages, en fait — doit révéler l'histoire et, à partir du moment où ces visages deviennent familiers ou qu'ils affichent les vertus de la durabilité plutôt que l'étincelle de l'inconnu, l'histoire perd la tension nécessaire. » Tiré du *New York Times*, « The Love That's Forever : Making Matches », de Molly Haskell.

INDICATIF MUSICAL DE CE CHAPITRE : *LA VÉRITÉ*, DE GUY BÉART

657 Créez votre propre rituel d'anniversaire que vous répéterez chaque année dans le cadre d'une petite cérémonie privée. Vous pouvez faire jouer de la musique d'ambiance, allumer des chandelles, lire à haute voix et à tour de rôle, les vœux que vous avez prononcés lors de votre cérémonie de mariage, vous pouvez écrire un poème chaque année.

658 Procurez-vous une grande boîte de la taille d'une garde-robe auprès d'une entreprise locale de déménagement. Prévoyez un beau papier d'emballage, de la couleur que préfère votre partenaire, et une boucle géante. Placez la boîte sur la véranda. Cachez-vous à l'intérieur. Demandez à un ami de fermer le couvercle, de terminer l'emballage, de sonner à la porte et de s'enfuir.

LE FILM *LA MAISON DU LAC* EST L'UN DES RARES À AVOIR TRAITÉ DE L'AMOUR ENTRE DEUX PERSONNES MATURES.

(Encore) des jeux d'enfants

659 Achetez des crayons de couleur. Si vous êtes droitière, prenez un crayon de la main gauche. Écrivez-lui une petite note, comme si vous étiez encore en première année.

660 Les jouets mécaniques sont vraiment amusants : les monstres qui marchent et qui lancent des éclairs, les insectes qui grimpent, les voitures de course, les bébés qui rampent, les robots pesants. Servez-vous de votre créativité et enveloppez un petit jouet mécanique accompagné d'une note futée. Appelez Lilliput au 1-800-TIN-TOYS ou visitez le www.lilliputmotorcompany.com.

LANCEZ UN DISQUE VOLANT.
JOUEZ À UN JEU DE SOCIÉTÉ.
FAITES VOLER UN CERF-VOLANT.
MONTEZ À BORD D'UN CARROUSEL.
ÉCHANGEZ VOS MEILLEURES BLAGUES.
FAITES DES BULLES DE SAVON.
OBSERVEZ LA FORMATION DES NUAGES.
FAITES UN VŒU EN VOYANT UNE
ÉTOILE FILANTE.

661 Petits mots pour accompagner des animaux en peluche :

♥ Oursons : « *Je ne peux hiberner loin de toi…* »
♥ Cochons : « *Tout homme a dans son cœur un cochon qui sommeille. Attends qu'il se réveille…* »
♥ Lions : « *Tu me fais rugir de bonheur.* »
♥ Tigres : « *Tu es merveilleuse, ma tigrrrrrrrrrrrresse!* »
♥ Singes : « *Grimpons dans les rideaux!* »

662

♥ Visitez une aire de jeux, balancez-vous ensemble, jouez.
♥ Visitez une aire de jeux — à minuit, à la lueur de la pleine lune, avec une bouteille de champagne.

(Encore) un peu d'humour

663 Envoyez-lui des bandes dessinées au bureau. Associées au travail, associées aux loisirs, associées aux relations amoureuses. Il appréciera le fait que vous ayez pensé à lui.

664

💙 Présentez-lui une *addition*, lors du prochain souper que vous lui préparerez : «Café chez Jean-Anne : Addition : Salade : 1 baiser. Plat principal : 8 baisers. Dessert : 3 baisers. Total : 12 baisers. (Un pourboire serait très apprécié.) Pour en savoir plus sur notre Programme de récompenses pour les clients réguliers, demandez à voir la gérante. Merci et au plaisir de vous revoir bientôt! »

> *THE NEW YORKER* EST UNE EXCELLENTE SOURCE DE BANDES DESSINÉES PORTANT SUR LES RELATIONS AMOUREUSES.

💙 Présentez-lui une facture la prochaine fois que vous procéderez à un changement d'huile sur sa voiture : «Garage chez Jean : Facture d'entretien : 6 litres d'huile : 1 baiser chacun. Filtre à l'huile : 1 baiser. Nouvelles lames d'essuie-glace : 3,5 caresses. Main-d'œuvre : 4 baisers. Total : 11 baisers et 3,5 caresses. Les joues ne sont pas acceptées. Note : Des taux réduits sont offerts aux clientes qui couchent avec le mécanicien. »

665 Faites agrandir sa bande dessinée préférée pour qu'elle atteigne la taille d'une affiche. (Consultez le magasin de photocopies local.) Montez-la sur du carton. Envoyez-la au bureau ou installez-la sur la véranda, devant la maison.

> « NOUS NE POUVONS RÉELLEMENT AIMER QUELQU'UN AVEC QUI NOUS N'AVONS JAMAIS RI. »
> —AGNES REPPLIER

666 À l'intention de votre amateur de bandes dessinées : visitez le www.comics.com pour en savoir plus sur le *Sunday Comic Store*.

(Encore) des trucs branchés

667 Offrez à votre partenaire un bouquet de fleurs comestibles :

- ♥ Bourrache
- ♥ Calendula
- ♥ Camomille
- ♥ Capucines
- ♥ Chèvrefeuille
- ♥ Chrysanthèmes
- ♥ Fleurs d'anis hysope
- ♥ Fleurs de ciboulette
- ♥ Fleurs de courge
- ♥ Fleurs de lavande
- ♥ Fleurs de roquette
- ♥ Hémérocalles
- ♥ Marguerites
- ♥ Moutarde sauvage
- ♥ Pensées
- ♥ Pétales de rose
- ♥ Pissenlits
- ♥ Roses de mer
- ♥ Souci officinal
- ♥ Violettes

> FAITES FLOTTER CES FLEURS COMESTIBLES DANS UN VERRE
> DE VOTRE VIN OU DE VOTRE CHAMPAGNE PRÉFÉRÉ!

668 Des cartes de vœux musicales! Oui, ouvrez-en une et un air électronique se mettra à jouer, pour vous. Très branché. Vous en trouverez dans les magasins de cartes et les boutiques de cadeaux.

> *COOL, N'EST-CE PAS?*

669 Lors de votre prochain voyage au États-Unis, communiquez avec Clambakes to Travel. Ils vous enverront un festin de homard, où que vous soyez aux États-Unis! Composez le 1-800-722-CLAM ou visitez le www.clambakeco.com.

Vous recevrez un festin de homard complet, comprenant les assiettes et les ustensiles — par avion, le jour suivant! Il s'agit du traditionnel souper de fruits de mer de la Nouvelle-Angleterre pour deux personnes : deux homards de 1 1/4 livre, 1 1/2 livre de coquillages, 1 livre de moules, deux épis de maïs frais, de quatre à six pommes de terre rouges, deux gros morceaux d'oignon et deux saucisses italiennes douces.

GREGORY J.P. GODEK

(Encore) d'autres concepts

670 «*Le temps, c'est de l'argent*». Vous avez entendu cette phrase des *milliers* de fois. Un appel à l'efficacité. Une maxime sur la gestion du temps. Un bon prétexte pour les bourreaux de travail.

Eh! bien. C'est un *mensonge*. Le temps, ce n'est *pas* de l'argent.

Vous *pouvez* épargner de l'argent, mais vous ne pouvez *pas* épargner de temps — il passe toujours, quoi que vous fassiez. De plus, vous pouvez générer plus d'argent — en travaillant plus fort, plus longtemps, d'une façon plus intelligente. Mais vous *ne* pouvez générer plus de temps. *Voilà*. Niet. *Désolé. Rien de plus. Non — vous ne pouvez pas vivre sur du temps emprunté — cela ne fonctionne pas de cette manière.*

> LE TEMPS N'EST *PAS DE L'ARGENT.*

Je vous suggère donc d'épargner de l'argent (pour un gros cadeau ou un événement spécial) — mais de profiter du temps maintenant, pendant qu'il est encore là.

671 Les romantiques, bien qu'ils considèrent leurs partenaires comme étant prioritaires, ne font pas fi de leurs propres besoins et de leurs désirs. En revanche, ils accordent la priorité à leur *relation* et font des choses qui améliorent le couple. Voyez-vous, les sacrifices sont toujours des bombes à retardement, en raison du fait qu'ils engendrent du ressentiment chez celui qui donne et de la culpabilité chez celui qui reçoit. Les gestes romantiques posés par amour fournissent du bonheur, tant au donneur qu'au receveur.

> LES ROMANTIQUES NE SONT PAS DES MARTYRS.

672 Votre environnement physique affecte votre bien-être. Bien que la plupart d'entre nous soient d'accord avec cet énoncé, l'art chinois du *feng shui* l'amène à un autre niveau. Selon le *feng shui*, les maisons, les bâtiments et les pièces sont des systèmes énergétiques qui ont une influence sur le *chi* — notre énergie vitale. Cela me semble tout à fait logique de faire tout ce que nous pouvons pour nous créer un environnement personnel qui puisse soutenir nos vies et nos amours. Voici deux livres qui pourraient vous en apprendre plus : *Feng Shui Your Life*, de Jayme Barrett et Mary Steenburgen et *Feng Shui et couleurs : l'influence des couleurs sur l'environnement et la vie quotidienne*, de Sarah Rossbach et Lin Yun.

(Encore) des trucs à faire vous-même

673 Apprenez la guitare juste assez pour vous accompagner quand vous lui chantez sa chanson d'amour préférée. Maintenant, chantez-lui la sérénade! Réponses aux excuses les plus fréquentes pour ne pas le faire :

♥ Excuse : « Je n'ai aucun talent en musique. »
   Réponse : « Répétez, répétez, répétez! »
♥ Excuse : « Je ne peux pas chanter. »
   Réponse : « Alors, ne le faites pas. Mais jouez une version instrumentale de la chanson à la guitare. »
♥ Excuse: « Je suis trop gêné. »
   Réponse : « Voyons. Relevez le défi! Devenez meilleur encore! »

674 Faites un DVD, intitulé « Ta vie ». Interviewez ses amis, les membres de sa famille, les voisins, ses professeurs à l'école secondaire, ses amis du collège et ses confrères de la fraternité, ses collègues et les personnes qui travaillent avec lui. Cette une excellente idée de cadeau pour un anniversaire particulier.

> CONVERTISSEZ VOS VIDÉOS MAISON EN DVD, À L'AIDE D'UN ENREGISTREUR DVD. VOUS POUVEZ UTILISER LE LOGICIEL DE WINDOWS, MOVIE MAKER, SUR VOTRE ORDINATEUR POUR FAIRE DES VIDÉOS ET AJOUTER DE LA MUSIQUE, CRÉANT AINSI UN BEAU *MONTAGE VIDÉO* POUR VOTRE AMOUREUX!

675 Faites un certificat personnalisé pour votre partenaire. Vous pouvez vous procurer des certificats vierges dans un magasin d'articles de bureau ou une papeterie. Il n'est pas nécessaire que cela soit parfait ou artistique, mais n'oubliez pas : *c'est l'intention qui compte*! Voici quelques certificats qui ont déjà été remis par des participants aux cours sur les relations amoureuses :

♥ Un certificat pour « M'avoir enduré pendant toutes ces années. »
♥ Un prix pour « Conduite exceptionnelle au lit. »
♥ Une reconnaissance pour « La meilleure épouse au monde. »
♥ Un ruban pour « Caresses et baisers au-delà de l'appel au devoir conjugal. »

GREGORY J.P. GODEK

(Encore plus) de trucs à faire vous-même

676 Composez une chanson originale pour votre partenaire. Vous pouvez obtenir l'aide d'un musicien local, mais l'essentiel de la chanson devrait être de votre cru.

♥ Présentez-lui les paroles, rédigées sur un parchemin roulé et noué par un ruban.
♥ Chantez-lui la chanson.
♥ Embauchez un groupe pour lui chanter la chanson pendant une fête.

> LES ARTICLES UNIQUES SONT CEUX QUI SONT LE PLUS APPRÉCIÉS.

677 Pourquoi pas un album pour célébrer votre relation? Prenez vos vieilles photographies, vos petits mots, vos lettres d'amour et assurez-vous d'avoir assez de bâtons de colle sous la main! Votre partenaire l'appréciera pendant le *reste de ses jours*.

678 Faites un « rouleau commémoratif » pour célébrer une occasion spéciale : l'anniversaire de votre douce moitié, votre anniversaire de mariage, une autre date particulière ou peut-être une *année* spéciale.

♥ Cherchez les événements importants qui se sont produits à cette date ou durant cette année-là. Tenez compte de ces catégories : les nouvelles, les citations mémorables, les personnages célèbres, les événements dans le monde, les percées scientifiques, les messages publicitaires, les émissions de télévision, la musique populaire, les films, les livres, Broadway, les sports, l'art, la politique, la vie quotidienne, la religion et diverses autres choses.
♥ Quelques ressources pour vous aider : l'*Almanach politique du Québec*, d'Alain-Gustave Gagnon, *L'almanach du peuple*, *The Timetables of History*, de Bernard Grun et Eva Simpson, et *Celebrity Almanach*, d'Ed Lewis.

Ce rouleau commémoratif peut être rédigé à la main, conçu par ordinateur ou calligraphié. Nouez un ruban autour et présentez-le. Vous souhaiterez peut-être le remettre dans le cadre d'une présentation spéciale : lisez-le à voix haute, à votre partenaire.

(Encore) des surprises

679 Achetez, longtemps d'avance, des billets de théâtre, de concert ou de baseball. Ne lui dites pas à quoi ils serviront. Dites-lui tout simplement de réserver la date dans son agenda. Le mystère entourant l'événement sera presque aussi agréable que l'événement lui-même. Garanti.

680 Faites-lui une surprise en rapportant à la maison un souper du meilleur restaurant en ville.

681 Faites-lui une surprise en lui préparant son dessert favori.

682 Pendant que vous êtes tous deux sortis faire l'épicerie ou le tour des magasins, demandez à un ami de livrer un repas gastronomique chez vous. Demandez-lui de mettre la table avec votre plus belle porcelaine, des chandelles et des fleurs, et de faire jouer du jazz en sourdine.

> LA PLUPART DES HOMMES COMPRENNENT TOUT LE PLAISIR ET LE ROMANTISME QUE COMPORTE UNE BAGUE DE FIANÇAILLES SURPRISE. COMMENT POUVEZ-VOUS LA SURPRENDRE. *MAINTENANT*?

683 Si vous devez être *séparés* à l'occasion d'un anniversaire de naissance ou de mariage ou à Noël : enveloppez un nouveau téléphone cellulaire que vous lui remettrez comme cadeau. Dites à votre partenaire qu'il ou elle ne doit l'ouvrir qu'à *l'heure précise* que lui vous désignerez. Ensuite, appelez votre douce moitié *exactement une minute* avant l'heure convenue et laissez sonner jusqu'à ce qu'il ou elle ouvre le cadeau et réponde au téléphone. (Assurez-vous de synchroniser vos montres!)

GREGORY J.P. GODEK

(Encore) des fleurs

684 Une dame, dans l'une de mes classes sur les relations amoureuses, a offert à son mari des fleurs *pressées*. Elle a expliqué que « les fleurs *plates* sont plus versatiles que les fleurs *naturelles*. Vous pouvez en effet les glisser entre les pages du livre qu'il est en train de lire ; les cacher dans ses dossiers et les *poster* ! »

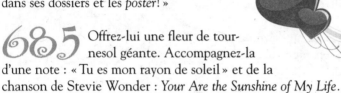

INDICATIF MUSICAL
DE CE CHAPITRE :
LA VIE EN ROSE,
D'ÉDITH PIAF

685 Offrez-lui une fleur de tournesol géante. Accompagnez-la d'une note : « Tu es mon rayon de soleil » et de la chanson de Stevie Wonder : *Your Are the Sunshine of My Life*.

686 *Précisez toujours* à votre fleuriste que vous voulez des fleurs fraîches. Une belle rose fraîchement coupée durera près d'une *semaine*, tandis qu'une fleur plus âgée ne durera qu'une journée.

687

- ♥ Chaque foyer devrait être doté d'un beau vase de cristal.
- ♥ Et d'un vase pour les pousses.
- ♥ Et un vase à fleurs au travail ne ferait pas de tort non plus.

(Encore) du romantisme abordable

688 Le choix du moment est absolument *crucial* si on veut épargner un peu d'argent. Vous pouvez économiser de 20 à 50 p. cent sur à peu près tout ce que vous achetez si vous faites vos achats de façon intelligente.

- Rendez-vous dans les magasins immédiatement après Noël.
- Achetez pendant les soldes de fin de saison.
- Recherchez les soldes de surplus d'inventaire.
- Consultez régulièrement les catalogues, à la recherche de prix réduits.

LES PERSONNES ROMANTIQUES NE SONT PAS PARTICULIÈREMENT DÉPENSIÈRES. MAIS IL Y A UNE DIFFÉRENCE ENTRE FAIRE *ATTENTION* ET FAIRE PREUVE D'*AVARICE*!

689 Dans la plupart des municipalités, vous pouvez trouver des livrets de coupons qui comprennent des centaines de coupons-rabais que vous pouvez échanger dans les restaurants, les magasins et les entreprises de services. Ces livrets ne coûtent habituellement que quelques dollars, mais vous permettent d'en épargner des *centaines*! Ils vous inciteront aussi à sortir de la maison et de la routine dans laquelle vous vous êtes installés!

690 Redécouvrez les cafés et petites boîtes de nuit. Ces endroits vous permettent de vous divertir et de changer de rythme à peu de frais. (La musique folk ne s'est jamais vraiment éteinte, elle a tout simplement connu des hauts et des bas).

POUR VOTRE INFORMATION, LES CATALOGUES DE LINGERIE OFFRENT SOUVENT DES SOLDES DE FIN DE SAISON.

691 TKTS, à New York, est le meilleur endroit pour obtenir des billets à moitié prix, pour les spectacles présentés le jour même, à Broadway. Les succursales sont situées à Times Square et à South Street Seaport. C'est vraiment le meilleur prix que vous obtiendrez en ville. (Préparez-vous à faire la queue — dans une *longue* file. L'attente est en elle-même un véritable «spectacle»!)

GREGORY J.P. GODEK

(Encore) plus de bains moussants

692 Faites-lui couler un bain pendant qu'elle est sortie faire les courses. Sur la table de la cuisine, placez une bougie, un verre de vin et bouteille de bain moussant de haut de gamme, le tout accompagné d'un mot disant : « Je vais ranger l'épicerie à ta place. Détends-toi. Tu le mérites. Je t'aime. »

693 Essuyez-la quand elle sortira du bain. L-E-N-T-E-M-E-N-T.

694 S'il n'y a rien que votre partenaire n'apprécie plus qu'un bain chaud et luxueux, envisagez la possibilité de lui offrir un séjour dans un hôtel cinq étoiles, où le personnel saisit parfaitement le romantisme du bain.

- ♥ Post Ranch Inn, à Big Sur, en Californie. Imaginez des tuiles de marbre mouillées, au sommet de collines de 300 mètres de haut, surplombant l'océan Pacifique. Composez le 1-800-527-2200 ou visitez le www.postranchinn.com.
- ♥ Château de Bagnols, à Bagnols, en France. D'énormes bains anciens dans un château datant de la Renaissance, près de Lyon. Composez le + 33 (0) 4 74 71 40 00 ou visitez le www.bagnols.com.
- ♥ Hôtel Park Hyatt, à Tokyo, au Japon. Imaginez prendre un bain chaud dans une baignoire profonde, tout en admirant la ville de Tokyo. Composez le + 81 3 5322 1234 ou visitez le www.tokyo.park.hyatt.com.
- ♥ Hôtel Mandarin Oriental, de San Francisco, en Californie. Pourquoi pas celui-ci pour expérimenter le luxe, agrémenté d'une vue? Une salle de bain au 48e étage, avec des fenêtres du sol au plafond, surplombant le Golden Bridge. Composez le 415-276-9888 ou visitez le www.mandarinoriental.com/sanfrancisco.

En pensant à toi

695 Procurez-vous des petits autocollants rouges en forme de cœur et placez-en un sur la face de votre montre. Cela vous rappellera de penser à votre partenaire chaque fois que vous regardez l'heure. Si vous êtes comme la plupart d'entre nous, cela représente environ mille fois par jour!

696 Faites un don à son organisme de bienfaisance préféré — au lieu de dépenser pour une prochaine sortie dispendieuse. Vous lui indiquerez ainsi qu'elle compte pour vous — mais que les oiseaux ou les baleines ou l'environnement ou peu importe la cause qui lui tient à cœur compte aussi.

697 Des renseignements précieux peuvent être obtenus en se posant mutuellement des questions bizarres :

1. Si tu étais le personnage d'une bande dessinée, lequel serais-tu?
2. Si ton nom devait apparaître dans le dictionnaire, comment te définirais-tu?
3. Si tu pouvais te créer le parfait emploi, que serait-il?
4. Qui sont tes héros? (Réels et fictifs)
5. Si tu pouvais faire trois vœux, lesquels seraient-ils?
6. Pourrais-tu vivre dans une tente avec ton ou ta partenaire pendant un an (sans perdre la raison)?
7. Si tu pouvais accomplir une cascade qui te permettrait d'être inscrit dans le livre *Guinness des records*, laquelle serait-elle?
8. Aimerais-tu mieux être doté d'une grande intelligence ou d'une *grande beauté*?
9. Si tu pouvais être un super-héros, lequel serais-tu?
10. À la place de Rick, dans le film *Casablanca*, aurais-tu laissé partie Elsa, à la fin?
11. Quelle partie de ton corps aimerais-tu changer?

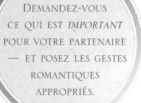

DEMANDEZ-VOUS CE QUI EST *IMPORTANT* POUR VOTRE PARTENAIRE — ET POSEZ LES GESTES ROMANTIQUES APPROPRIÉS.

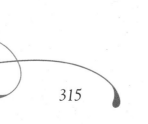

CACHEZ UN PETIT CADEAU DANS LA POCHETTE À GLISSIÈRE DE SON SAC À MAIN.

Pensez autrement

698 Faites quelque chose qui *sort complètement de l'ordinaire.*

PENSEZ « AUTREMENT » — ET VOUS NE SEREZ JAMAIS À COURT D'IDÉES ROMANTIQUES.

- ♥ Toujours en retard? — Soyez à l'heure.
- ♥ Vous n'avez aucune créativité? — Pensez à quelque chose d'original et d'inattendu.
- ♥ Vous avez tendance à oublier? — Souvenez-vous de son anniversaire *tous les jours, pendant un mois!*
- ♥ Vous regardez la télévision tous les soirs? — Allez souper à l'extérieur.
- ♥ Vous avez deux pieds gauches? — Prenez des cours de danse ensemble.

699 Êtes-vous coincé dans une routine? Avez-vous eu tendance à tenir votre partenaire pour acquis, dernièrement? Essayez de « recadrer ». Revoyez ou redéfinissez la manière dont vous voyez votre partenaire.

- ♥ Pensez de nouveau à lui ou à elle comme étant *votre amoureux ou votre amoureuse.*
- ♥ Traitez-le comme *votre meilleur ami* — ce qu'il a *déjà été*, vous en souvenez-vous?

700 Utilisez différentes occasions pour faire semblant de vous rencontrer pour la première fois :

- ♥ Rencontrez-vous dans un bar, après le travail.
- ♥ Rencontrez-vous pendant que vous faites l'épicerie.
- ♥ Rencontrez-vous en faisant la queue, à la banque.
- ♥ Rencontrez-vous pendant l'heure du dîner, au travail.

701 Passez « toute la nuit ensemble » : faites l'amour, regardez des vidéos, allez souper dans un restaurant ouvert toute la nuit, allez faire une promenade au clair de lune, faites l'amour de nouveau, visionnez des vieux films à la télévision, mettez la musique au fond et dansez à trois heures du matin. Dormez ensuite toute la journée pour récupérer.

Chorégraphie

702 Faites l'amour en suivant une chorégraphie effectuée sur votre musique préférée! Cela pourrait sembler superficiel et étudié, mais de nombreuses personnes dans mes cours sur les relations amoureuses m'ont dit l'avoir fait souvent, sans jamais avoir considéré cela comme une « chorégraphie ».

Je ne veux pas dire de planifier *chaque* mouvement, mais plutôt de jumeler votre musique préférée à l'ambiance et au rythme de vos ébats.

💙 Par exemple, certaines personnes aiment commencer lentement et doucement et accélérer le rythme jusqu'au plaisir culminant. La musique de leur chorégraphie pourrait être : d'abord George Winston, suivi d'Al Jarreau et de Glenn Miller, pour finir avec Maynard Ferguson.

> *CETTE TECHNIQUE N'EST PAS ENSEIGNÉE DANS LES ÉCOLES DE DANSE!*

💙 D'autres préfèrent commencer avec fougue et passion pour ralentir progressivement vers une conclusion paisible. La musique de leur chorégraphie pourrait ressembler à ceci : la bande sonore de *9 semaines 1/2* , suivie de celle de *Quand Harry rencontre Sally* pour finir avec celle de *Souvenirs d'Afrique*.

♥ Un couple préfère les symphonies de Mozart. «Nous aimons aussi beaucoup la musique de Beethoven, mais elle est trop frénétique pour convenir au rythme de nos ébats, a expliqué Judy B. Mozart est parfait — surtout la symphonie n° 41, en *do* majeur, K.551, «*Jupiter*». Elle comprend quatre mouvements, ce qui convient très bien à notre façon de faire l'amour.

> 1) «Le premier mouvement, *Allegro Vivace*, est puissant et passionné, ce qui nous stimule. Il dure 11 minutes 50 secondes — idéal pour des préliminaires énergiques.
>
> 2) «Le deuxième mouvement, *Andante Cantabile*, ralentit le rythme, ce qui nous permet de parler un peu et de créer encore plus d'intimité. Cela dure un bon 10 minutes 53 secondes.
>
> 3) «Le troisième mouvement, *Menuetto : Allegretto*, reprend le rythme, ce qui nous fait passer d'une douce intimité à une passion intense. Ce mouvement est rapide et ne dure que 5 minutes, 13 secondes.
>
> 4) «Le dernier mouvement, *Molto Allegro*, court vers une conclusion effrénée et passionnée. Sa durée, de 8 minutes, 37 secondes, est parfaite. »

♥ Quelle musique utiliseriez-vous pour faire l'amour?

Créativité

703 Écrivez un journal. Cela comporte différents avantages. Bon nombre de participants aux cours sur les relations amoureuses ont constaté que les idées créatives surgissent souvent pendant la rédaction de leur journal.

704 Georges était un bibliophile. Il adorait bouquiner dans les librairies. Le jour de son quarante-troisième anniversaire de naissance, alors qu'il se dirigeait vers sa librairie préférée, il s'est soudainement arrêté sur le trottoir. Dans la vitrine se trouvaient des centaines d'exemplaires d'un livre intitulé «*Bon anniversaire, Georges!*» En s'approchant, il a constaté que l'auteur était son épouse! Il a foncé dans le magasin, où un commis lui a tendu une copie du livre.

Georges a alors compris qu'il s'agissait en fait d'un autre livre qu'on avait recouvert d'une jaquette personnalisée.

Complètement secoué, Georges a retourné le livre et a lu : «Bon anniversaire, mon merveilleux mari! Ce livre est la première surprise. La deuxième est un chèque-cadeau de 100 $, que tu pourras échanger ici, contre des livres. La troisième surprise est un dîner au Café Chic, où je t'attends patiemment. Bonne fête! »

> LES GARS :
> APPRENEZ À FAIRE DE
> LA PRESTIDIGITATION,
> SUFFISAMMENT POUR FAIRE
> APPARAÎTRE UNE BAGUE
> À DIAMANT COMME SI
> ELLE SORTAIT DE
> NULLE PART!

705 Utilisez un dictionnaire des synonymes pour vous aider à exprimer votre amour — et à raviver vos lettres d'amour.

♥ Dites que vous — aimez, adorez, admirez, chérissez, désirez, voulez, nécessitez, tenez à, estimez, idolâtrez, révérez, prisez, appréciez — votre partenaire.

♥ Décrivez à quel point — vous êtes fou d'elle, obsédé par elle, qu'elle vous rend dingue, que vous êtes conquis, obnubilé, que vous avez le béguin pour votre partenaire.

♥ Dites à votre partenaire que vous êtes — enchanté/captivé/ amouraché/que vous avez un faible pour lui ou elle.

> ÊTES-VOUS — ENTICHÉ,
> DINGUE, ÉPERDU,
> DÉSESPÉRÉ, FRÉNÉTIQUE,
> INTOXIQUÉ, FOU OU
> FOLLE — D'AMOUR
> POUR ELLE OU LUI?

En croisière

706

- ♥ Abercrombie & Kent International : 1-800-554-7016, www.abercrombiekent.com.
- ♥ American Canadian Caribbean Line : 1-800-556-7450, www.accl-smallships.com
- ♥ Croisières Carnival : 1-888-CARNIVAL, www.carnival.com
- ♥ Croisières Celebrity : 1-800-647-2251, www.celebritycruises.com
- ♥ Clipper Cruise Line : www.cruisemates.com
- ♥ Croisières Club Med : 1-800WEBCLUB, www.clubmed.ca
- ♥ Croisières Costa: 1-877-88 COSTA, www.costacruise.com
- ♥ Croisières Cunard : 1-800-7CUNARD, www.cunard.com
- ♥ Croisières Disney : 1-800-951-2647, www.disney.ca
- ♥ Croisières Holland America : 1-877-932-4259, www.hollandamerica.com
- ♥ Croisières Norwegian : 1-866-234-7350, www.ncl.com
- ♥ Croisières Princess : 1-800-PRINCESS, www.princess.com
- ♥ Croisières Royal Caribbean : 1-866-562-7625, www.royalcaribbean.com
- ♥ Star Clippers : 1-800-442-0551, www.star-clippers.com
- ♥ Croisières Windstar : 1-800-258-SAIL, www.windstarcruises.com

AVEZ-VOUS DÉJÀ OBSERVÉ LE COUCHER DU SOLEIL DANS LES CARAÏBES, SUR LE PONT D'UN NAVIRE DE CROISIÈRE?

En amour

707 Faites l'amour lentement.

708 **Choses à ne jamais, jamais,** *jamais* **faire lorsque vous faites l'amour :**

💜 Ne répondez jamais, jamais, *jamais* au téléphone.
💜 Ne murmurez jamais, jamais, *jamais* le nom de votre « ex » par erreur.
💜 Ne jetez jamais, jamais, *jamais* un coup d'œil à votre montre.
💜 Ne vous interrompez jamais, jamais, *jamais* pour réagir aux gémissements de votre animal domestique.
💜 Favorisez l'ouverture d'esprit mais ne poussez jamais trop loin.
💜 N'accordez jamais, jamais, *jamais* un laps de temps insuffisant.
💜 Ne passez jamais, jamais, *jamais* de remarque négative à propos du corps de votre partenaire.
💜 Ne passez jamais, jamais, *jamais* de commentaire sur sa technique (mais vous pouvez en discuter plus tard).
💜 Ne vous laissez jamais, jamais, *jamais* aller sans avoir d'abord pris des mesures anticonceptionnelles.
💜 Ne critiquez jamais, jamais, *jamais* votre partenaire d'aucune façon.
💜 Ne perdez jamais, jamais, *jamais* votre sens de l'humour.
💜 N'abordez jamais, jamais, *jamais* le travail ou les enfants alors que vous êtes au lit.
💜 Ne feignez jamais, jamais, *jamais* le plaisir.
💜 Ne laissez jamais, jamais, *jamais* la porte déverrouillée, si les enfants sont à la maison.

709 Faites l'amour en répondant entièrement à ses désirs sexuels — et en faisant attendre les vôtres à demain.

GREGORY J.P. GODEK

S'il vous plaît, M. le Facteur

710 Vous pouvez faire oblitérer vos cartes de la Saint-Valentin par l'une de ces municipalités romantiques :

- ♥ « Valentine, Texas 79854 »
- ♥ « Valentine, Nebraska 69201 »
- ♥ « Loveland, Colorado 80537 »
- ♥ « Loving, Nouveau-Mexique, 88256 »
- ♥ « Bridal Veil, Oregon 97010 »
- ♥ « Loveland, Ohio 45140 »

Vous n'avez qu'à placer votre carte, adressée et oblitérée, à l'intérieur d'une autre enveloppe adressée au bureau de poste de l'endroit de votre choix. Écrivez une note demandant que votre carte de la Saint-Valentin soit estampillée à la main et envoyée.

> INDICATIF MUSICAL DE CE CHAPITRE : *LA LETTRE*, DE LARA FABIAN.

711 Ayez toujours des timbres dans votre porte-monnaie. (De préférence, plusieurs timbres personnalisés!)

712 Ce qui suit est une campagne de « courrier indésirable » qu'une participante à l'un de mes cours a créée pour son mari. Elle l'a conçue de façon à ce que cela ressemble à un envoi du Publishers Clearinghouse. Brillant, non?

VOUS VENEZ PEUT-ÊTRE DE GAGNER!
Le Lovestake de Publishers Clearinghouse *VOUS* a choisi comme récipiendaire d'AU MOINS 1 000 000 de baisers — Oui! UN MILLION de baisers (et de caresses!) Aucun achat requis! Pas de coupon à remplir! Que devez-vous faire pour vous qualifier et recevoir UN MILLION DE BAISERS ET DE CARESSES? — Vous n'avez qu'à apporter une bouteille de champagne à la maison vendredi prochain. C'est tout!

> ARTICLES À INSÉRER DANS L'ENVELOPPE D'UNE LETTRE D'AMOUR : DES CONFETTIS, UNE MÈCHE DE VOS CHEVEUX, DES PLUMES, DES AUTOCOLLANTS, DES DÉCOUPES DE PAPIER EN FORME DE CŒUR.

Mais — si vous souhaitez vous qualifier pour le GRAND PRIX BONI de 1 000 nuits d'amour passionné, vous devrez rapporter à la maison une rose par semaine pendant un an. C'EST BIEN PEU POUR 1 000 NUITS D'AMOUR PASSIONNÉ, N'EST-CE PAS?

Cette offre se termine *demain* — répondez dès *AUJOURD'HUI*!

Vous avez un message

713 Avec mes salutations à America Online… Demeurez en contact avec votre partenaire à l'aide du courrier électronique. Utilisez toujours la plus récente technologie qui s'applique aux communications électroniques afin d'éliminer les barrières artificielles qui se dressent entre le « temps pour le travail » et le « temps pour les affaires personnelles ». Le courrier électronique est idéal pour entretenir une conversation avec votre partenaire pendant toute la journée.

CONSIDÉREZ LE COURRIEL COMME UNE AUTRE FAÇON DE RESTER EN CONTACT. CES MESSAGES NE REMPLACENT TOUTEFOIS PAS LES VRAIES LETTRES D'AMOUR ACHEMINÉES PAR COURRIER ESCARGOT!

714

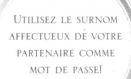

UTILISEZ LE SURNOM AFFECTUEUX DE VOTRE PARTENAIRE COMME MOT DE PASSE!

- Tapez ceci : deux-points, parenthèse fermante :) et vous obtenez un sourire quand vous penchez la tête pour regarder.
- Tapez ceci : point-virgule, demi-cadratin, parenthèse fermante ;–) — un clin d'œil!
- Tapez ceci : deux-points, demi-cadratin, parenthèse ouvrante :–(— une grimace de déception.

Ils portent le nom d'émoticônes ou de « bonshommes sourire » et ils sont fréquemment utilisés par les utilisateurs de courrier électronique pour mettre plus d'emphase sur le contenu émotionnel de leurs messages.

715 Il est devenu de plus en plus facile d'envoyer des fichiers audio par courrier électronique. À l'aide du logiciel adéquat, votre amour pourra entendre et lire les mots que vous lui destinez. Cette technologie est idéale quand vous vivez une relation à distance.

> * CE CHAPITRE EST DÉDIÉ À MEG RYAN ET À TOM HANKS.

716 Créez vos propres cartes de souhaits électroniques personnalisées. En utilisant PowerPoint ou un autre logiciel du même acabit, vous pourrez vous servir d'images que vous aurez scannées ou d'animation pour créer des cartes vivantes, amusantes et divertissantes!

État d'esprit d'une personne romantique

717 Les romantiques ont un bon sens de l'humour. Un romantique sans humour, cela n'existe pas. Bien que le fondement de l'amour soit une chose très sérieuse, la *nature* d'une histoire d'amour est enjouée.

> ÉTAT D'ESPRIT
> D'UN ROMANTIQUE :
> CRÉATIF
> EXCENTRIQUE
> SOUPLE
> OBSERVATEUR
> ENFANTIN
> DÉLICAT
> AGRÉABLE
> DINGUE
> CURIEUX

718 Les romantiques « mettent du cœur à l'ouvrage ». Oui, les relations amoureuses requièrent du travail. Mais il ne s'agit pas de « travail » comme celui qu'on fournit au bureau, de neuf à dix-sept heures. Cela ressemble plus à l'œuvre d'un artiste sur un canavas.

La peinture requiert de l'habileté, du temps, des efforts, de la planification, de la frustration et de la sueur, parfois — mais le résultat est tellement gratifiant que l'artiste ne voit pas cela comme du travail. Les efforts consacrés à une relation amoureuse sont de cette nature.

719 Les personnes romantiques ne font pas que *travailler* leur relation, elles en font un jeu aussi! Être romantique comporte beaucoup de *plaisir*. (Juste au cas où vous ne vous en seriez pas encore aperçu!) Être romantique requiert de la créativité, la capacité de s'exprimer et un esprit passionné. Vous rappelez-vous de la définition que j'ai donnée un peu plus tôt : un «jeu pour adultes»?

720 Les personnes romantiques vivent le moment présent. *Carpe diem — ne manquez pas votre chance*! Saisissez le moment. Ne laissez pas passer un autre dix minutes sans exprimer votre amour pour votre partenaire. (Oui. *Littéralement*. Si vous êtes à la maison en train de lire cet ouvrage, déposez-le, approchez-vous et enroulez vos bras autour de votre partenaire. Si vous êtes à l'extérieur, servez-vous du téléphone. Allez-y. *Carpe diem*.)

Pensez comme une personne romantique

721 Les personnes romantiques sont de véritables *aimants* pour les idées romantiques.

- ♥ Les personnes romantiques trouvent des idées romantiques partout.
- ♥ Les personnes romantiques gardent un œil sur les concerts et les spectacles prévus dans leur région.
- ♥ Les personnes romantiques lisent les journaux non seulement pour les nouvelles, mais pour y trouver des occasions d'être romantiques.
- ♥ Les personnes romantiques remarquent les articles *et* les annonces dans les journaux et les magazines.

GREGORY J.P. GODEK

- Les personnes romantiques conservent des articles divers pour s'y référer ultérieurement.
- Les personnes romantiques remarquent les cadeaux uniques pendant qu'ils magasinent pour autre chose.

722 Les personnes romantiques font preuve de souplesse.

- Que feriez-*vous* si vous aviez prévu un pique-nique et qu'il se mettait à pleuvoir? Un couple a décidé de pique-niquer *au lit*! Un autre a pris deux parapluies et est allé au parc *quand même*!
- Si votre partenaire arrivait au bureau en portant un imperméable et *rien d'autre*, que feriez-vous?
- Seriez-vous tout à fait à l'aise de prendre spontanément l'après-midi de congé pour le consacrer à votre partenaire?

> IDÉE TROUVÉE EN MANGEANT DES ALPHA-BITS :
> POUR CHACUNE DES LETTRES DE L'ALPHABET, ÉCRIVEZ TROIS POSSIBILITÉS DE CADEAUX OU DE CONCEPTS ROMANTIQUES. UTILISEZ CETTE LISTE POUR GÉNÉRER DES IDÉES.

723 L'emploi du concept de la «pensée orientée vers le couple» rendra qui que ce soit romantique. Cette pensée est une technique par laquelle vous vous considérez *d'abord* comme un membre du couple, ensuite comme un individu. (Au sein de notre culture, les hommes mettent généralement trop d'emphase sur l'individualité pure et dure et pas assez sur le développement d'une relation et la création de liens).

Note : je ne suggère PAS de vous sacrifier comme martyr sur l'autel de la Relation.

> LES PERSONNES ROMANTIQUES CONSACRENT UNE PARTIE DE LEUR CERVEAU À RECONNAÎTRE LES OCCASIONS ROMANTIQUES QUI SE PRÉSENTENT. D'AUTRES PERSONNES LES ÉLIMINENT.

L'amour, c'est...

724 L'amour, c'est... éliminer toutes les possibilités d'interruption pour pouvoir être vraiment seuls tous les deux. Débranchez le téléphone, la télévision, envoyez les enfants chez les voisins, débranchez la sonnette de la porte d'entrée.

INDICATIFS MUSICAUX
DE CE CHAPITRE :
L'AMOUR, C'EST QUOI,
DE JULIO IGLESIAS
D'ABORD, C'EST QUOI L'AMOUR,
DE CÉLINE DION
L'AMOUR, C'EST COMME UN JOUR,
DE CHARLES AZNAVOUR
PUISQUE C'EST L'AMOUR,
DE LARA FABIAN

725 L'amour, c'est... encadrer la carte de souhaits qu'elle vous a envoyée et que vous préférez.

♥ L'amour, c'est... lire à haute voix l'un pour l'autre avant d'aller au lit.
♥ L'amour, c'est... faire livrer un poème à votre table, au restaurant.
♥ L'amour, c'est... lui envoyer une carte postale à chaque jour, quand vous êtes éloigné d'elle.
♥ L'amour, c'est... croire l'un dans l'autre.

726

L'AMOUR, C'EST...
LA RÉVEILLER DOUCEMENT
AVEC DES CARESSES
ET DES BAISERS.

♥ Le romantisme est l'expression de l'amour.
♥ Le romantisme est le glaçage sur le gâteau de votre relation amoureuse.
♥ Le romantisme se rapporte *toujours* à l'amour, mais a trait au sexe seulement en *certaines occasions*.
♥ Le romantisme est un état d'esprit.
♥ Le romantisme est une façon d'être.
♥ Le romantisme est ce que vous *faites*. (L'amour est ce que vous *ressentez*.)
♥ Le romantisme est le langage de l'amour.

GREGORY J.P. GODEK

L'amour, c'est...

727

« L'amour est un petit asile de refuge du monde. »
— Bertrand A. Russell

« L'amour est la plus belle fleur du jardin
de Dieu. »
— Anonyme

« Je dis que l'amour est une fleur et toi,
son unique graine. »
— Amanda McBroom

« L'amour est une ortie qu'il faut moissonner
chaque instant si l'on veut faire la sieste étendu
à son ombre. »
— Pablo Picasso

« L'amour est avant tout le don de soi-même »
—Jean Anouilh

L'AMOUR EST UN
CONCEPT PUREMENT
VIDE À MOINS DE LE
RENDRE VIVANT
AU MOYEN
DE L'ACTION.

« L'amour consiste à être bête ensemble. »
— Paul Valéry

« L'AMOUR
EST AVEUGLE. »
— GEOFFREY CHAUCER
♥ ♥ ♥
« L'AMOUR EST AVEUGLE, MAIS
IL A UN SENS DU TOUCHER
TRÈS DÉVELOPPÉ. »
— MAE WEST

« L'amour est autant comme un objet que
comme une obsession : tout le monde le
veut, tout le monde le cherche, mais peu
y parviennent. Ces derniers le chériront,
se perdront en lui et par-dessus tout, ne
l'oublieront jamais… jamais. »
— Curtis Judalet

« L'amour est la seule chose dont on n'a jamais assez …
et la seule qu'on ne donne pas assez. »
— Henri Millet

« L'amour est patient, l'amour est serviable, il n'est pas envieux. »
— 1 Corinthiens 13 :4

« L'amour est le triomphe de l'imagination sur l'intelligence. »
— H.L. Mencken

« L'amour est la seule réponse saine et satisfaisante au problème
de l'existence humaine. »
— Erich Fromm

« L'amour est en quelque sorte éternel : son aspect peut changer,
mais jamais son essence. »
— Vincent Van Gogh

« L'amour est la fin de l'histoire du monde, l'amen de l'univers. »
— Novalis

« L'AMOUR EST PATIENT,
L'AMOUR EST SERVIABLE, IL
N'EST PAS ENVIEUX. L'AMOUR NE SE
VANTE PAS, IL NE MÉDITE PAS LE
MAL, IL SE RÉJOUIT DE LA VÉRITÉ.
IL PARDONNE TOUT, IL CROIT TOUT,
IL ESPÈRE TOUT, IL SUPPORTE TOUT.
L'AMOUR NE SUCCOMBE JAMAIS. »
—1 CORINTHIENS 13:4-7

La route qui mène au cœur d'un homme*

728 Messieurs, dans le doute, achetez-lui du chocolat. Mesdames, dans le doute, commandez-lui de la pizza.

729 Vous pouvez relever *n'importe* quel plat à la maison — des mets les plus extravagants aux dîners congelés — en ajoutant des bougies et de la musique douce. N"attendez pas les occasions spéciales ou les fins de semaine pour être romantique.

730 Demandez au chef de disposer les rondelles de pepperoni de façon à ce qu'elles forment un cœur.

> OU — DEMANDEZ À CE QUE LA PIZZA SOIT EN FORME DE CŒUR. OU — COUPEZ CHAQUE TRANCHE DE PEPPERONI EN PETIT CŒUR. OU — UTILISEZ LA GARNITURE DE CHAMPIGNONS POUR FORMER VOS INITIALES ET CELLES DE VOTRE PARTENAIRE.

731 Si votre partenaire apprécie le thé, abonnez-la au bulletin *Upton Tea Quarterly*. Elle y trouvera une liste et de l'information sur plus d'une centaine de variétés de thé fin. Écrivez à Upton Tea Imports, 34A Hayden Rowe Street, Hopkinton, Massachussetts 01748. Composez le 1-800-234-8327 ou visitez le www.uptontea.com

732 Quel est le plat qu'elle préfère depuis toujours? Apprenez à le préparer. Demandez l'aide d'amis, de voisins, de connaissances — peu importe ce que cela demande.

> *ET AU CŒUR D'UNE FEMME!*

733 Créez un « rendez-vous à la maison », comprenant le souper et la danse. Tenue de ville.

Recettes romantiques

734 Enduisez certaines parties de votre corps de crème fouettée ou de chocolat et invitez votre partenaire à prendre le dessert.

735 Le chemin qui mène à son estomac comprend aussi les directives pour se rendre à son restaurant préféré. Connaissez-vous le restaurant qu'il préfère entre tous ; son mets favori ; son restaurant-minute favori ; le restaurant chic qui a ses faveurs ; sa pizzeria préférée ?

CRÉEZ UN « CLUB DU VIN DU MOIS » PERSONNALISÉ POUR ELLE.

736 Entreprenez une série de « Découvertes de restaurants » : chaque semaine, rendez-vous dans un restaurant différent qui se trouve dans un rayon de 125 kilomètres de votre maison. Choisissez un thème qui plaît aux deux.

- ♥ Cela peut être un type de *cuisine* : française, thaïlandaise, mexicaine, italienne, chinoise, etc.
- ♥ Ou un type *d'établissement* : comptoirs de repas-minute, bistros élégants, cafés sympathiques, pizzerias, etc.

(PAS) SEULEMENT POUR LES NOUVEAUX MARIÉS! *THE NEWLYWED COOKBOOK*, DE ROBIN VITETTA-MILLER

737

- ♥ Prenez un cours de dégustation de vin ensemble.
- ♥ Participez à des dégustations de vin chez les vignobles locaux.
- ♥ Organisez des dégustations de vin pour vos amis.
- ♥ Abonnez-vous au magazine *The Wine Spectator*.
  Composez le 1-800-752-7799 ou visitez le www.winespectator.com

GREGORY J.P. GODEK

Aphrodisiaques

738 Vous savez, évidemment, que les M&M de couleur verte sont *aphrodisiaques*, n'est-ce pas? À partir de là …

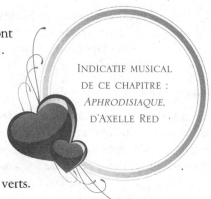

INDICATIF MUSICAL
DE CE CHAPITRE :
APHRODISIAQUE,
D'AXELLE RED

* Ouvrez avec soin un sac d'un demi-kilo de M&M et videz-le. Remplissez-le de M&M verts seulement. Refermez-le de façon à ce qu'il ait l'air neuf.
* Offrez-lui une boîte en forme de cœur remplie de M&M verts.
* Remplissez sa boîte de céréales de M&M verts.

739 Dans mes cours sur les relations amoureuses, il y a toujours quelqu'un qui me demande de parler des *aphrodisiaques*. On a prêté de telles vertus à une panoplie d'aliments, des huîtres au chocolat, en passant par le basilic et les M&M verts. Personnellement, je crois que c'est *l'état d'esprit* et *l'ambiance* qui entourent la présentation de l'aliment qui déterminent le potentiel amoureux de la fin de la soirée.

Mais, de toute façon, essayez des recettes exotiques. (Cela ne peut pas faire de tort — peut-être même aider.)

Peu importe si certains aliments peuvent *chimiquement* ou pas augmenter l'intérêt de quelqu'un en matière d'amour, vous pouvez très certainement utiliser la nourriture pour influencer *psychologiquement* l'envie d'amour! Il y a toujours l'effet placebo, démontré scientifiquement, qui veut que la simple *croyance* au pouvoir d'un agent peut entraîner l'effet escompté. Ce qui signifie que *n'importe quel* aliment peut pratiquement avoir un pouvoir aphrodisiaque.

740 Si vous souhaitez préparez de véritables plats gastronomiques qui ont un réel potentiel aphrodisiaque, vous devez vous procurer le livre *The New InterCourses : An Aphrodisiac Cookbook*, de Martha Hopkins et Randall Lockridge. C'est le livre de cuisine le plus étonnant, le plus élégant et le plus érotique que vous aurez jamais vu! Les photos, à elles *seules*, vous inspireront des fantaisies auxquelles vous n'avez jamais pensé. Je vous le *garantis*! Visitez le www.intercourses.com.

HENRY KISSINGER A DÉJÀ DIT : « LE POUVOIR EST LE PLUS PUISSANT DES APHRODISIAQUES. » CELA VEUT-IL DIRE QUE SEULS LES CHEFS D'ÉTAT MÈNENT DES VIES SEXY? PAS DU TOUT! NOUS AVONS TOUS UN ÉNORME POTENTIEL EN CE QUI A TRAIT À NOTRE *POUVOIR PERSONNEL*, AU POUVOIR DE NOTRE *CHARME*, À NOTRE POUVOIR *ROMANTIQUE*, AU POUVOIR DE NOTRE *IMAGINATION* ET AU POUVOIR DE *L'AMOUR*.

GREGORY J.P. GODEK

(Encore) plus de recettes romantiques

741 Les pique-niques. (J'ai vérifié et il n'est dit nulle part qu'il vous est interdit de faire des pique-niques à l'intérieur, nus, devant un feu de foyer, dans votre bureau, sur le toit de l'édifice que vous habitez ou à minuit.)

LE SUPERPRODUCTION RECOMMANDÉE... LE CLASSIQUE *TOM JONES*. (ATTENDEZ LA SCÈNE DU PUB. WOW!)

742 Faites cuire un biscuit aux pépites de chocolat géant, pour lui. (Et je veux vraiment dire GÉANT — au moins 60 centimètres de diamètre.)

743 Si vous êtes particulièrement nul en cuisine, vous détenez une bonne occasion de surprendre votre partenaire. *Préparez un repas gastronomique*! Arrangez-vous pour que votre partenaire soit sortie pendant tout l'après-midi. Demandez l'aide d'un ami qui cuisine. Préparez son plat favori. *Et voilà!*

744 Inventez votre propre cocktail et baptisez-le du nom de votre partenaire. (Un « Pierre roquet », un « Hen Ricard »).

745

POUR VOTRE INFORMATION — LA BOISSON GAZEUSE LA PLUS POPULAIRE AU BRÉSIL, LA *GUARANA*, EST ÉGALEMENT UN APHRODISIAQUE LÉGENDAIRE RECONNU!

♥ Ouvrez avec précaution une boîte de thé. Remplacez un sachet par un mot d'amour. Scellez le paquet pour donner l'impression que personne n'y a touché.
♥ Créez des « étiquettes de mots d'amour » et attachez-les au bout de la corde de chaque poche de thé.

Romantisme classique

746 Quoi de plus classique qu'un pendentif en or muni de votre photo à l'intérieur? (Peut-être une photo de vous deux.)

747 *Ranimez la chevalerie*. Les femmes adorent les vrais gentlemen.

♥ Ouvrez la portière de la voiture pour elle. Tirez sa chaise au restaurant. Aidez-la à mettre son manteau.

♥ Les femmes plus âgées apprécieront le retour de ces bonnes manières.

♥ Certaines femmes plus jeunes devront être encouragées à considérer ces gestes comme des manifestations de respect et d'affection et non comme des messages indiquant que les hommes les voient comme inférieures et sans défense.

748 *Allez danser!* La danse de salon revient en force ! Depuis la Deuxième guerre mondiale, elle n'a jamais été aussi à la mode qu'aujourd'hui. Le son distinctif de la musique de Glenn Miller, de Benny Goodman et de leurs « Big Bands » se fait désormais entendre dans les salles de danse, les restaurants, les boîtes de nuit et les sous-sols d'église, partout sur le continent. Inscrivez-vous à des cours de danse de salon. Cela pourrait être votre meilleure décision romantique des dix dernières années.

> COURS DE DANSE À L'ÉCOLE
> BALLROOM-MONTRÉAL :
> 514-830-7416.
> WWW.BALLROOM-MONTREAL.COM

749 Faites le tour de la ville en calèche ou allez à la campagne.

Classicisme romantique

750 Mon groupe d'experts a compilé pour moi cette liste des *arias* les plus romantiques du répertoire classique :

- ♥ *Deh Vieni, Non Tardar,* du *Mariage de Figaro*
- ♥ *Che Gelida Manina,* de *La Bohème*
- ♥ *Parigi, O Cara,* de *La Traviata*
- ♥ *Recondita Armonia,* de *Tosca*
- ♥ *Bimba, Bimba, Non Piangere,* de *Madame Butterfly*
- ♥ *L'air de la fleur,* de *Carmen*
- ♥ *Sì, mi chiamano Mimì,* de *La Bohème*
- ♥ *Celeste Aïda,* d'*Aïda*
- ♥ *Amor Ti Vieta,* de *Fedora*
- ♥ *Mon cœur s'ouvre à ta voix,* de *Samson et Dalilah*
- ♥ *Quando, Rapito In Estasi,* de *Lucia di Lammermoor*

VOTRE PARTENAIRE AIME-T-ELLE LA PASSION ET LA PUISSANCE DE BEETHOVEN? LA BEAUTÉ ET LA GRÂCE DE MOZART? LA PROFONDEUR ET L'ÉLÉGANCE DE BACH?

751 Les concertos pour piano les plus romantiques (vous avez ma parole) :

- ♥ Concerto pour piano en *do* majeur nᵒ 21, K. 461 de Mozart
- ♥ Concerto pour piano nᵒ 2 en *mi* majeur de Beethoven
- ♥ Concerto pour piano et orchestre en *la* mineur de Schumann
- ♥ Concerto pour piano et orchestre en *la* mineur de Grieg

752 Soyez prêts en vous dotant d'une bibliothèque de musique romantique. Les personnes vraiment romantiques ont de tout : de Beethoven aux Beatles, en passant par Mozart et Meatloaf ; du jazz au rock, en passant par le country, le R&B, le folk, la musique acoustique et les comédies musicales.

« DITES-MOI QUI VOUS ADMIRE ET QUI VOUS AIME ET JE VOUS DIRAI QUI VOUS ÊTES. » — CHARLES AUGUSTIN SAINTE-BEUVE.

Classique

753 Chantez-lui la sérénade. Chantez-lui sa chanson préférée ou « votre » chanson. Vous n'avez pas besoin d'une grande voix. Votre sincérité compensera largement pour votre manque d'oreille.

- Chantez en même temps que tourne un CD des Beatles ou de Céline Dion.
- Demandez à un ami de vous accompagner à la guitare.
- Si le fait de chanter vous gêne vraiment, retenez les services d'un chanteur/guitariste pour lui chanter la sérénade à votre place.

754 Un véritable classique est la balade-en-chaloupe-sur-un-lac-paisible-par-un-lent-dimanche-après-midi.

- Version 1 : « Faites-le ! » Sautez dans un jean et un tee-shirt, saisissez une bouteille de vin et un peu de fromage et *hop* ! Dans une vieille chaloupe sur le lac.
- Version 2 : « Les beaux dimanches » — Portez vos plus beaux vêtements, préparez un beau panier à pique-nique, louez un beau canot et passez de beaux moments.
- Version 3 : « Un après-midi victorien » — Louez des costumes ! Queue de pie et haut de forme pour lui, baleines et parasol pour elle. L'agitation sur les berges est garantie.

L'UNE DES SCÈNES LES PLUS ROMANTIQUES DE TOUS LES TEMPS AU CINÉMA : DANS *UN MONDE POUR NOUS*, QUAND LLOYD EST À LA FENÊTRE DE DIANE AVEC UN RADIO-CASSETTE, EN TRAIN DE FAIRE JOUER LEUR CHANSON. REFAITES CETTE SCÈNE POUR VOTRE AMOUR.

GREGORY J.P. GODEK

755 Rédigez, à la main, une lettre d'amour classique, romantique, passionnée, sincère et bien sentie. La plupart des adultes n'ont pas écrit de lettre d'amour depuis leurs études de niveau *secondaire*! (Pourquoi pas? Avons-nous perdu notre idéalisme de jeunesse ou sommes-nous devenus paresseux?) Pas d'excuses! Asseyez-vous pour vingt, peut-être trente minutes et couchez simplement vos *sentiments sur papier*. N'essayez pas d'être éloquent ou poétique. Soyez seulement vous-même. L'effort et l'intention comptent plus que les mots que vous utilisez.

> UN ÉTUDIANT DANS L'UNE DE MES CLASSES A DÉJÀ ÉCRIT À SA FEMME : « CHÉRIE, JE T'AIME AUTANT QUE J'AIME LE SUPER BOWL! » (ELLE A PLEURÉ DE SOULAGEMENT ET DE BONHEUR!)

Un peu de classe

756 Habillez-vous pour souper à la maison. Smoking pour lui, robe du soir pour elle.

757 Embauchez un pianiste pour qu'il joue pendant un souper romantique à la maison.

758 N'importe quoi de chez Tiffany's.

> GARDEZ LA BOÎTE DE CHEZ TIFFANY'S! CETTE BOÎTE TURQUOISE SI DISTINCTIVE GARANTIT DES BATTEMENTS DE CŒUR, CHEZ VOTRE PARTENAIRE, ET CE, *SANS ÉGARD* À CE QU'ELLE CONTIENT.

759 Faites une promenade agréable dans un parc local ou dans un jardin public.

760 Apprenez l'art de la calligraphie afin de pouvoir lui écrire des lettres d'amour absolument incroyables.

POUR VOTRE INFORMATION : THÉÂTRE EN PLEIN AIR, DANS DIFFÉRENTS PARCS DE LA VILLE DE MONTRÉAL ET DANS CERTAINES RÉGIONS : 514-916-7275, WWW.BONJOUR-QUEBEC.COM.

761 Procurez-vous une paire de flûtes à champagne et servez-vous en *souvent*!

762 Retenez les services d'une limousine pour une élégante soirée à l'extérieur.

763 Embauchez le meilleur chef en ville pour qu'il vous prépare, chez vous, un dîner pour deux.

Visualisez ceci

764 Faites agrandir, à la taille d'une *affiche*, une photographie spéciale. Il peut s'agir d'un souvenir de votre mariage ou d'une photo humoristique de vous deux.

765

♥ Bien sûr, vous avez une photo d'elle dans votre portefeuille, *n'est-ce pas*?

♥ Et, sur votre bureau, une photo de 20 cm par 25 cm, *n'est-ce pas*?

« L'AMOUR, LA CLÉ QUI OUVRE LES BARRIÈRES DE L'IMPOSSIBLE. » — FIKAYO OSITELU

GREGORY J.P. GODEK

766 Collez des photos drôles de vous deux sur le réfrigérateur et agrémentez-les de bulles humoristiques.

FAITES FAIRE
UNE DÉCOUPE
GRANDEUR NATURE DE
VOTRE PERSONNE
ET FAITES-LUI
LE DON DE
VOUS-MÊME!

767 Transformez votre tiroir de photographies et de diapositives diverses en un «album vidéo». Réunissez vos photos préférées, choisissez une musique d'accompagnement et faites appel au studio de production local pour qu'il crée un DVD que vous garderez précieusement.

768 Trouvez votre photo dans l'album de graduation de votre école secondaire. Ajoutez des commentaires humoristiques. Postez-la-lui. (Si votre photo est aussi pire que la mienne, cela pourrait être la chose la plus drôle que vous lui ayez jamais envoyée!)

769 Pourquoi ne pas offrir à votre amour une photo dédicacée de son héros, de sa vedette de cinéma, son athlète ou sa célébrité préférée?

Image parfaite

770 Faites peindre son portrait à l'aide d'une photographie.

771 Saisissez les souvenirs et les bons moments… ou, comme dans la publicité, «les moments de votre vie» — prenez des photos. Que vous utilisiez une caméra numérique sophistiquée ou une caméra jetable, le fait de prendre des photos ajoutera du plaisir à vos sorties et vous fournira de quoi remplir vos albums de bons souvenirs.

772 Vous avez, bien sûr, une photo de votre épouse sur votre bureau, *n'est-ce pas?*

♥ Sinon, voici ce qu'il vous faut faire :
Procurez-vous une belle photo de 20 par
25 cm. Faites-la encadrer, emballez-la
et *offrez-vous-la.* Ouvrez votre cadeau
à l'heure où vous prenez le déjeuner
avec votre femme et apportez la photo
au bureau. Vous laisserez un bon
souvenir à votre épouse.

♥ Note : Placez la photo *juste au milieu*,
devant vous, et non sur le côté de votre
bureau. Son beau sourire vous aidera à vous
concentrer sur vos priorités lorsque vous devrez faire
face à un problème qui semble important au bureau.

> « VOUS SAVEZ QUE
> VOUS ÊTES AMOUREUX
> QUAND VOUS VOYEZ LE
> MONDE DANS SES YEUX ET
> SES YEUX PARTOUT DANS
> LE MONDE. »
> — DAVID LEVESQUE

DEMANDEZ À
UN PHOTOGRAPHE
PROFESSIONNEL DE
RÉALISER UN PORTRAIT
OFFICIEL DE
VOUS DEUX.

773 Passez tout un après-midi
ensemble à prendre des photos
instantanées de vous, à l'aide d'une caméra
numérique. Un couple a tout simplement
fait un documentaire sur un souper à
l'extérieur. Un autre a passé l'après-midi
au lit. Un couple s'est concentré sur les
plans rapprochés et un autre, sur les
prises de vue artistiques du milieu
environnant.

GREGORY J.P. GODEK

Flower Power

774

- Lundi, déposez une seule rose rouge sur la table de la cuisine. Pas de petit mot. Pas d'explication.
- Mardi, déposez un lys sur la table à café.
- Mercredi, déposez une marguerite dans le lavabo de la salle de bain.
- Jeudi, déposez un géranium sur son oreiller.
- Vendredi, déposez un myosotis dans la boîte aux lettres.
- Samedi, déposez un tournesol sur le comptoir de la cuisine.
- Dimanche, offrez à votre amour un *énorme* bouquet constitué des espèces de fleurs que vous lui aurez données pendant la semaine.

> INDICATIFS MUSICAUX
> DE CE CHAPITRE :
> *FLEUR SAUVAGE*,
> DE CLAUDE FRANÇOIS,
> *LE MYOSOTIS*,
> DE GEORGES BRASSENS,
> *DONNEZ-MOI DES ROSES*,
> DE TINO ROSSI.

775

Mon enquête, qui s'est échelonnée sur vingt ans, a permis de dévoiler que 99,9998 des femmes *adorent* les fleurs. Vous ne pouvez pratiquement pas vous tromper, avec des fleurs. Le 0,0002 qui reste croit que c'est «du gaspillage que d'acheter des fleurs qui mourront, de toute façon, dans quelques jours. » Elles apprécient les fleurs, mais n'aiment pas gaspiller. Astuce : offrez à ces dames des *plantes florales* au lieu de *fleurs coupées*.

776

Apprenez à connaître votre fleuriste local. Devenez un «client régulier » — vous obtiendrez un meilleur service et des fleurs plus fraîches!

> « L'AMOUR VÉRITABLE
> NE VIEILLIT JAMAIS. »
> — ELBEN BANO

777 Utilisez une fleur comme «signal secret». Un couple, dans l'un des cours sur les relations amoureuses, nous a dit que, depuis des années, «une fleur sur l'oreiller» représentait le signe qu'ils voulaient faire l'amour le soir même. Cela me semble très intéressant!

Encore plus de puissance!*

778 Regardez, les gars. Ce *n'est pas* comme une opération au cerveau. Vous voulez plus de *sexe*? Soyez plus *romantiques*. C'est aussi simple que cela.

MERCI À TIM ALLEN ET À SON ÉMISSION *TOOL TIME*!

779 Vous aimeriez que votre partenaire porte de la lingerie plus souvent, *mais de quel droit passez-vous vos journées dans vos vieux caleçons délavés et dans vos pantalons en molleton sales?* Donnez l'exemple! Portez une belle robe de chambre, ou un pyjama en soie, une tenue de détente ou un kimono japonais!

780 *Écoutez*-la! Ne cherchez pas à résoudre le problème, à fournir des conseils, à être d'accord ou non. *Écoutez*-la, tout simplement. Donnez-lui de la crédibilité. Honorez-la.

Souvent, les hommes s'imaginent que les femmes cherchent des *réponses* alors qu'elles ne veulent que de la *compassion* et de la *compréhension*.

781 Lisez un exemplaire de *Marie-Claire*, *Elle Québec*, *Châtelaine*, *Vogue*, *Clin d'œil*, *Redbook*, ou *Glamour*. (Comment vous attendez-vous à savoir ce que les femmes pensent et disent si vous ne jetez pas occasionnellement un coup d'œil à leurs magazines?)

CONSULTEZ RÉGULIÈREMENT LE MAGAZINE *REDBOOK* QUI FOURMILLE DE SUGGESTIONS ET D'IDÉES POUR DONNER PLUS DE PIQUANT À VOTRE VIE SEXUELLE.

Greg et Karyn

782 La plupart des gens célèbrent des «anniversaires». Karyn et moi célébrons les «jeudiversaires» : chaque semaine, nous soulignons notre premier rendez-vous. Cela nous donne l'occasion de nous rappeler souvent du romantisme des premiers temps et c'est un bon prétexte pour fêter!

Notre premier rendez-vous n'était même pas de nature galante — c'était une rencontre d'affaires détendue (un auteur à succès qui voulait échanger des secrets avec une humoriste de talent) à mon café préféré, le Pacific Bean, à Pacific Beach, en Californie. Nous nous sommes rencontrés à 11 h 30. Nous avons finalement regardé l'heure douze heures plus tard! Nous avions, de façon évidente, sympathisé tout de suite. Le reste, comme on dit, est entré dans l'histoire.

C'est ainsi… que nous avons déclaré les jeudis «notre journée», que nous célébrons d'une façon ou d'une autre chaque semaine. Si nous sommes en ville, nous nous rendons au Pacific Bean, prenons un café et faisons une promenade sur la plage. (Note : nous avons fait installer une petite plaque de bronze sur «notre» table.) Si nous ne sommes pas ensemble, nous nous appelons pour nous souhaiter un joyeux anniversaire.

783 L'année dernière, j'ai remplacé le bas de Noël de Karyn par de *vrais bas de soie*. (Oh! Oh! Oh!)

784 J'ai créé la *Carte de vie* de Karyn pour célébrer son anniversaire, l'année dernière. Sur une feuille de la taille d'une affiche, j'ai tracé un diagramme représentant sa vie, de la naissance à aujourd'hui. Le long de cette ligne sont inscrits les événements qui ont marqué sa vie : certains sont importants, alors que d'autres sont pénibles, drôles ou sérieux. (J'ai interviewé ses parents et ses amis pour trouver des événements qu'il m'était impossible de savoir.) Une ligne parallèle indique les événements qui se sont produits dans ma vie ou dans le monde, permettant ainsi de mettre son existence en perspective. C'est devenu un héritage instantané.

♥ Peut-être en ferai-je la mise à jour à chaque tranche de dix ans, pour notre anniversaire. Cela serait un beau rituel, trouvez-vous?

♥ Et puis, peut-être qu'à notre cinquantième anniversaire je le ferai calligraphier. (Mais je doute de pouvoir attendre si longtemps.)

Cœur et âme

785 Lors de vos prochaines vacances, planifiez quelque chose de différent, de spirituel et de ressourçant. Pendant une semaine, faites une retraite dans un sanctuaire paisible ou dans un monastère.

♥ Green Gulch Farm Zen Center, Muir Beach, Californie. Ateliers bouddhistes et périodes de méditation, dans un environnement de style japonais, sur la magnifique côte du Pacifique. Composez le 415-383-3134 ou visitez le www.sfzc.org.

INDICATIFS MUSICAUX DE CE CHAPITRE : *HEART & SOUL*, DE JAN & DEAN *HEART & SOUL*, DE HUEY LEWIS & THE NEWS *HEART & SOUL*, DE JOHNNY MADDOX *HEART & SOUL*, DE THE CLEFTONES

♥ The Mountain Retreat, Highlands, Caroline du Nord. Sur un sommet de 4 200 pieds surplombant les montagnes Blue Ridge, dans une vue à couper le souffle. Vous et votre partenaire pouvez découvrir les retraites et les ateliers offerts par la Unitarian Universalist Association. Composez le 828-526-5838 ou visitez le www.mountaincenters.org.

♥ Marie Joseph Spiritual Center, à Biddleford, dans le Maine. Les adeptes de toutes les religions sont invités à se joindre aux sœurs de la congrégation Presentation of Mary, dans un environnement paisible, sur les berges de l'Atlantique, lors des prières quotidiennes. Composez le 207-284-5671 ou visitez le www.mariejosephspiritual.org.

786 Lisez un passage inspirant tous les matins et tous les soirs. Voici quelques suggestions :

♥ *Le prophète*, de Kalil Gibran
♥ *La Bible*, par Vous-savez-qui
♥ *Un cours en miracles*, Foundation for Inner Peace
♥ *Morning Notes*, par Hugh Prather.

La lune et les étoiles

787 Des épinglettes astrologiques en diamants! Le joaillier A.G.A. Correa a créé une incroyable collection de constellations en épinglettes. Inspirées de la carte des étoiles, les épinglettes sont non seulement élégantes, elles sont précises : chaque diamant est proportionnel à la magnitude de l'étoile à laquelle il correspond. Tous les signes du zodiaque sont offerts, de même que d'autres constellations. Les prix varient selon le nombre d'étoiles comprises dans chacune des constellations et leur magnitude. Les prix se situent entre 1 700 $ et 5 600 $ US. Écrivez à l'adresse suivante : P.O. Box 1, Edgecomb, Maine 04556, composez le 1-800-341-0788, ou visitez le www.agacorrea.com.

> SPÉCIALEMENT POUR LES AMOUREUX DES DIAMANTS, LES ADEPTES DE SCIENCE-FICTION ET LES FANATIQUES D'ASTROLOGIE!

788 Inspirée par le classique « *Fly Me to The Moon* », une femme planifie d'amener son mari sur la lune. Littéralement. Elle pense que des vols commerciaux réguliers devraient être offerts d'ici l'année 2025. Prévoyant un prix du billet relativement élevé, elle a mis 5 000 $ dans un compte de rentes, en 1990. Voici son raisonnement : « Une année, nous avons annulé nos vacances pour économiser cet argent. Ce n'était pas grand-chose. Je prévois qu'avec un rendement modeste de sept pour cent par année, cet investissement représentera 53 382 $ en 2025. »

> À QUAND REMONTE VOTRE DERNIÈRE PROMENADE ROMANTIQUE AU CLAIR DE LUNE?

789 Vous ne pouvez peut-être pas lui offrir la lune et les étoiles, mais vous pouvez donner son nom à une étoile! *L'International Star Registry* vous enverra un très beau certificat comprenant les coordonnées de l'étoile et son nouveau nom, de même qu'une carte des étoiles et de l'information sur l'observation des astres. Bien que votre étoile ne sera jamais reconnue officiellement par la NASA, vous pourrez tous les deux l'admirer pendant des années. Pour seulement 54 $ par étoile, il s'agit d'un beau cadeau unique à offrir à la personne qui fait étinceler vos yeux. Composez le 1-800-282-3333, écrivez au 34523 Wilson Road, Ingleside, Illinois 60041, ou visitez le www.starregistry.com.

Science-fiction

790 Si votre partenaire est un fanatique de la *Guerre des étoiles*, prenez des vacances en Tunisie, où des scènes clés (les épisodes un et quatre) ont été tournées, notamment la *Propriété familiale de Luke* et la *Cantine*. Communiquez avec TunisUSA pour en savoir plus sur les tours : 1-888-474-5502 ou visitez le www.tunisusa.com.

791 Louez tous les films de *Star Trek* et regardez-les pendant une fin de semaine. Louez tous les films de la *Guerre des étoiles*. Louez tous les films de la série *Alien*. Louez une douzaine de films de science-fiction des années 1950 et 1960.

 Envisagez des vacances d'observation des étoiles au Star Hill Inn, situé à Sapello, au Nouveau-Mexique. Le Star Hill Inn a été, pendant de nombreuses années, un secret bien gardé des astronomes amateurs et des observateurs d'étoiles. À 7 200 pieds au-dessus du niveau de la mer et assez loin de Sante Fe pour ne pas être dérangé par les lueurs de la ville, l'auberge offre à sa clientèle une passerelle d'observation, des cartes des étoiles et une bibliothèque bien garnie en ouvrages sur l'astronomie. Composez le 505-429-9998 ou visitez le www.starhillinn.com.

> VISITEZ LE FORBIDDEN PLANET BOOKSTORE, LA PLUS IMPORTANTE LIBRAIRIE DE SCIENCE-FICTION AU MONDE. COMPOSEZ LE 212-473-1576 OU RENDEZ-VOUS AU 840, BROADWAY, À MANHATTAN. WWW.FORBIDDENPLANET.COM.

793 Si votre partenaire souhaite voir le lancement d'une navette spatiale (ou tout autre aéronef), appelez la NASA pour connaître les dates et obtenir d'autres renseignements (ou visitez le www.nasa.gov) :

- ♥ 321-867-4636 — pour de l'information sur les lancements.
- ♥ 321-449-4444 — pour un laissez-passer vers la base, où vous pourrez observer le lancement de très près.
- ♥ 202-358-0000 — pour obtenir les renseignements généraux de la NASA.
- ♥ 321-452-2121 — pour entrer en communication avec le Centre spatial Kennedy.

> LES TREKKERS CÉLÈBRENT L'ANNIVERSAIRE DE JAMES T. KIRK : LE 22 MARS 2233 DE NOTRE ÈRE.

Des fins de semaine de rêve

794 L'amour est intemporel. Et, pour le *prouver*, couvrez toutes les horloges de la maison pendant une fin de semaine. Tournez-les vers le mur ou couvrez leurs cadrans. Vous découvrirez que le temps semble s'écouler plus tranquillement quand vous ne savez pas exactement quelle heure il est.

795 Surprenez votre partenaire avec une fin de semaine de trois jours *inattendue*. Entendez-vous d'avance avec la direction et le personnel. La coordination parfaite pourra peut-être vous demander un peu temps, mais la récompense en vaut vraiment le coup!

INDICATIF MUSICAL
DE CE CHAPITRE :
BIG WEEKEND,
DE TOM PETTY

Imaginez la scène : c'est un vendredi comme tous les autres. Vous vous levez à l'heure habituelle. Vous prenez votre douche et vous vous habillez. Pendant le petit déjeuner, vous vous tournez vers votre partenaire qui ne se doute de rien et dites : «Oh… Au fait, nous avons tous les deux congé aujourd'hui. Que voudrais-tu faire?»

Une fois revenue du choc — et vous avoir inondé de baisers et de mercis — elle planifie la journée avec vous. Qu'allez-vous décider de faire? Retourner vous coucher et dormir jusqu'à midi? Retourner vous coucher et faire l'amour? Aller faire une promenade? Magasiner? Aller dîner à l'extérieur?

POUR VOTRE
INFORMATION : LA FIN
DE SEMAINE REPRÉSENTE
29 P. CENT D'UNE SEMAINE.
C'EST *BEAUCOUP* DE TEMPS!
NE LE PERDEZ PAS À
FAIRE DES TÂCHES
MÉNAGÈRES!

796 L'escapade surprise d'une fin de semaine est le romantisme le plus classique. Trouvez un gîte du passant ou une auberge pittoresques. Faites vos deux valises et kidnappez votre partenaire pour la fin de semaine, dès son retour du travail!

GREGORY J.P. GODEK

797 Quoi faire si votre maison est remplie d'enfants? Essayez la «Diversion distraction» : louez plusieurs des films préférés de vos enfants, achetez un sac de cinq kilos de maïs soufflé et des jus de toutes sortes. Les enfants s'assoiront, hypnotisés, devant le téléviseur, pendant que vous irez à l'étage passer un peu de «temps de qualité» tous les deux.

Marquez votre calendrier

798 Surprenez votre partenaire en célébrant des occasions spéciales curieuses qu'il ou elle appréciera. Créez un rituel amusant ou achetez un petit cadeau humoristique pour souligner l'événement

> VOUS POUVEZ TROUVER QUELQUE CHOSE À CÉLÉBRER TOUS LES JOURS DE L'ANNÉE DANS L'OUVRAGE DE JOHN KREMER, *CELEBRATE TODAY*

- ♥ La journée internationale des gauchers est le 13 août.
- ♥ La journée méli-mélo est le 4 janvier.
- ♥ La journée de la mauvaise poésie est le 18 août.
- ♥ La journée pour faire de l'exercice, *Take Your Pants for a Walk*, est le 27 juillet.
- ♥ La journée Bouillon de poulet pour l'âme est le 12 novembre.

> MÊME LES PERSONNES NATURELLEMENT ROMANTIQUES MARQUENT LEURS CALENDRIERS. PARFOIS LA MÉMOIRE NOUS JOUE DES TOURS!

799 Imprimez un lot de cartes d'affaires personnalisées, inspirées d'une carte de rendez-vous du médecin. Quelque chose qui pourrait ressembler à cela :

Votre prochain rendez-vous avec votre épouse est le :

_____

Les activités de la soirée débuteront par :

_____

elles seront suivies de :

_____

et se concluront par :

_____

Pas d'annulation. Seule une révision de la date est permise.
Tenue vestimentaire appropriée.

Remplissez plusieurs cartes : une activité classique et romantique, extravagante, sexy, facile, difficile, abordable, dispendieuse, qui requiert du temps, etc. Postez-les toutes en même temps à votre partenaire.

Le 14 février

800 N'achetez pas de roses le jour de la Saint-Valentin! C'est courant, attendu et cher. Achetez des fleurs différentes. Des fleurs de sa couleur préférée. Des fleurs coordonnées à la couleur de ses yeux. Des fleurs qui comportent un message. Des fleurs flamboyantes. Des fleurs minuscules et délicates. Beaucoup, beaucoup de fleurs. Une seule fleur.

> INDICATIF MUSICAL DE CE CHAPITRE : *MY VALENTINE*, DE MARTINA MCBRIDE

801 Dans les magazines et les journaux, soyez à l'affût des articles en prévision de la Saint-Valentin. Découpez-les, encerclez les meilleures idées, et planifiez en conséquence. (Et n'oubliez pas de conserver ces articles pour vous y référer ultérieurement!)

ROSE IS ROSE EST REPRODUIT AVEC LA PERMISSION DE UNITED FEATURE SYNDICATE INC.© 1990.

802 Utilisez des valentins destinés aux enfants : une boîte pleine de calembours absurdes et de clichés, que vous pourrez vous procurer pour seulement quelques dollars.

- ♥ Postez-en une boîte pleine.
- ♥ Remplissez-en son porte-documents.
- ♥ Collez-les partout dans sa voiture.
- ♥ Remplissez-en l'évier.
- ♥ Remplissez-en son oreiller.
- ♥ Postez-en un chaque jour, pendant un mois.

Le jour de la Saint-Valentin

803 Le jour de la Saint-Valentin n'est *pas* le jour le plus romantique de l'année. *Mais* vous devez toujours le reconnaître et prendre les dispositions nécessaires pour le souligner — envoyez des fleurs, et/ou du chocolat et/ou une cartes de souhaits et/ou un bijou et/ou un parfum et/ou des cadeaux romantiques — mais vous n'obtiendrez pas plus de crédit pour ça, les gars. Le jour de la Saint-Valentin fait partie de ceux où la « *romance est obligatoire* ».

> MÊME SI LE FAIT DE VOUS RAPPELER DE LA SAINT-VALENTIN NE VOUS PERMETTRA PAS DE GAGNER PLUS DE CRÉDIT, VOUS RÉCOLTEREZ CERTAINEMENT QUELQUES POINTS SI VOUS ALLEZ AU-DELÀ DE LA « RELATION GÉNÉRIQUE ».

804 Transformez la Saint-Valentin en de véritables vacances : prenez congé. Passez la journée au lit, ensemble. Allez au cinéma. Allez souper au restaurant. Allez danser. Allez faire un tour. Faites l'amour. Allez faire une promenade.

805

- Envoyez-lui une carte de la Saint-Valentin par la poste. Postez-lui vingt cartes!
- Faites votre propre carte de la Saint-Valentin *personnalisée*.
- Écrivez votre propre carte romantiquement poétique.
- Ou utilisez les paroles de votre chanson d'amour favorite.
- Fabriquez une carte *énorme*. Utilisez des marqueurs de couleur et dessinez une carte sur un papier à affiche ou sur une boîte de carton de la taille d'un réfrigérateur.
- Envoyez-lui une carte de souhaits *musicale*.

> ASTUCE : SI LA SAINT-VALENTIN EST UN JOUR DE SEMAINE, DÉPLACEZ TOUT SIMPLEMENT VOTRE CÉLÉBRATION À LA FIN DE *SEMAINE* LA PLUS PRÈS.

806

- Envoyez-lui une boîte remplie de ces bonbons en cœur de la Saint-Valentin. Une GROSSE boîte.
- Servez-vous des mots inscrits sur les bonbons en cœur de la Saint-Valentin pour lui composer un message romantique. Laissez-le sur la table de la cuisine ou collez-le sur du papier construction.
- Remplacez ses céréales par ces bonbons de la Saint-Valentin.

Pour les amoureux — des livres

807

- Offrez-lui un exemplaire de la première édition de son auteur préféré.
- Offrez-lui un livre dédicacé de son auteur préféré.

> INDICATIF MUSICAL
> DE CE CHAPITRE :
> *UNE HISTOIRE D'AMOUR,*
> DE MIREILLE MATHIEU.

808 Écrivez votre *propre* livre!

- Une histoire d'amour (vécue) — à propos de vous deux.
- Un roman d'amour — inspiré librement de votre histoire.
- Un mystère, une aventure de science-fiction, un récit de l'Ouest.
- Un roman-photo — les photos ou les esquisses de votre vie à deux.

809 S'il a déjà ce livre en main et que vous aimeriez le rendre encore plus spécial, vous pourriez le faire relier à la main pour lui. La couverture peut être fabriquée de façon à donner l'impression qu'il s'agit d'un vieil objet de la famille et de vieux livres miteux peuvent être restaurés. Pour trouver des artisans spécialisés en reliure d'art, consultez l'index des membres du Conseil des métiers d'art du Québec au www.metiers-d-art.qc.ca ou composez le 514-861-2787.

 Pour les amateurs d'Ernest Hemingway :

♥ Visitez le musée Hemingway de Piggott, en Arkansas. Rendez-vous au http://hemingway.astate.edu.
♥ Visitez la ville natale de Hemingway, à Oak Park, en Illinois, Composez le 708-848-2222. visitez le www.ehfop.org.
♥ Assistez au célèbre concours de sosies de Hemingway au Sloppy Joe's Bar à Key West, Floride, au mois de juillet. Composez le 305-296-2388 (poste 21) ou visitez le www.sloppyjoes.com.

RENDEZ-VOUS À UNE SÉANCE DE SIGNATURES DE SON AUTEUR PRÉFÉRÉ. FAITES FAIRE LA COUVERTURE DE SON LIVRE FAVORI EN AFFICHE. FAITES-LE ENCADRER POUR SON BUREAU. ACHETEZ-LUI TOUS LES LIVRES QUE SON AUTEUR PRÉFÉRÉ A ÉCRITS. VISITEZ LA VILLE NATALE OU LE MUSÉE/BIBLIOTHÈQUE DÉDIÉ À SON AUTEUR PRÉFÉRÉ. PRENEZ DES VACANCES DANS LES LIEUX DÉCRITS DANS SES LIVRES FAVORIS.

GREGORY J.P. GODEK

Sexe — À la page

811

Ã Voici des livres de fiction érotique que je vous invite humblement à lire :

- ♥ *Les petits oiseaux*, d'Anaïs Nin
- ♥ *Nuit après nuit*, de Joan Elizabeth Lloyd
- ♥ *Tropique du Cancer*, de Henry Miller
- ♥ *Tropique du Capricorne*, de Henry Miller
- ♥ *La série Wolf Tales*, de Kate Douglas
- ♥ *Erotic Edge : 22 Stories for Couples*, publié sous la direction de Lonnie Barbach
- ♥ *Taboo : The Forbidden Fantasies for Lovers*, publié sous la direction de Violet Blue
- ♥ *Caramel Flava : The eroticanoir.com Anthology*, publié sous la direction de Zane
- ♥ *The Collected Erotica*, publié sous la direction de Charlotte Hill et William Wallace
- ♥ *Herotica : A Collection of Women's Erotic Fiction*, publié sous la direction de Susie Bright
- ♥ Aussi disponible : *Herotica 2* et *Herotica 3*

Ɓ Voici des ouvrages érotiques non romanesques que je vous invite modestement à lire :

- ♥ *The Pop-UP Book of Sex*, de Melcher Media
- ♥ *Elle d'abord*, de Ian Kerner
- ♥ *Lui ensuite*, de Ian Kerner
- ♥ *Le Kama Sutra*
- ♥ *The Art of Seduction*, de Robert Greene
- ♥ *L'amour chaque jour*, de Jane Seddon
- ♥ *Les joies du sexe*, Alex Comfort
- ♥ *Le sexe et l'art d'aimer : Tao, tantra et kama sutra*, de Mabel Iam
- ♥ *La bible du sexe*, de Susan Crain Bakos
- ♥ *Jeux érotiques*, de Linda Sonntag et Upamanyu

Mariés… avec enfants

812 Messieurs : offrez un cadeau à votre *épouse* le jour de l'anniversaire des enfants. (Pourquoi les enfants devraient-ils recevoir tous les cadeaux? Votre *femme* est celle qui a fait tout le travail!)

> INDICATIF MUSICAL
> DE CE CHAPITRE :
> *UN ENFANT*, DE
> JACQUES BREL

813

- À Parfois, vous avez vraiment besoin de vous *évader* des enfants. Du temps *seuls ensemble* est nécessaire pour créer de l'intimité.
- ♥ Accrochez un panneau sur lequel est inscrit « NE PAS DÉRANGER » sur la poignée de la porte de votre chambre lorsque vous souhaitez profiter d'un peu d'intimité. Appliquez cette directive de façon stricte! (Apprenez à vos petits monstres à lire « Ne pas déranger » avant même de leur enseigner « Il était une fois ».)
- ♥ Déclarer tous les mercredis « Soirée de la sortie de Maman et de Papa ». Sortez, ne serait-ce qu'une heure ou deux pour faire une promenade ou prendre un café. Il s'agit d'une pause bienfaisante, au beau milieu de la semaine.

- ♗ Il est parfois fantastique d'*intégrer* vos enfants dans vos aventures romantiques. (De quelle *autre* manière croyez-vous qu'ils apprendront comment les adultes sont supposés se comporter, en amour?)

- ♥ Prenez des vacances dans des centres de villégiatures conçus pour les familles. Quand il y a beaucoup d'activités pour les enfants, la pression s'allège, sur vos épaules. Les enfants s'amuseront plus et vous aussi.

> « LE MARIAGE N'EST
> NI UN RITUEL NI UNE FIN.
> C'EST UN LONG ET COMPLEXE
> PAS DE DEUX, POUR LEQUEL IL
> IMPORTE AVANT TOUT DE BIEN
> CHOISIR SON PARTENAIRE ET
> D'AVOIR UN BON SENS
> DE L'ÉQUILIBRE. »
> — AMY BLOOM

GREGORY J.P. GODEK

♥ Déclarez tous les jeudis « soirée de la famille ». Faites-vous un point d'honneur de prendre le souper ensemble. Jouez à un jeu de société. Empilez-vous sur le sofa et regarder un film ensemble. Faites une promenade. Lisez à haute voix un des livres préférés de la famille.

En matière d'enfants

814 Au lieu de demander à la gardienne d'enfants de veiller sur eux pendant que vous êtes sortis, *demandez-lui de sortir avec eux pendant que vous demeurez à la maison!* Envoyez-les tous voir un film — un programme double. (« Maintenant, qu'avions-nous l'habitude de faire avec toute cette paix et cette tranquillité? *Ah, oui*…. !)

> INDICATIF MUSICAL
> DE CE CHAPITRE :
> *SA JEUNESSE*, DE
> CHARLES AZNAVOUR

815 Envoyez vos enfants aux camps de vacances. Cela pourrait revitaliser votre mariage comme aucun autre geste romantique ne pourrait le faire! Voici quelques ressources :

♥ www.antredudragon.com/camps.html : description et hyperliens vers plusieurs camps.
♥ www.juniorweb.com?vacances/repertoire.camps.htm : répertoire de camps de vacances pour les régions de Lanaudière, des Laurentides et de la Montérégie.
♥ www.camps.qc.ca: site de l'Association des camps de vacances du Québec.

816 Les gars : ajoutez la Fête des Mères sur votre liste de jours où la « *romance est obligatoire* ». Marquez la date sur votre calendrier. *Tout de suite.*

Faites-vous des « coupons d'amour »
destinés à vous aider mutuellement
avec les enfants :

- ❤ Un coupon « Je me lèverai au milieu
  de la nuit pour le bébé ».
- ❤ Un coupon « Ce sera à mon tour de rester
  à la maison la prochaine fois
  qu'un des enfants est malade. »
- ❤ Un coupon « Cinq voyages en ' taxi ' :
  amener les enfants aux pratiques de soccer ».
- ❤ Un coupon « Et je préparerai le souper des enfants ».

> LES VRAIS ROMANTIQUES
> ONT UN ESPRIT ENFANTIN
> OÙ SE TROUVENT UNE
> CAPACITÉ D'ÉMERVEILLEMENT ET
> DE BONHEUR ET UNE FAÇON
> NATURELLE ET DÉSINHIBÉE
> D'EXPRIMER L'AMOUR.

Rituels amoureux

818 Pour votre prochain anniversaire, rédigez un court et tendre poème intitulé « Une autre année merveilleuse avec toi ». L'année suivante, écrivez un *autre* poème, portant le même titre. Ce rituel vous offre un cadeau inhérent chaque année!

À l'occasion de votre vingt-cinquième ou cinquantième anniversaire, vous pourriez réunir les poèmes dans un livre, ou les faire encadrer, ou recopiés dans une calligraphie élégante.

819 Un couple, dans l'un de mes cours sur les relations amoureuses, nous a dit qu'il célébrait le changement des saisons en faisant une promenade ensemble le premier jour de l'été, de l'automne, de l'hiver et du printemps — *peu importe* le temps qu'il fait ce jour-là.

> LES RITUELS
> REHAUSSENT LA
> SIGNIFICATION DES
> ÉVÉNEMENTS SPÉCIAUX
> QUI SE PRODUISENT
> DANS NOTRE VIE.

820 Un autre couple plante un nouveau rosier à chaque anniversaire pour célébrer une autre année ensemble.

821 Un homme apporte une tasse thé à son épouse chaque soir avant le coucher — *qu'elle en veuille ou non.*

822 Écrivez un toast, juste pour vous deux. Prononcez-le chaque fois que vous buvez du vin.

> SURPRENEZ-LA AVEC DES ROSES DE VOTRE JARDIN — *TOUS LES JOURS!* DÉPOSEZ-LES SUR L'OREILLER, COLLEZ-LES SUR LE MIROIR DE LA SALLE DE BAIN, DISPOSEZ-LES À L'AIDE D'UN BEL ARRANGEMENT, DANS UN VASE — IL N'Y A PAS DE LIMITES!

♥ Écrivez *deux* toasts : un pour un usage *privé*, l'autre pour un usage *public*.
♥ Écrivez un nouveau toast une fois par année.
♥ Écrivez un toast qui comprend des paroles de sa chanson d'amour préférée.

Rituels romantiques

823 Certains couples ont des rituels *matinaux* :

♥ Ils passent dix minutes à parler au lit avant de se lever.
♥ Ils se lisent mutuellement une déclaration solennelle.
♥ Ils se font un point d'honneur de s'embrasser avant de se séparer.

> INDICATIF MUSICAL DE CE CHAPITRE : *COMME D'HABITUDE,* DE CLAUDE FRANÇOIS

824 Certains couples ont des rituels *en soirée* :

- ♥ Ils font une promenade ensemble après le souper.
- ♥ Ils méditent en silence ensemble.
- ♥ Ils se massent le dos à tour de rôle à tous les deux ou trois jours.

825 Et, il y aussi les rituels du dimanche matin :

- ♥ Aller à l'église ensemble.
- ♥ Lire les bandes dessinées du journal à haute voix.
- ♥ S'offrir un brunch du dimanche.

826 Ma femme et moi avons un petit « rituel lié à la voiture », que nous répétons depuis que nous nous connaissons : je lui ouvre toujours la portière (peu importe qui de nous deux conduit), et elle déverrouille toujours ma portière de l'intérieur. Jusqu'à tout récemment, je n'avais jamais considéré cela comme étant un « rituel ». Il s'agit simplement d'une petite chose que nous faisons *toujours* et qui nous aide à ne pas tenir l'autre pour acquis.

ACHETEZ UN CALENDRIER POUR LA CUISINE. AU LIEU D'Y INDIQUER LES RENDEZ-VOUS CHEZ LE MÉDECIN ET LES RÉUNIONS, UTILISEZ-LE POUR Y MARQUER VOS SORTIES ROMANTIQUES, VOS SOIRÉES AU CINÉMA ET VOS VACANCES! LE CALENDRIER SERA UN BEAU SOUVENIR À CONSERVER QUI VOUS RAPPELLERA TOUTES LES CHOSES QUE VOUS AVEZ ACCOMPLIES, COMME COUPLE.

Des idées qui ne vieillissent pas

827 Des idées romantiques inspirées des célèbres panneaux routiers de la crème à raser Burma Shave. (Demandez à une personne âgée de vous en parler ou allez consulter l'article de Wikipédia sur le sujet.) Accrochez une série de quatre panneaux courts-et-futés dans votre maison.

- BIENVENUE À LA MAISON – SOYONS DISSIPÉS – LES ENFANTS SONT SORTIS – BURMA SHAVE!
- POUR T'AIMER – PERSONNE N'A BESOIN D'ÊTRE BRAVE – MAIS JUSTE UN PEU FOU – BURMA SHAVE!
- ÉPOUSE-MOI ! – REMPLIS MES JOURS – DIS OUI – BURMA SHAVE!

> CERTAINS DES GRANDS
> SUCCÈS DU XXᵉ SIÈCLE :
>
> *PLAISIR D'AMOUR* (1785)
> *LE TEMPS DES CERISES* (1871)
> *FROU-FROU* (1897)
> *ALL OF ME* (1931)
> *J'AI DEUX AMOURS* (1930)
> *IN THE MOOD FOR LOVE* (1935)
> *MY FUNNY VALENTINE* (1937)

828 Organisez vos propres soirées « *Oldies but Goodies* » à la maison. Voici certains thèmes proposés par les participants aux cours :

- *Les années 1920* : avec la mode « à la garçonne » et le jazz.
- *La Deuxième guerre mondiale* : avec les uniformes militaires, les affiches de l'USO et la musique patriotique.
- *Les années 1960* : avec les colliers en perles de verre, Woodstock, les vieux jeans et les blouses teintes à la ficelle!
- *L'ère victorienne* : avec des costumes loués, des valses et des balades en calèches!

> « IL Y A TELLEMENT DE
> CHOSES QU'ON VOUDRAIT
> AVOIR FAITES HIER ET SI
> PEU QU'ON A ENVIE DE
> FAIRE AUJOURD'HUI. »
> — MIGNON MCLAUGHLIN

829 La création d'une ambiance nostalgique vous aidera à vous rappeler (et à recréer) ces souvenirs romantiques préférés. Recherchez la musique populaire des années 1930, 1940, 1950 et 1960 dans les magasins ou visitez le www.cdnow pour commander de grands classiques romantiques.

CERTAINS DES GRANDS SUCCÈS DU XXe SIÈCLE :

SOME LIKE IT HOT (1939)
LE SOLEIL ET LA LUNE (1939)
YOU MADE ME LOVE YOU (1941)
DOUCE FRANCE (1943)
AS TIME GOES BY (1943)
LA MER (1946)
MA CABANE AU CANADA (1949)
MOON RIVER (1961)

Les grands succès du cinéma

830 Organisez un festival de vieux classiques du cinéma qui seront présentés selon la décennie qui les a vus naître. Excellent pour raviver des souvenirs.

Films des années 1930
- ♥ *Autant en emporte le vent*
- ♥ *Camille*
- ♥ *Cette sacrée vérité*
- ♥ *L'introuvable*
- ♥ *Les lumières de la ville*

Films des années 1940
- ♥ *Casablanca*
- ♥ *Rendez-vous*
- ♥ *Madame porte la culotte*
- ♥ *Indiscrétions*
- ♥ *Une femme cherche son destin*
- ♥ *Le port de l'angoisse*

Films des années 1950
- ♥ *L'odyssée de l'African Queen*
- ♥ *Vacances romaines*
- ♥ *Elle et lui*
- ♥ *Sabrina*
- ♥ *South Pacific*
- ♥ *Confidences sur l'oreiller*

Films des années 1960
- ♥ *Jules et Jim*
- ♥ *Un homme et une femme*
- ♥ *West Side Story*
- ♥ *Le destin de Lisa*
- ♥ *Vivre pour vivre*
- ♥ *Voyage à deux*

Films des années 1970
- ♥ *Nos plus belles années*
- ♥ *Annie Hall*
- ♥ *La rose et la flèche*
- ♥ *Une histoire d'amour*
- ♥ *Adieu, je reste*
- ♥ *Mahogany*

Films des années 1980
- ♥ *Officier et gentleman*
- ♥ *La princesse bouton d'or*
- ♥ *Quand Harry rencontre Sally*
- ♥ *Éclair de lune*
- ♥ *Un monde pour nous*
- ♥ *Dirty*

Films des années 1990
- ♥ *Shakespeare in Love*
- ♥ *Vous avez un message*
- ♥ *Mon fantôme d'amour*
- ♥ *Titanic*
- ♥ *Une jolie femme*
- ♥ *Nuits blanches à Seattle*

La folie du cinéma

831 Présentez-lui une affiche encadrée du film qu'elle préfère entre tous! Ancienne ou actuelle, romantique, dramatique ou humoristique! Les prix varient selon la disponibilité, le format, l'âge et la condition. Communiquez avec Jerry Ohlinger, au Movie Material Store, en composant le 212-989-0869 ou visitez le www.moviematerials.com. Ils ont un vaste assortiment d'affiches des années 1930 à nos jours. Visitez leur boutique étonnante au 253 Ouest, 35e Rue, New York, New York 10011. Vous pouvez également vous procurer des affiches sur le site www.evene.fr/boutique.

832 Ou encore, créez des thèmes pour votre Festival du film à la maison. Choisissez le type de film préféré de votre partenaire.

- ♥ Comédie
- ♥ Science-fiction
- ♥ Films muets
- ♥ Tous les films de François Truffaut
- ♥ Tous les films de la Panthère rose

- ♥ Tous les films de Claude Jutra
- ♥ Tous les films de Rocky Balboa
- ♥ Tous les films de Claude Lelouch
- ♥ Tous les films de Woody Allen
- ♥ Les films de James Bond

833 Ne négligez pas les présentations de films organisées par les collèges et les universités de votre région, le YMCA, les musées et les cinémas de répertoire.

834 Et n'oubliez pas les ciné-parcs! C'est une bonne façon de créer de la nostalgie et d'attiser une certaine passion.

QUEL EST LE FILM QUE VOTRE PARTENAIRE PRÉFÈRE ENTRE TOUS? (QUELS INDICES CETTE PRÉFÉRENCE RÉVÈLE-T-ELLE SUR SA PERSONNALITÉ?)

GREGORY J.P. GODEK

Fou de toi

835 Elle a installé du papier ciré de un mètre de largeur sur le mur. Elle a ensuite enduit son corps de peinture à tempera rouge, à base d'eau, a pris une pose et a pressé son corps contre le papier — créant une œuvre d'art très personnalisée. Elle l'a laissé sécher, l'a roulé et a noué un ruban rouge autour. Elle l'a offert à son mari pour la Saint-Valentin. Il en parle encore aujourd'hui.

> INDICATIFS MUSICAUX
> DE CE CHAPITRE :
> *J' T'AIME COMME UN FOU,*
> DE ROBERT CHARLEBOIS ET
> *FOU D'AMOUR,*
> DE JOHNNY HALLYDAY.

836 Il a toujours eu tendance à surfaire les choses. Une année, il a loué une limousine pour son anniversaire. Elle a tellement apprécié que l'année suivante, il a *encore* loué la limousine… mais cette fois, il l'a réservée pour *toute la semaine*! Alors, en plus d'être conduite à l'occasion de leur élégante soirée en ville, le chauffeur l'a amenée au supermarché, chez le nettoyeur, à l'église; les enfants sont allés à l'école, à leurs pratiques de soccer et au terrain de jeu en limousine. Ce fut une expérience mémorable pour tous les membres de la famille.

837 C'était l'anniversaire de Sally, mais son mari, David, n'en avait pas fait mention de toute la journée et la frustration de Sally était en train de se transformer en colère. Puis, David lui a demandé si elle pouvait aller faire quelques courses pour lui, pendant qu'il irait jouer au golf. Cela lui a brisé le cœur. Elle a abandonné.

> VOUS
> RAPPELEZ-VOUS DE
> L'ÉPOQUE OÙ VOUS VOUS
> DISPUTIEZ ET ÉTIEZ FÂCHÉS
> L'UN CONTRE L'AUTRE?
> VOUS *POUVEZ* RECRÉER
> CE SENTIMENT!

Pendant qu'elle déambulait dans le centre commercial, découragée, son regard a été attiré par le mannequin d'une vitrine qui ressemblait de façon frappante à David. Le mannequin lui a fait un *clin d'œil*. Il s'agissait bien de David, qui est alors sorti de la vitrine pour l'embrasser. Vêtu d'un smoking, il l'a dirigée vers le rayon des vêtements pour dames où elle a choisi une magnifique robe de soirée. Puis, vêtus de leurs plus beaux atours, ils se sont rendus au meilleur restaurant français de la ville.

Merveilleuses escapades

838 Ne faites pas qu'aller « dans les îles » — *louez une île privée* pour des vacances de rêve vraiment merveilleuses ou pour votre lune de miel!

♥ Turtle Island, Fiji — là où le film le *Lagon bleu* a été tourné. Composez le 1-877-288-7853 ou visitez le www.turtlefiji.com.
♥ Little Palm Island, Floride — un refuge exotique pour une lune de miel dans les Keys. Composez le 1-800-343-8567 ou visitez le www.littlepalmisland.com.

839 Rendez-vous à Liverpool, en Angleterre pour faire un « *Magical Mystery Tour* » de la ville natale des Beatles. Marchez sur Penny Lane, visitez le Cavern Club, l'exposition multimédia et recueillez-vous sur la statue d'Eleanor Rigby, dédiée à « tous les gens qui sont seuls ». Bien sûr, une boutique, appelée The Beatles Shop, a pignon sur rue et elle est remplie de souvenirs et de musique.

ÉVADEZ-VOUS DE
CE QUI EST BANAL.
ÉVADEZ-VOUS DE L'HEURE.
ÉVADEZ-VOUS DU STRESS.
ÉVADEZ-VOUS DES ENFANTS.
ÉVADEZ-VOUS DE LA
CADENCE INFERNALE.
ÉVADEZ-VOUS
DE L'ENNUI.

GREGORY J.P. GODEK

840 Le romantisme est une route à circulation libre… des vacances qui ne finissent jamais… en VR! (Certaines personnes prétendent que VR est l'acronyme de « véhicule récréatif ». Pour ma part, *je* dis que VR correspond à « véhicule romantique. ») Visitez le site de la référence en matière de camping, au www.campingcaravaning.ca. Vous pourrez y trouver les coordonnées d'entreprises qui louent des VR de tous formats et en tous genres — que vous pourrez donc essayer avant de vous en procurer un.

841 Partez pour une balade mystérieuse. Prenez les petits chemins et faites fi de la carte géographique. Décidez de dîner à la première jolie auberge ou au premier restaurant-minute classique que vous croiserez. Si vous tombez sur un gîte vraiment pittoresque, restez-y pour la nuit! (Vous avez, bien sûr, les sacs de voyage de Monsieur et de Madame dans le coffre de la voiture, n'est-ce pas?)

Fuir absolument tout

842 Les cinq images les « plus romantiques », selon un sondage effectué auprès de milliers de participants aux cours sur les relations amoureuses :

1. Un souper à la chandelle
2. Une cérémonie de mariage classique
3. Se serrer l'un contre l'autre devant un feu de foyer
4. Une promenade sur la plage
5. Une croisière en mer

> CERTAINS DE MES SOUVENIRS LES PLUS ROMANTIQUES SONT ASSOCIÉS À DES CROISIÈRES.

Quand vous êtes prêts à vivre ce qu'il y a de mieux en matière de vacances romantiques et que vous voulez faire une croisière, je vous suggère d'en parler à plusieurs personnes et de voir ce qu'ils recommandent. Norwegian Cruise Line se trouve toujours au haut de la liste. Pour obtenir de renseignements sur les destinations, les dates, les bateaux et les services : 1-866-234-7350, www.ncl.com

843 Avant de partir en vacances, munissez-vous de brochures, d'affiches et de livres portant sur votre prochaine destination. Postez régulièrement ces documents à votre partenaire. Cela contribuera à créer de l'anticipation à l'égard de vos vacances.

844 Deux approches contraires de dépenser de l'argent en vacances :

♥ Dépensez *le moins possible* pour l'hébergement et *le plus possible* pour les soupers à l'extérieur. Pour certaines personnes, rien n'égale un bon repas. Cette approche leur permet de se gâter sans culpabilité!

♥ Dorlotez-vous dans la chambre *la plus luxueuse* que vous puissiez trouver et *économisez ailleurs*, en mangeant frugalement et en évitant les pièges à touristes dispendieux. Certains se créent un véritable nid d'amour dans leur chambre et y demeurent pour une semaine d'amour, de lecture, de caresses et de détente.

UNE BONNE
RESSOURCE POUR
LES VOYAGES :
*MODERN BRIDE HONEYMOONS
AND WEDDINGS AWAY*,
DE GERI BAIN.

GREGORY J.P. GODEK

Une liste de cadeaux d'anniversaire

845 Je pose souvent cette question, dans mes cours : « Finalement, qui a proposé cette liste officielle de cadeaux d'anniversaire ? » Comme personne n'a encore pu fournir une réponse précise, j'ai pensé que la mienne était aussi valable que celle de n'importe qui d'autre !

PERSONNE NE SAIT POURQUOI CES LISTES SE METTENT À PASSER À DES INTERVALLES DE CINQ ANS APRÈS LA QUINZIÈME ANNÉE! (VOUS AVEZ LE CHOIX DE CÉLÉBRER LES ANNIVERSAIRES QUI SE TROUVENT PENDANT CES PÉRIODES!)

Année	Traditionnel	Moderne	À la Godek
1	Papier	Cadran	Lingerie
2	Coton	Porcelaine	Lingerie
3	Cuir	Cristal/verre	Lingerie
4	Fruits/fleurs	Appareils	Logiciel
5	Bois	Argent/argenterie	Livres
6	Bonbon/fer	Bois	Lingerie
7	Bois/cuivre	Accessoires de bureau	Vin
8	Bronze/céramique	Lin/dentelles	Croisière
9	Poterie/saule	Cuir	CD
10	Étain/aluminium	Diamant en bijou	Bijou
12	Soie/lin	Perles	Parfum
13	Dentelle	Textiles/fourrures	Parapluies
14	Ivoire	Bijou en or	Lingerie
15	Cristal	Montres	Ordinateurs
20	Porcelaine	Platine	Champagne
25	Argent	Argent	Spas
30	Perles	Diamant/perle	Diamant

35	Corail	Jade	Sculpture
40	Rubis	Rubis	Actions boursières
45	Saphir	Saphir	Émeraude
50	Or	Or	Rolls Royce
55	Émeraude	Émeraude	Or
60	Diamant	Diamant	Des vacances à Paris

Liste de vérification romantique de base

846 Voici, sous la forme d'une liste de vérification, tout ce qui constitue les « éléments de base du romantisme ». Ces articles sont décrits et on les retrouve partout dans cet ouvrage, mais voici une page utile à laquelle vous pourrez vous référer rapidement.

❑ Roses
❑ Chocolat
❑ Champagne
❑ Lingerie
❑ Chansons d'amour
❑ Poèmes d'amour
❑ Danse de salon (ballroom)
❑ Soupers à l'extérieur
❑ Rendez-vous officiels
❑ Coupons d'amour
❑ Fleurs
❑ Cartes fabriquées à la main
❑ Joaillerie
❑ Cartes de souhaits

❑ Lettres d'amour
❑ Mots d'amour
❑ Déjeuner au lit
❑ Cinéma
❑ Soirée cinéma à la maison
❑ Petites surprises
❑ Parfum
❑ Friandises
❑ Chandelles
❑ Faire l'amour
❑ Vin

COMMENT PERSONNALISERIEZ-VOUS CETTE LISTE?

GREGORY J.P. GODEK

- ❏ Chaîne en or classique
- ❏ Massages
- ❏ Fantasmes romantiques
- ❏ Fantasmes sexy
- ❏ Diamants
- ❏ Croisières
- ❏ Vacances
- ❏ Lunes de miel
- ❏ Anniversaires de naissance

- ❏ Vacances particulières
- ❏ Boîte de friandises en forme de cœur
- ❏ Ciné-parcs
- ❏ Gîtes et auberges
- ❏ Suites d'hôtels
- ❏ Anniversaires de mariage
- ❏ Saint-Valentin
- ❏ Flûtes à champagne

Générer des idées

847 Établissez l'objectif de générer ou de découvrir une nouvelle idée romantique chaque jour de l'année. (Votre engagement contribuera à attirer les idées vers vous.) Conservez vos notes, articles, bandes dessinées, publicités et rappels divers dans une boîte à chaussures, sous votre lit.

848 Entraînez votre subconscient pour qu'il trouve des idées romantiques *pour* vous. Voyons. Pourquoi votre subconscient serait-il là à ne rien faire d'autre que de rêvasser à longueur de journée alors que le reste de votre esprit fait tout le travail?

« LORSQUE TU-REGARDERAS
EN ARRIÈRE, TU DÉCOUVRIRAS
QUE LES MOMENTS OÙ TU AS
VÉRITABLEMENT VÉCU SONT
CEUX OÙ TU AS AGI DANS
UN ESPRIT D'AMOUR. »
— HENRY DRUMMOND

Les scientifiques disent que nous n'utilisons que dix p. cent de notre cerveau : c'est une façon d'augmenter son efficacité à 25 p. cent ou plus!

Sérieusement, vous pouvez attribuer à une petite partie de votre cerveau la tâche d'être constamment à l'affût d'idées romantiques. L'objectif est de reprogrammer votre cerveau pour qu'il cesse de *filtrer* ces idées et qu'il les porte à l'attention de votre conscience. Les articles et les idées de cadeaux romantiques commenceront à jaillir. Garanti.

 Exercez-vous à faire des « variations sur une thème » afin de générer des idées romantiques. Commencez avec n'importe quelle idée et fignolez-la, élargissez-la, étirez-la.

- ❤ D'abord, les cartes de souhaits : achetez-en une ; achetez-en *cent*! Fabriquez-en quelques-unes. Envoyez-en une par jour pendant une semaine, envoyez-en une par jour pendant un *mois*! Faites encadrer certaines des cartes qu'elle vous a adressées.
- ❤ D'abord les bonbons : quels sont ses préférés? Achetez-en cinq kilos. Remplissez ses chaussures de bonbons, son sac à main, le coffre à gants, son oreiller. Envoyez-en à son bureau. Épelez des mots. Faites des pistes dans la maison.

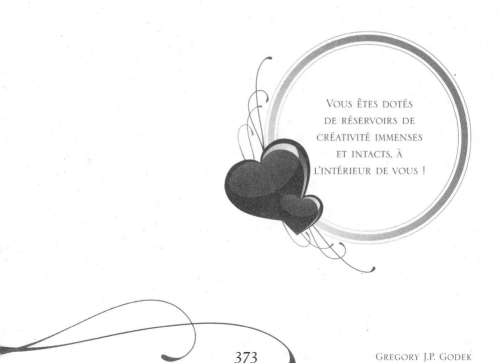

VOUS ÊTES DOTÉS DE RÉSERVOIRS DE CRÉATIVITÉ IMMENSES ET INTACTS, À L'INTÉRIEUR DE VOUS !

GREGORY J.P. GODEK

Remue-méninges romantique

850 Organisez une séance de remue-méninges romantique avec des amis. Servez de la pizza et de la bière. Remettez-leur du papier et des marqueurs. Utilisez de grandes feuilles de papier placées sur un chevalet pour compiler les idées.

L'objectif est de générer *autant d'idées que possible* en une heure : sérieuses et absurdes, pratiques et irréalistes, dispendieuses et abordables, réfléchies et extravagantes, charmantes et sexy.

> INDICATIF MUSICAL
> DE CE CHAPITRE :
> *QUAND JE PENSE À TOI,*
> DE PATRICK FIORI

851 Générez des idées romantiques à partir des passions et choses préférées de votre partenaire. Quels sont la couleur, l'auteur, le poète, le peintre, le film, l'émission de télévision, la chanson, le chanteur ou la chanteuse, le vin, le parfum, le restaurant, la crème glacée, le sport ou la fleur qu'il ou elle préfère? Utilisez ces connaissances comme tremplin pour trouver des idées dont vous aurez la *certitude* qu'elles sont uniques et spéciales.

852 Pigez dans la force de votre style personnel et dans vos talents. Avez-vous des dispositions particulières pour l'écriture, la danse, le bricolage, l'organisation, la cuisine ou le dessin? Utilisez ces talents et ces habiletés pour améliorer les aspects romantiques de votre vie!

Asseyez-vous et établissez l'inventaire de vos propres talents, intérêts, compétences, aptitudes et passions. Dressez une liste. Servez-vous-en comme génératrice d'idées.

> GARDEZ UN JOURNAL
> D'IDÉES ROMANTIQUES DANS
> UN ENDROIT SECRET (MAIS
> ACCESSIBLE). COMME LES
> IDÉES VIENDRONT VERS
> VOUS, ASSUREZ-VOUS
> DE LES NOTER !

853 Mettez sur pied un « Système de collégialité ». Constituez une équipe avec l'un de vos bons amis et assumez, l'un pour l'autre, le rôle « d'entraîneur romantique personnel ». Encouragez-vous mutuellement, échangez des idées, rappelez-vous les dates importantes, comparez vos notes et partagez vos dernières trouvailles.

Un coup de pied là où il faut

854 Tenez-vous votre partenaire pour acquis? *Arrêtez tout de suite!* Tenir votre partenaire pour acquis ne signifie pas seulement que vous avez cessé de lui faire la cour, mais pourrait également signer l'arrêt de mort de votre relation.

JE VOUS METS AU *DÉFI* D'ÊTRE ROMANTIQUE!

855 Prenez un risque — soyez romantique. *Je vous mets au défi.* Être vraiment romantique est une chose risquée. Je respecte cette difficulté et je vous encourage à faire le grand saut. Être vraiment romantique signifie que vous devez vous ouvrir et révéler vos véritables sentiments. Regardons les choses en face : personne ne veut avoir l'air ridicule et risquer une autre déception après avoir vécu plusieurs relations amoureuses.

❤ Mais si vous ne vous ouvrez pas à votre amour, qui le fera?

❤ Et, si vous choisissez de façon consciente, de ne *pas* vous ouvrir, vous pourriez peut-être vous demander ce qui vous effraie, ce que vous cachez?

❤ Et si vous n'avez aucune intention d'être romantique et ouvert, pourquoi êtes-vous donc engagé dans une relation?

GREGORY J.P. GODEK

 Changez une mauvaise habitude. Une *seule*!
(Vous vous aiderez *vous-même*, tout en
faisant plaisir à votre partenaire !) Perdez ces cinq
kilos, comme vous l'aviez promis. Arrêtez de fumer.
Mangez plus sainement. Habillez-vous avec plus
d'élégance. Faites de l'exercice. Apprenez à mieux
écouter. Soyez plus courtois. Ralentissez le rythme.

FAITES-LE,
TOUT
SIMPLEMENT!

Motiver votre partenaire
à être plus romantique

857 L'approche *sympathique*

Posez des gestes que votre *partenaire* considérera comme des actes d'amour.
Posez-les simplement, sans attendre quoi que ce soit en retour et sans faire de
petit commentaire.

La plupart des gens répondent en nature. Cela pourrait prendre une semaine
ou deux, mais les gens réagissent. N'oubliez pas que l'amour mérite qu'on y
travaille et que ces choses requièrent du temps.

858 L'approche *psychologique*

Ne tentez pas de le rendre plus romantique envers vous. En revanche, ayez pour
objectif de modifier son *niveau de sensibilisation* à votre besoin de bénéficier d'une
plus grande intimité et d'une meilleure communication au sein de votre couple.

Les modifications à long terme du comportement suivent généralement une
prise de conscience. Si vous commencez dès le départ avec un changement de
comportement, vous n'obtiendrez probablement que des résultats à *court terme*.
Certaines techniques pour améliorer la sensibilisation comprennent notamment :

- ♥ Parler simplement (à cœur ouvert)
- ♥ Adopter un comportement romantique (« tout ce que je fais, mon âne le refait »)
- ♥ Faire appel à des services de counselling pour couples

- Impliquer des amis qui ont la même façon de penser pour mettre les choses au clair
- Lire des livres sur la psychologie et les relations interpersonnelles
- Suivre un cours ou un séminaire sur l'amour et les relations amoureuses

859 L'approche *donnant, donnant*

Si vous avez un partenaire *vraiment coriace*, je vous recommande de jouer un jeu léger que j'appelle «je ferai *ceci* pour toi si tu fais *cela* pour moi». Vous pourriez échanger des repas, des tâches ménagères, du sexe, des fantasmes érotiques, des massages de dos, la surveillance des enfants, les siestes ou la comptabilité du mois. Cette approche simple et amusante fonctionne souvent pour stimuler une relation, alors que les approches plus sophistiquées de la «psychologie» ont échoué.

Motiver une personne déficiente en romantisme

860 L'une des principales raisons pourquoi certaines personnes ne sont pas romantiques est qu'un manque de romantisme *ne les dérange pas*. Si vous voulez qu'il soit plus romantique, mais qu'il est satisfait avec le *statu quo*... «Eh bien! Bonne chance — c'est ton problème! », pense-t-il.

La solution? C'est simple : faites en sorte que *cela devienne son problème*. Les gens ne se décident à résoudre que les difficultés qu'ils considèrent comme étant liées à eux-mêmes.

Comment faire? Bien, vous commencez par lui dire en face ce que vous voulez (plus de romantisme), et *comment* vous le voulez (encerclez les idées que vous préférez dans ce livre!). Vous devez être précise, positive et tendre, dans votre approche.

Vous rappeler tous les deux que les problèmes (surtout les problèmes *relationnels*) sont des occasions déguisées pourrait peut-être vous aider. J'ai vu des couples utiliser cette technique pour transformer des relations frustrantes D - en relations heureuses B +. (Vous pouvez y arriver vous aussi!)

GREGORY J.P. GODEK

861   Sept manières d'attirer un bourreau de travail hors du bureau

1. Promettez à votre partenaire les meilleurs ébats sexuels de sa vie —
2. Respectez votre promesse!
3. («Si vous ne pouvez les vaincre, rejoignez-les!») :
   Mettez sur pied une entreprise ensemble.
4. Faites un enregistrement audio de style
   «Mission impossible» qui l'invitera à un
   mystérieux rendez-vous avec vous.
5. Réservez une chambre d'hôtel — à quelques
   pas de son bureau — et conviez-le à une
   «réunion».
6. Rencontrez-le pour dîner : portez des
   vêtements très sexy. Demandez-lui ensuite,
   faussement modeste, s'il aimerait encore avoir un
   rendez-vous pour dîner avec vous la semaine prochaine.
7. Envoyez-lui une lettre d'amour brûlante par messager, au bureau.

> NON,
> CEUX QUI ONT
> UNE DÉFICIENCE EN
> ROMANTISME NE SONT PAS
> AUTORISÉS À UTILISER LES
> STATIONNEMENTS RÉSERVÉS
> AUX PERSONNES
> HANDICAPÉES.

Section portant sur l'ajustement du comportement

862

Soyez spontanés. Soyez idiots. Débarrassez-vous de vos inhibitions. Exprimez votre amour. En faisant ces choses, vous serez romantiques, *automatiquement*.

863

Tentez d'être vraiment positifs, conciliants, encourageants et de ne porter aucun jugement pendant une semaine. Pas de plaintes, de chichis, de sermons, etc. Cela pourrait changer votre vie!

864

- Relâchez les cordons de votre bourse.
- Relâchez votre horaire.
- Relâchez votre cravate.
- Relâchez votre *attitude*.
- Relâchez vos inhibitions.

> « LE VÉRITABLE SENTIMENT RÔMANTIQUE EST-IL DE NE PAS DÉSIRER ÉCHAPPER À LA VIE MAIS DE VOULOIR EMPÊCHER LA VIE DE S'ÉCHAPPER DE VOUS? »
> — THOMAS WOLFE

865

Vous souhaitez garder votre mariage frais et en santé? *Vivez comme des amoureux.* Pas seulement comme maris et femmes, mères et pères, travailleurs et ménagères, dispensateurs de soins et payeurs de factures. D'abord et avant tout, *vous êtes des amoureux.* Rappelez-vous que c'est ainsi que vous avez *amorcé* votre relation. Vous pouvez saisir l'étincelle de nouveau, la passion et l'excitation. C'est principalement un état d'esprit, suivi de quelques gestes.

Pendant une semaine, faites de cela votre affirmation, votre mantra, votre prière : *vivez comme des amoureux.* Écrivez-vous des notes, rappelez-vous-le mutuellement et exercez-vous!

Permis d'aimer

866

Créez, pour elle, un CD personnalisé ou une liste de diffusion de chansons romantiques pour son iPod.

- Choisissez une douzaine de belles chansons et enregistrez-les sur un CD ou sur son iPod.
- Écoutez de la musique ensemble dans la voiture. Chantez-lui les solos. Faites les harmonies ensemble. Époumonez-vous en reprenant les duos!

> RENDEZ-VOUS À SON AIRE DE STATIONNEMENT AU BUREAU. ATTACHEZ DES BALLONS À SON RÉTROVISEUR EXTÉRIEUR. COLLEZ DES BANDEROLES SUR SON PARE-BRISE ARRIÈRE. LAISSEZ UN MOT D'AMOUR SUR LE SIÈGE AVANT.

GREGORY J.P. GODEK

 Surprenez-la en lui offrant une plaque d'immatriculation personnalisée! Ce service n'est pas offert au Québec, où une seule plaque est nécessaire à l'arrière. Mais vous pouvez en installer une en avant! À l'extérieur du Québec, ce service coûte autour de 200 $.

- ♥ Ses initiales
- ♥ Ses initiales et les vôtres
- ♥ Sa date de naissance
- ♥ La date de votre anniversaire de mariage
- ♥ Le surnom affectueux que vous lui avez attribué

La plupart des phrases et des noms communs les plus populaires ont déjà été pris, vous devrez donc faire preuve de créativité. Considérez ces possibilités et utilisez-les pour ajouter un peu de piquant à vos idées.

Note : Chez nos voisins du sud, les états les plus populeux sont ceux où les plaques d'immatriculation ont le plus grand nombre de caractères, ce qui confère plus de souplesse aux auteurs créatifs. (Un homme innovateur, dans l'un de mes cours sur les relations amoureuses, a enregistré la voiture de sa femme dans un état voisin, celui de New York, pour pouvoir utiliser les sept caractères nécessaires pour épeler son nom.)

868

- ♥ L'épouse de Jim est graphiste. Il a créé pour elle une « licence artistique » qui est accrochée sur le mur de son bureau.
- ♥ Le mari de Harriet écrit de la poésie dans ses temps libres. Pour son anniversaire, elle lui a offert une « licence poétique » qu'il a fièrement rangée dans son portefeuille.

ALERTE AUX CALEMBOURS!

Bébé, je te prête ma voiture

> INDICATIF MUSICAL DE CE CHAPITRE : *LE PASSAGER CLANDESTIN*, DE GEORGES MOUSTAKI

869 Placez un petit mot d'amour ou un poème sous l'essuie-glace côté conducteur de sa voiture.

> LES VRAIS ROMANTIQUES NE LAISSENT *AUCUN* OBSTACLE SE DRESSER SUR LEUR CHEMIN : S'IL PLEUT OU S'IL NEIGE, GLISSEZ LA NOTE DANS UN SAC ZIPLOC!

870 D'autres éléments à glisser sous les essuie-glaces :

- ♥ Une seule rose
- ♥ Une friandise
- ♥ Des fleurs sauvages
- ♥ Un petit carnet
- ♥ Un poème
- ♥ Un coupon pour de la pizza
- ♥ Une bande dessinée
- ♥ Un coupon d'amour
- ♥ Un petit mot

871 Vous achetez une nouvelle voiture? Prenez les arrangements nécessaires pour qu'elle soit prête une journée plus tôt que prévu, stationnez-la dans l'entrée et attendez qu'elle la remarque.

> ENVELOPPEZ LA VOITURE D'UN GROS NŒUD ROUGE!

872 Écrivez et concevez une fausse contravention; placez-la sous l'essuie-glace. Les infractions peuvent comprendre :

- ♥ Avoir quitté les lieux d'une histoire d'amour
- ♥ Avoir accéléré sur l'autoroute de la vie
- ♥ Me conduire tout droit vers la folie
- ♥ Les dédommagements possibles comprennent :
- ♥ Inviter le juge à souper à l'extérieur
- ♥ Offrir un pot-de-vin au policier qui consiste en des faveurs sexuelles
- ♥ Proposer un massage de dos sensuel

GREGORY J.P. GODEK

Petites histoires d'amour (1)

873 Elle lui a remis la clé de son appartement dans une boîte à bijoux en velours rouge. Sur la carte, elle a écrit : « Tu avais la clé de mon bonheur, tu as maintenant celle de ma maison. Tu as ouvert mon cœur, surtout, ne le brise pas. »

874 Pendant les sept années de leurs fréquentations, il lui avait souvent offert des fleurs. Pendant leur cérémonie de mariage, longtemps attendue, elle l'a surpris avec une pièce entièrement remplie de fleurs — toutes celles qu'il lui avait offertes. Elle avait soigneusement et amoureusement fait sécher *chacune des fleurs qu'il lui avait données*.

CALVIN AND HOBBES © 1987. REPRODUIT AVEC LA PERMISSION DE UNIVERSAL PRESS SYNDICATE.

875 Sur une ferme de l'Iowa : une clôture grillagée court, sur le côté ouest de la maison des Smith. Un matin, Sara a remarqué que des centaines de rubans rouges étaient accrochés, comme des banderoles, sur la clôture. Elle a donc commencé à poser des questions à Fred, mais elle n'a obtenu qu'un sourire malicieux. Plus tard dans la journée, quand le vent s'est levé et que les rubans se sont mis à flotter, Sara a constaté qu'ils avaient été disposés de façon à ce qu'on puisse lire : « J'AIME MA SARA ».

Petites histoires d'amour (2)

876 Charlie et sa petite amie, Randi, étaient à bord du vol 191 de Continental Airlines, en partance de Newark à destination de San Francisco. Peu après le décollage, le pilote a fait cette annonce : « J'ai un important message pour la passagère du siège 3-B. Voulez-vous épouser le passager du siège 3-A? Si la réponse est « oui », veuillez appuyer sur le bouton d'appel des agents de bord. Randi pleurait à chaudes larmes et Charlie ne cessait de lui répéter: «Appuie sur le bouton! » Lorsqu'elle s'est exécutée, un agent de bord est arrivé, portant un plateau d'argent sur lequel se trouvaient une bouteille de champagne… et la bague!

877 Mary est une *fanatique* des animaux en peluche Beanie Baby. Son mari, Bob, a retenu les services d'un fabricant de poupées personnalisées qui a créé un « Beanie Bob » pour elle.

> BOB DONNE TOUT LE CRÉDIT À UNE BANDE DESSINÉE DE DAN PIRATO, BIZARRO, POUR CETTE IDÉE

878 Tom est arrivé à la maison, après avoir fait les courses, un samedi matin. Sa femme, Susan, était partie. Sa fille lui alors tendu un mot : « Rends-toi à la pharmacie et demande à voir le pharmacien. » Une fois passée sa première réaction : « Quoi? Qui est malade? », il y est allé. Que *pouvait-il* faire d'autre que de suivre les instructions? Quand il a démarré la voiture, un enregistrement de musique romantique s'est mis à jouer. («Ah! Ah! Je pense qu'il se passe quelque chose de bizarre! »). Le pharmacien lui a remis une carte sur laquelle on pouvait lire: « Bon anniversaire! — Maintenant, rends-toi au magasin d'alcools. » Une bouteille de champagne l'attendait, accompagnée d'une *autre* note : « Es-tu prêt à célébrer? Pas encore! Au magasin pour hommes d'abord! » Une chemise portant un monogramme a suscité sa surprise, mais plus la note : « C'est presque fini! Mais avant, pourrais-tu, s'il te plaît, arrêter à l'épicerie? » Un panier à pique-nique rempli de bonnes choses avait été préparé pour lui.

> « LE PARADOXE DE L'AMOUR RÉSIDE EN CE QUE DEUX ÊTRES DEVIENNENT UN ET CEPENDANT RESTENT DEUX. » — ERICH FROMM

La dernière note ne portait que l'adresse d'une petite auberge romantique où Susan l'attendait. Le reste, comme on dit, est passé à l'histoire.

Notes d'une relation A +

879 Si *tout le monde* sait que l'engagement est important dans une relation, seuls ceux qui vivent des relations A + savent qu'ils doivent prendre des engagements *précis*. Voici la liste des douze meilleurs engagements recueillis pendant mes vingt années d'enseignement :

1. Engagez-vous dans votre relation.
2. Engagez-vous à augmenter de dix p. cent le temps que vous passez ensemble.
3. Engagez-vous à porter moins de jugements.
4. Engagez-vous à vivre dans le respect de vos vœux de mariage.
5. Engagez-vous à avoir plus de plaisir ensemble.
6. Engagez-vous à appliquer vos croyances religieuses dans votre relation avec votre partenaire.
7. Engagez-vous à considérer les comportements négatifs de votre partenaire comme l'expression de son besoin d'amour.
8. Engagez-vous à communiquer intégralement vos sentiments.
9. Engagez-vous à assurer le bonheur de votre partenaire.
10. Engagez-vous à vraiment ressentir vos sentiments amoureux.
11. Engagez-vous agir en fonction de vos sentiments amoureux.
12. Engagez-vous à prêter attention à la voix de l'amour qui se trouve en vous.

> COMMENT RECONNAÎTRE LES PERSONNES QUI VIVENT DES RELATIONS A +? VOUS TROUVEREZ UNE ÉTINCELLE DANS LEURS YEUX.

880

- Touchez votre partenaire — avec vos yeux.
- Touchez votre partenaire — avec vos mots.
- Touchez votre partenaire — avec des cadeaux et des présents.
- Touchez votre partenaire — avec vos pensées, vos prières et vos souhaits.
- Touchez votre partenaire — avec vos gestes.

Saviez-vous que — Entretenir une relation A + peut vous aider à vivre plus longtemps et à jouir d'une meilleure santé? Il ne s'agit pas seulement d'une question de bon sens, cela a été médicalement prouvé. Consultez ces deux ouvrages du Dr Dean Ornish : *Love & Survival : The Scientific Basis for the Healing Power of Intimacy* et *Love & Survival : 8 Pathways to Intimacy & Health*.

Gregory J.P. Godek

Recette pour une relation A +

881 **Aperçu** : Cette recette transforme deux individus en un couple.

Contexte : Réunissez les ingrédients avec le temps et exercez-vous à cuisiner pendant vingt ou trente ans.

Ingrédients :
250 ml d'attirance
250 mi de compatibilité
2 fous
1 l d'honnêteté (avec 2 l de confrontation)
250 ml de fidélité, d'espoir et de bienveillance : combiner et mélanger vigoureusement
1 trait de délicatesse
1 pincement
2 l de collaboration mélangés à 2 l de compromis
2 l de pardon
4 l de sens de l'humour
1 kilo de sexualité (crue)
Plus un approvisionnement infini d'amour, de sexe et de romantisme, dans un ratio de 2:1:3.

> LES DEUX PREMIÈRES ANNÉES ONT TENDANCE À ÊTRE ÉPICÉES. LES ANNÉES SUBSÉQUENTES SONT CINGLÉES. LES DERNIÈRES ANNÉES SONT RELEVÉES. MAIS ELLES SONT TOUTES *DÉLICIEUSES*!

> CHAQUE JOUR A UNE SAVEUR DIFFÉRENTE. *C'EST NORMAL.* CERTAINS JOURS SONT TENDRES. D'AUTRES SONT AMERS. D'AUTRES ENCORE SONT DOUX. CERTAINS JOURS SONT CORIACES ET DIFFICILES. D'AUTRES SONT DIFFICILES À AVALER. MAIS CHAQUE JOUR VOUS APPORTE *EXACTEMENT* CE QUI VOUS EST NÉCESSAIRE ET CHAQUE PORTION CORRESPOND PARFAITEMENT À VOS BESOINS.

Préparation :
Combiner tous les ingrédients et remuer comme des fous. Laisser les grumeaux de dimension moyenne. (Si c'est trop lisse, les jours seront ennuyeux, mais si les grumeaux sont trop gros, les problèmes seront difficiles à avaler.) Réchauffer avec de la passion mais ne jamais amener à ébullition!

Portions : donne cinquante années de mariage ou plus. Divisez en cinquante ans et servez séparément. Subdivisez chaque année en 365 jours et savourez chaque jour individuellement.

Le romantisme dans toute l'Amérique

882

♥ Visitez tout le continent — les trois Amériques — faites un voyage ou deux par année, pendant autant d'années qu'il faudra.
♥ Campez dans les parcs nationaux.
♥ Campez ensuite dans les parcs d'États.

883

Allez faire de la descente de rapides! Les férus d'aventures des entreprises suivantes vous feront commencer en aval :

♥ Rafting Montréal : 1-800-324-RAFT, www.raftingmontreal.com
♥ Rafting-Kayak-Xpédition : 1-866-69KAYAK, www.horizonx.ca
♥ USA Raft : 1-800-USA-RAFT, www.usaraft.com

884

Faites le tour des États-Unis en bicyclette! La TransAmerica Bicycle Trail, d'une longueur de près de 7 250 km suit les petits chemins et les routes d'État dans l'Amérique rurale. Cette piste cyclable part de Yorktown, en Virginie et se rend jusqu'à Astoria, en Oregon. Elle peut être effectuée en cinquante à quatre-vingt-dix jours. Pour obtenir de plus amples renseignements, appelez Adventure Cycling, au 1-800-755-2453, écrivez à 150 East Pine Street, P.O. Box 8308, Missoula, Montana 59802 ou visitez le www.adv-cycling.org.

GREGORY J.P. GODEK

 Assistez à l'un des *festivals de montgolfières du Québec.*

♥ Festival de montgolfières de Gatineau :
1-800-668-8383, www.montgolfieresgatineau.com
♥ International de montgolfières de Saint-Jean-sur-Richelieu :
450-347-9555, http://corpo.montgolfieres.com.

De merveilleux endroits à découvrir :

♥ Quand vous êtes à Rochester, New York : Mangez au Café Cupid (un petit bistro *étonnamment* romantique!) 754, East Risge Road, à Irondequoit. Composez le 585-342-2640. Allez faire vos achats dans la boutique la plus branchée d'Amérique, The Parkleigh, 215, Park Avenue, à Rochester. Composez le 1-800-333-0627 ou visitez le www.parkleigh.com.

♥ Quand vous êtes à Springfield, au Massachussetts : Allez au Titanic Museum (le musée du *navire*, pas du film). Composez le 413-543-4770 ou visitez le www.titanichistoricalsociety.com.

♥ Quand vous êtes à Atlanta, en Géorgie : Amenez votre moulin à paroles visiter le Bellsouth Telephone Museum. Composez le 404-986-3289.

♥ Quand vous êtes à Fort Wayne, en Indiana : Voyez la volière de papillons au Fort Wayne Children's Zoo. Composez le 260-427-6800 ou visitez le www.kidszoo.com

♥ Quand vous êtes à Phoenix, Arizona : Rendez-vous au Hall of Flame Museum of Firefighting. Composez le 602-275-3473 ou visitez le www.hallofflame.org

Le romantisme dans le monde

886 Certaines recommandations provenant des participants à mes cours :

- ❤ Le restaurant le plus romantique de Vienne : le Steirereck
- ❤ Le restaurant le plus romantique d'Amsterdam : le De Goudsbloem
- ❤ Le restaurant le plus romantique de Rome : Les Étoiles terrasse-restaurant
- ❤ Le restaurant le plus romantique de Stockholm : le Hasselbacken

887

- ❤ L'hôtels le plus romantique de Paris : L'Hôtel
- ❤ L'hôtel le plus romantique de Vienne : le Romischer Kaiser
- ❤ L'hôtel le plus romantique de Rome : le petit hôtel Arco dé Tolomei
- ❤ L'hôtel le plus romantique d'Amsterdam : le Pulitzer
- ❤ L'hôtel le plus romantique de Copenhague : le Skovshoved
- ❤ L'hôtel le plus romantique de Madrid : le Santa Mauro

888 Si votre partenaire aime la plage, planifiez des vacances à l'une des plus belles plages du monde. Choisissez un endroit en vous fondant sur le type d'activité qu'il ou elle préfère :

A + pour les plages encore *vierges* :
- ❤ Barbuda, dans les Antilles
- ❤ Kea, dans les îles grecques
- ❤ A + pour paresser, :
- ❤ Isla de Cozumel, au Mexique
- ❤ Molokai, Hawaii
- ❤ North Island, Nouvelle-Zélande
- ❤ A + pour la vague :
- ❤ Mindoro, Philippines
- ❤ Sanibel Island, Floride

Conseils pour vos destinations voyages

♥ Autriche : 212-944-6880, www.austriatourism.com
♥ Belgique : 212-758-8130, www.visitbelgium.com
♥ Angleterre : 1-800-462-2748, www.visitbritain.com
♥ Chypre : 212-683-5280, www.cyprustourism.com
♥ Danemark : 212-885-9700, www.visitdenmark.com
♥ Finlande : 1-800-346-4636, 212-885-9700, www.visitfinland.com
♥ France : 310-271-6665, www.francetourism.com
♥ Allemagne : 1-800-651-7010, www.cometogermany.com
♥ Grèce : 213-626-6696, www.gnto.gr
♥ Islande : 212-885-9700, www.icelandtouristboard.com
♥ Irlande : 1-800-223-6470, www.discoverireland.com
♥ Italie : 310-820-0098, www.italiantourism.com
♥ Pays-Bas : 1-888-464-6552, www.us.holland.com
♥ Norvège : 212-885-9700, www.norway.org
♥ Pologne : 201-420-9910, www.polandtour.org
♥ Portugal : 1-800-767-8842, www.portugal.org
♥ Suède : 212-885-9700, www.visitsweden.com
♥ Suisse : 1-877-794-8037, www.myswitzerland.com

De bonnes habitudes

889 Des expériences psychologiques ont démontré que la plupart des gens peuvent transformer un nouveau comportement en une habitude après environ trois semaines. *Leurs* expériences impliquent des activités *ennuyeuses* comme faire de l'exercice ou se lever une heure plus tôt que d'habitude. *Ma* suggestion (comme vous l'avez probablement déjà deviné) est de mener votre propre expérience en transformant un comportement romantique en une habitude.

> « LE VÉRITABLE AMOUR ARRIVE TRANQUILLEMENT, SANS BANNIÈRES, SANS LUMIÈRES QUI CLIGNOTENT. SI VOUS ENTENDEZ DES CLOCHES, FAITES EXAMINER VOTRE OUÏE. »
> — ERICH SEAGAL

Voici une approche que vous pourriez appliquer pour mener votre expérience : pendant trois semaines — c'est-à-dire vingt-et-un jours de suite — adoptez ces comportements :

- ❤ Dites « je t'aime » à votre partenaire au moins cinq fois par jour.
- ❤ Trouvez au moins une idée romantique par jour dans le journal.
- ❤ Appelez votre partenaire du bureau au moins trois fois par jour.
- ❤ Réduisez d'une heure le temps que vous passez devant la télévision. Faites quelque chose *ensemble*, pendant ce temps.
- ❤ Faites l'amour au moins deux fois par semaine.
- ❤ Encerclez dix idées dans ce livre qui pourraient avoir le potentiel d'intéresser votre partenaire. Discutez-en avec lui ou elle.
- ❤ Surprenez votre partenaire de manière *subtile*, de temps à autre.

COMMENCEZ VOTRE « RÉGIME AMOUREUX » DÈS AUJOURD'HUI! VOUS OBTIENDREZ DES RÉSULTATS INSTANTANÉS!

À la fin de ces trois semaines, vous serez devenu plus romantique. Peut-être pas Valentino, mais vous serez mieux sensibilisé à l'importance du romantisme dans votre vie, vous serez plus en contact avec vos propres sentiments amoureux et vous serez plus proche de votre partenaire. Ce n'est pas une mauvaise habitude à prendre, hein?

GREGORY J.P. GODEK

Les bonnes ressources

890 Voici une liste de très bons ouvrages sur les relations, les hommes et les femmes, etc.

- ♥ *Love & Respect*, d'Emerson Eggerichs et Fritz Ridenour
- ♥ *Apprendre à vivre et à aimer*, de Leo Buscaglia
- ♥ *The New Rules of Marriage*, de Terrence Real
- ♥ *Intégrer son identité masculine*, de David Deida
- ♥ *Nous sommes nés pour l'amour*, de Leo Buscaglia
- ♥ *How to Be an Adult in Relationships*, de David Richo
- ♥ *Les couples heureux ont leurs secrets*, de John Gottman, Ph.D
- ♥ *Dire oui à l'amour*, de Leo Buscaglia
- ♥ *The Truth About Love*, de Patricia Love, Ph. D
- ♥ *Vos amis les hommes*, de David Zincsenko,
  avec la collaboration de Ted Spiker
- ♥ *Le couple, mode d'emploi*, de Harville Hendrix
- ♥ *L'homme sauvage et l'enfant*, de Robert Bly

891 Des livres intéressants et drôles sur les relations, l'amour et/ou la sexualité :

- ♥ Dave Barry's Guide to Marriage and/or Sex, de Dave Barry
- ♥ Mack Tactics: The Science of Seduction Meets the Art of Hostage Negotiation, de Christopher Curtis et Rob Wiser
- ♥ Dating, Mating & Manhandling: The Ornithological Guide to Men, de Lauren Frances et Konstantin Kakanias
- ♥ Why Did I Marry You, Anyway?, d'Arlene Modica Matthewsp. 382]…

892 Soyez préparés : écrivez! Dressez dans une liste dix choses que vous savez que votre partenaire aimerait.

Coupon de **librairie**

Valide en échange d'une heure de magasinage effréné dans la librairie de ton choix.

Est-ce qu'un massage lui ferait plaisir? Apprécierait-il un dessert particulier? Ou un nouveau CD? Aimerait-elle faire cirer sa voiture?

Ne remettez pas cela à plus tard — écrivez cette liste d'ici la fin de la journée, aujourd'hui. Gardez-la sur vous, et servez-vous-en comme aide-mémoire. Prenez l'engagement de réaliser une proposition par semaine, pendant les dix prochaines semaines.

Les vrais hommes sont romantiques

893 Faites quelque chose *avec* elle que vous détestez faire normalement (et faites-le en y mettant du cœur et sans rechigner). Allez acheter une robe avec elle; allez voir un film avec elle; allez à un récital de ballet avec elle; faire du jardinage avec elle.

894 Faites quelque chose *pour* elle que vous détestez faire normalement (et faites-le en y mettant du cœur et sans rechigner). Faites l'épicerie, lavez la vaisselle, retirez les mauvaises herbes, levez-vous au beau milieu de la nuit pour vous occuper du bébé.

> VOICI LA *PREUVE* QUE LES VRAIS HOMMES SONT ROMANTIQUES : CLINT « DIRTY HARRY » EASTWOOD A RÉALISÉ ET A TENU L'UN DES RÔLES PRINCIPAUX DE *SUR LA ROUTE DE MADISON*, L'UN DES FILMS LES PLUS ROMANTIQUES DE TOUS LES TEMPS.

895 Rasez-vous le samedi soir.

896 Traitez-vous mieux vos employés que la femme de votre vie? Beaucoup d'hommes le font. (C'est *quoi* le problème, les gars?)

Voici un jeu de rôles hypothétique que vous pourriez faire : voyez votre partenaire comme une cliente, une acheteuse ou une employée. Les bons gestionnaires réfléchissent à des manière de motiver leur personnel, ils ne se contentent pas de lui donner des directives et ne le tiennent pas pour acquis. Et les vendeurs sont toujours très délicats avec leurs clients... Après tout, ils sont très importants! Ne l'est-elle pas autant?

« DIEU CRÉA L'HOMME AVANT LA FEMME CAR IL FAUT TOUJOURS UN BROUILLON AVANT DE RÉALISER UN CHEF-D'ŒUVRE. »
— ANONYME

897 Soyez *extrêmement* gentil avec elle, durant ses règles. (Inscrivez les dates sur votre calendrier pour ne pas oublier.) Et remerciez le ciel : *vous* n'avez pas avoir à subir ces crampes!

Les vraies femmes sont romantiques

898 Voulez-vous lui offrir des fleurs — mais êtes préoccupée par le fait qu'il pourrait se sentir mal à l'aise, que cela ne fait pas assez « homme »?

♥ Revoyez vos suppositions. Un travailleur de la construction bien baraqué, qui participait à l'un de mes cours, m'a déjà dit que sa petite amie lui avait envoyé des fleurs au chantier où il travaillait! Après avoir été taquiné gentiment par ses collègues, il a constaté que plusieurs d'entre eux regrettaient que leurs copines ne leur aient jamais envoyé de fleurs!

♥ Envoyez différentes espèces de fleurs — toutes de sa couleur préférée. (La grande majorité des hommes occidentaux disent que le bleu est leur couleur préférée). Voici quelques fleurs bleues : le myosotis, le platycodon, l'herbe à chat, le pied d'alouette, la lobélie, la lavande de mer et l'éphémère de Virginie.

♥ Présentez les fleurs dans un vase « masculin » — un chapeau du distributeur ou un coffre à outils. Ou pourquoi ne pas placer trois roses dans les trous d'une boule de quilles?

> SOIXANTE-QUATORZE POUR CENT DES AMÉRICAINS MÂLES N'ONT JAMAIS REÇU DE FLEURS DE LA PART D'UNE FEMME. QUATRE-VINGT-DEUX POUR CENT D'ENTRE EUX ONT INDIQUÉ QU'ILS L'AURAIENT APPRÉCIÉ. LES PROPORTIONS DOIVENT ÊTRE SIMILAIRES AU CANADA.

899 Faites quelque chose *avec* lui que vous détestez faire normalement (et faites-le en y mettant du cœur et sans rechigner). Accompagnez-le à la pêche, aux quilles, dans l'observation des oiseaux, son jogging ou en camping. Ou regardez l'émission *La zone*, à la télévision, avec lui.

900 Faites quelque chose *pour* lui que vous détestez faire normalement (et faites-le en y mettant du cœur et sans rechigner). Repassez ses chemises; lavez sa voiture; préparez son mets préféré qui est si difficile à réussir; faites les courses; réalisez ce petit fantasme sexy qu'il aime tant.

> JE RECOMMANDE CHALEUREUSEMENT UN GUIDE PRATIQUE ET CHARMANT, *THE GODDESS' GUIDE TO LOVE*, DE MARGIE LAPANJA.

GREGORY J.P. GODEK

Affaires de gars

901 Les gars, je ne vous blâme pas de paniquer avec toute cette histoire de Saint-Valentin. Le problème ne vient pas de *vous* — il est issu de notre culture tordue.

Le problème, voyez-vous, émane de Cupidon, qui représente l'amour romantique, n'est-ce pas? Maintenant. Cupidon est un mignon petit chérubin nu qui voltige avec ses petites ailes et qui lance des fléchettes aux gens. *Trop mignon*! Et puis, arrive le mois de février et les vitrines des magasins se remplissent de ces petits Cupidons voltigeant qui baignent, évidemment, dans du rose et dans du rouge. Mais où est le problème? Le problème réside dans l'image, qui est soit infantile ou féminine.

Les Romains de l'Antiquité comprenaient mieux l'amour que nous. Cupidon était, à l'origine, le dieu romain de l'amour romantique. Sa mère, Vénus, était la déesse de l'amour. Les Romains jouissaient donc des représentations masculine *et* féminine pour illustrer le concept de l'amour. Plutôt brillant, non? Vous serez peut-être intéressé par le fait que Cupidon était un adolescent — et non un chérubin grassouillet. (Faites-vous la représentation suivante d'une de ces sculptures de marbre classiques : une pose héroïque, des muscles gonflés et des flèches assez puissantes pour éliminer un ours, imaginez un petit couple!)

Tout cela pour dire… qu'il *existe* un côté masculin à l'amour romantique. Le seul problème est que notre culture a peu de modèles mâles à proposer. Notre culture promeut également une pensée simplifiée et stéréotypée («Les hommes sont logiques, les femmes émotives.») qui double la difficulté pour les hommes de demeurer en contact avec cette facette d'eux-mêmes.

LE MEILLEUR COMMENTAIRE ENTENDU DANS L'UNE DE MES CLASSES : « JE NE SUIS PAS IDIOT, JE SUIS SEULEMENT CONFUS. »

Alors que faire? Eh bien! Vous pouvez célébrer la Saint-Valentin d'une manière masculine les années *paires* et féminine les années *impaires*. (Alors, par exemple, les années paires, vous allez jouer aux quilles, donnez des outils en cadeau, soupez dans un pub et avez des relations sexuelles ensuite. Les années impaires, vous séjournez dans une auberge, donnez du parfum, soupez dans un bistro français et faites l'amour tendrement.)

Affaires de filles

902 De nombreux hommes sont d'avis qu'une «photo sensuelle» de vous représenterait le cadeau suprême. Vous pouvez obtenir un portrait de vous-même sensuel, provocateur et surprenant, en communiquant avec un studio de photographie qui se spécialise dans une forme d'art dont la popularité ne cesse de grandir et qui se fait souvent appeler «photo de boudoir».

LES CLASSIQUES ROMANTIQUES SONT PARFAITEMENT ADÉQUATS AU DÉBUT. MAIS APRÈS??

Plusieurs de ces photographes sont des femmes qui ont le talent pour mettre leur sujet à l'aise et pour faire ressortir le côté subtil et sexy de sa personnalité et le capter sur film. Les portraits en lingerie semblent être les plus populaires, suivis des photos fétichistes, des photos inspirées des «pin-up» et des nus. Recherchez des photographes professionnels dans votre région, ou communiquez avec :

♥ Studio Divine Photographie, Michel et Julie Létourneau, artistes photographes, 1-866-632-1590, www.divinephotographie.com/photo_seduction.html
♥ Studio Photo Élégance, Frédéric Lavoie photographe, dans la région de Québec, 418-525-7649, www.fredphotographe.com.

903 « F.M. Shoes »

904 Jetez un coup d'œil rapide aux magazines *Playboy* ou *Penthouse* — voyez par vous-même ce que les hommes *en général* trouvent sexy. Demandez ensuite à votre homme ce qui l'excite plus *particulièrement*. Vous pourriez être surprise de ce que vous apprendrez sur lui! Vous ouvrirez peut-être la porte à des discussions encore plus franches sur la sexualité et la sensualité.

Caractéristiques des véritables romantiques

905 Les romantiques sont des meneuses de claques. Les romantiques sont les plus grands admirateurs de leurs partenaires. Ils offrent un appui enthousiaste, de l'encouragement constant et un amour inconditionnel. (Ils ne réussissent pas toujours à cent pour cent, évidemment, mais ils ne cessent d'essayer.)

906 Les romantiques sont créatifs. Les romantiques voient leurs relations comme étant des occasions d'exprimer leur créativité, des tribunes d'expression personnelle, des cieux clé-ments pour expérimenter et pour grandir.

LES GARS,
EMBRASSEZ-LA
D'UNE MANIÈRE TOUTE
SPÉCIALE : PRENEZ
DÉLICATEMENT SON VISAGE
DANS VOS MAINS QUAND
VOUS LUI DONNEZ
UN BAISER.

907 Les romantiques lisent dans les esprits. Ceux qui sont branchés sur leur partenaire — ceux qui *écoutent vraiment très bien* — développent une sorte de sixième sens à propos de ce que leur amour apprécierait. L'une des meilleures choses qui découlent des relations à long terme est la possibilité de développer ce sixième sens. Au fur et à mesure de sa croissance, votre relation s'approfondit et votre niveau d'intimité augmente.

♥ Quel *cadeau* spécial ferait plaisir à votre partenaire?
♥ Quel petit *geste* ferait apparaître un sourire sur son visage?
♥ Quel *plat* ou dessert préférés pourriez-vous préparer pour lui ou elle?
♥ Que *désire*-t-il depuis si longtemps qu'il se retient d'acheter? Offrez-le-lui!

LUI AVEZ-VOUS FAIT UN *COMPLIMENT*, DERNIÈREMENT?
LUI AVEZ-VOUS DIT « *MERCI* », DERNIÈREMENT?
LUI AVEZ-VOUS EXPRIMÉ VOS *ENCOURAGEMENTS*, DERNIÈREMENT?
LUI AVEZ-VOUS FAIT UNE *SURPRISE*, DERNIÈREMENT?
AVEZ-VOUS *RECONNU* SES ACCOMPLISSEMENTS, DERNIÈREMENT?
AVEZ-VOUS *ADMIRÉ* SES TALENTS, DERNIÈREMENT?

GREGORY J.P. GODEK

Caractéristiques des romantiques extrêmes

908 Dansez lentement dans un restaurant — *alors qu'aucune musique ne se fait entendre.* (Quand un des participants aux cours sur les relations amoureuses s'est exécuté avec sa petite amie, il a rapporté avoir été applaudi par les autres clients et le couple a reçu une bouteille de champagne, gracieuseté de la direction!)

> INDICATIF MUSICAL
> DE CE CHAPITRE :
> *L'AMOUR FOU,*
> DE LÉO FERRÉ

> N'OUBLIEZ PAS
> D'OUVRIR LE CONDUIT
> DE LA CHEMINÉE!

909 Enlacez-vous devant un feu de foyer — au milieu du mois d'août.

910 Articles amusants que vous pourriez louer d'un magasin spécialisé. Excellents pour les rendez-vous à thèmes, les parties surprises ou les fantasmes réalisés dans les moindres détails :

- Une machine automatique à faire des bulles
- Un générateur de brouillard
- Des costumes divers
- Un jukebox
- Un attelage de style victorien et un cheval
- Une machine à boules

911 Vous êtes serrés? Créez des vacances «Disney World à la maison»! Dans un magasin d'articles promotionnels de Disney, procurez-vous des oreilles de Mickey, des animaux en peluche, des jouets mécaniques, des ballons, des marionnettes, et des affiches. Louez les films de Disney les plus romantiques : *La belle et la bête, La belle et le clochard, La petite sirène* et *Pocahontas.*

En parlant d'amour

912 Laissez autre *chose* parler pour vous. Les personnes romantiques n'achètent pas constamment des cadeaux et des présents pour leurs partenaires. Mais elles *offrent* des « choses ». Des petites choses. Des choses privées. Des choses absurdes. Des choses comme des bandes dessinées, des mots d'amour, la tasse de café « parfaite », des fleurs, des cartes de souhaits, des bonbons à deux sous, des articles de magazines, des petits jouets.

913 Laissez les *autres* parler pour vous. Vous n'avez pas besoin de faire preuve d'*éloquence* pour être *romantique*. Vous n'avez pas besoin d'écrire de la grande poésie — ou même des lettres d'amour médiocres. Et vous n'avez pas à être particulièrement doué dans le domaine de l'expression orale. Mais vous devez exprimer vos sentiments *d'une façon ou d'une autre*. Une bonne stratégie est d'*emprunter* les mots romantiques des grands poètes, des auteurs et des artistes des mots de notre monde.

Laissez les personnes suivantes parler à votre place : Jacques Brel, Honoré de Balzac, Victor Hugo, William Shakespeare, Arthur Rimbaud, Paul Verlaine, Jean-Pierre Ferland, Charles Aznavour, Luc Plamondon, et tellement d'autres!

« RESTEZ-LÀ SUSPENDUS, MES VERS, POUR ATTESTER MON AMOUR. ET TOI, REINE DE LA NUIT, À LA TRIPLE COURONNE, DU HAUT DE TA PÂLE SPHÈRE, ABAISSE TES CHASTES REGARDS SUR LE NOM DE TA BELLE CHASSERESSE, QUI RÈGNE SUR MA VIE. O ROSALINDE ! »
— WILLIAM SHAKESPEARE, *COMME IL VOUS PLAIRA*

Maintenant, *je* ne vous suggère *pas* de tenter de garder tout le crédit pour avoir composé : « Que j'ai sur votre vie un empire suprême, que vous ne respiriez qu'autant que je vous aime. » L'expression de vos sentiments n'est en rien diminuée par l'emprunt des mots d'un autre. Ajoutez simplement quelque chose comme : « Jean-Pierre Ferland exprime l'amour que j'ai pour toi quand il chante *T'es belle.* »

914 Laissez votre *toucher* parler pour vous. Les mots sont parfois tout simplement inadéquats pour exprimer la force des sentiments d'amour que vous ressentez à l'intérieur de vous. Durant ces moments-là, le simple fait de toucher votre partenaire peut exprimer beaucoup. Prenez votre amour dans vos bras, serrez-le, faites-lui une caresse. Parfois, les choses les plus simples sont celles qui conviennent *le mieux.*

En parlant de romantisme

915 Devinez de quel grand magazine américain provient cette citation : « … nous avons besoin de romantisme et de sentimentalité dans la vie… J'ai bien dit 'nous avons besoin' — *chacun* d'entre nous, hommes et femmes, y compris le camionneur le plus macho et la professionnelle de lutte dans la boue. On supposait, il y a une vingtaine d'années, quand les femmes ont commencé à se liguer pour leur 'libération', que l'une des premières victimes serait le romantisme, plus particulièrement dans ses formes d'expression les plus évidentes et les plus exploitantes. Betty Friedan s'attend-elle vraiment à recevoir une boîte de chocolats, le 14 février? Est-ce que Kate Millett espère des fleurs? Les femmes, une fois devenues astronautes, haltérophiles, pompières et entrepreneures, après la pilule et la sororité, sont-elles toujours en manque de romantisme? Et ce romantisme n'était-il pas, lui-même, rien de plus qu'un autre piège perfectionné par les hommes, au cours des siècles, pour y faire tomber les femmes? Mais, défiant toutes les prédictions, le romantisme a gagné et n'avait, en fait, jamais été menacé de disparaître. »

Dans quel magazine cet article a-t-il été publié? *Cosmo? Nan. Glamour. Niet. Reader's Digest? Nein. Penthouse?* Ouaip! De Michel Korda.

916 Un mot aux petits futés : *n'établissez pas de rapport d'égalité entre le romantisme et la sexualité.* Le romantisme est entrelacé avec l'amour et la sexualité. Il existe donc de nombreuses occasions de malentendus entre les amoureux.

Le romantisme correspond *vraiment* à l'amour en action. Mais, parfois, les gestes qui ont l'*apparence* du romantisme ne sont utilisés que dans un but de *séduire*. Et, parfois, les gestes qui ont l'*apparence* du romantisme servent en fait à acheter la paix. Et, parfois, les gestes qui ont l'*apparence* du romantisme servent en fait à troquer.

> EN MATIÈRE DE RELATIONS AMOUREUSES, LA PASSION EST PLUS IMPORTANTE QU'UNE FIN HEUREUSE. PENSEZ-Y : *ROMÉO ET JULIETTE,* *LE TITANIC,* *AUTANT EN EMPORTE LE VENT,* *LES PAGES DE NOTRE AMOUR*

Qu'est-ce qu'un prénom évoque?

917 Donnez son prénom à votre bateau.

918 Si son nom est April, May ou June, faites du mois correspondant « son mois » et organisez quelque chose de spécial chaque jour. (Toutes les femmes sont uniques, « une sur un million », mais peu peuvent se targuer d'être « une sur douze » !)

919

♥ Qu'est-ce qu'un prénom évoque? Faites un usage spécial de son prénom si elle est une Rose, une Marguerite, une Jacinthe, une Violette, une Capucine, une Iris, une Jasmine ou une Fleurette.

♥ Qu'est-ce qu'un surnom évoque? Utilisez des surnoms comme mon chou, mon poussin, ma puce, mon soleil.

♥ Si votre petit surnom affectueux pour elle est « mon ange » : tracez des anges dans la neige ; célébrez, le 22 août, le jour « Soyez un ange » ; visitez Los Angeles, la « cité des anges » ; enregistrez ces chansons pour elle : *Ange, parle-moi*, de Mylène Farmer, *Mon ange*, d'Éric Lapointe, *Ange*, de Julien Clerc, *Ange ou démon*, de Lorie, *Ange de ville*, de Lili Fatale et *Les anges de la nuit*, de Johnny Hallyday.

> SON NOM DANS
> UNE CHANSON :
> *PETITE MARIE*, DE FRANCIS CABREL
> *ALINE*, DE CHRISTOPHE
> *LUCILLE*, DE MICHEL PAGLIARO
> *MICHELLE*, DES BEATLES
> *DENISE*, DE JACQUES HIGELIN
> *ISABELLE*, DE JEAN LELOUP
> *GENEVIÈVE*, DE CLAUDE GAUTHIER
> *KATIA*, DE CHARLES AZNAVOUR
> *SYLVIE*, DE JOE DASSIN
> *LOUISE*, DE MICHEL PAGLIARO
> *JOANNA*, DE KOOL
> & THE GANG

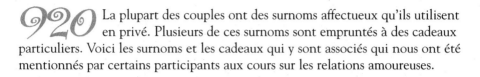

920 La plupart des couples ont des surnoms affectueux qu'ils utilisent en privé. Plusieurs de ces surnoms sont empruntés à des cadeaux particuliers. Voici les surnoms et les cadeaux qui y sont associés qui nous ont été mentionnés par certains participants aux cours sur les relations amoureuses.

- ♥ Gros ours : un ours en peluche de plus de un mètre de haut.
- ♥ Macho : un tee-shirt « muscle » et le CD de Village People
- ♥ Lapin : des figurines, des vêtements et des affiches ornés de lapins.
- ♥ Petit sucre : des friandises de toutes sortes.
- ♥ Biscuit d'amour : un biscuit par jour, tous les jours, depuis neuf ans.
- ♥ Tigresse : un tigre en peluche.

> SI JAMAIS VOUS AVEZ L'OCCASION DE DÉCOUVRIR UNE NOUVELLE PLANÈTE OU UNE COMÈTE, DONNEZ-LUI LE NOM DE VOTRE AMOUR.

La signification d'un nom

921 Connaissez-vous la signification du prénom de votre partenaire? Voici quelques exemples provenant d'un livre sur les prénoms :

- ♥ Ada est un prénom germanique qui signifie *joyeuse*.
- ♥ April est un prénom latin et signifie ouverte, *accueillante*.
- ♥ Barbara est un prénom romain et signifie *mystérieuse étrangère*.
- ♥ Catherine est un prénom romain et signifie *pure*.
- ♥ David est un prénom hébreu et signifie *bien-aimé*.

> INDICATIF MUSICAL DE CE CHAPITRE : *TON NOM*, DE CLAUDE GAUTHIER

GREGORY J.P. GODEK

- Diane est un prénom latin qui signifie *déesse de l'amour*.
- Dominique est un prénom français qui signifie *elle appartient à Dieu*.
- Éric est un prénom scandinave qui signifie *tout-puissant*.
- Frédéric est un prénom allemand qui signifie *paisible*.
- Geneviève est un prénom celte qui signifie *écume de la mer*.
- Gregory est un prénom grec qui signifie *vigilant*.
- Hélène est un prénom grec qui signifie *lumière*.
- Jeanne est un prénom hébreu qui signifie *Dieu est gracieux*.
- Jennifer est un prénom gallois qui signifie *celle qui est juste*.
- Jean est un prénom hébreu qui signifie *Dieu est bon*.
- Judy est un prénom hébreu qui signifie *admirée et louangée*.
- Katia est un prénom grec qui signifie *pure*.
- Kevin est un prénom irlandais qui signifie *beau, gentil et aimable*.
- Linda est un prénom hispanique qui signifie *belle*.
- Marjorie est un prénom grec qui signifie *perle précieuse*.
- Neil est un prénom gaélique qui signifie *champion*.
- Raymond est un prénom provenant du vieil anglais qui signifie *gardien avisé*.
- Richard est un prénom provenant du vieil allemand qui signifie *dirigeant puissant*.

J'AI ENTENDU UNE RUMEUR VOULANT QU'UN COUPLE, INSPIRÉ PAR LA BANDE DESSINÉE *ZITS* AIT LÉGALEMENT FAIT CHANGER SON NOM POUR *TOMANDSUSAN*.

PROCUREZ-VOUS UN LIVRE SUR LES NOMS DE BÉBÉS ET DÉCOUVREZ LA SIGNIFICATION DU PRÉNOM DE VOTRE PARTENAIRE. INSPIREZ-VOUS ENSUITE DE CETTE SIGNIFICATION COMME THÈME POUR POSER DES GESTES ET OFFRIR DES CADEAUX ROMANTIQUES. POUR LINDA : TROUVEZ DES POÈMES ET DES CHANSONS CRÉÉS À PARTIR DU MOT « BELLE ». POUR NEIL : FAITES-LUI JOUER LA CHANSON WE ARE THE CHAMPIONS, DE QUEEN. POUR SUSANNE : OFFREZ-LUI DES GROS BOUQUETS DE LYS.

- Sally est un prénom hébreu qui signifie *princesse*.
- Susanne est un prénom hébreu qui signifie lys.
- Thomas est un prénom araméen qui signifie *le jumeau*.
- Warren est un prénom allemand qui signifie *défenseur ou ami protecteur*.
- Wendy est un prénom inventé par J.M. Barrie pour son héroïne, dans *Peter Pan*.

---

*Et maintenant, quelque chose de complètement différent**

922 Êtes-vous pris dans une routine ennuyeuse qui se répète chaque soir ? (Vous sortez du bureau, en route vers la maison ; vous faites des courses ; prenez le souper en passant ; payez quelques factures ; regardez un peu la télévision ; allez vous coucher, épuisés.) *Changez radicalement votre routine* :

- Rencontrez-vous après le travail au musée local ; mangez au café qui s'y trouve ; passez ensuite la soirée à visiter les salles du musée, en compagnie de l'élite.
- Un mardi soir, commandez une pizza pour souper et allez au cinéma voir le film de 19 h.
- Rencontrez-vous au centre commercial ; faites du lèche-vitrines, soupez au restaurant-minute que vous préférez.

> *POUR VOTRE AMATEUR DE MONTY PYTHON : SERVEZ-LUI DU SPAM,
> DES ŒUFS, DU SPAM ET DU SPAM POUR LE PETIT DÉJEUNER.
> PLANTEZ DES ARBRISSEAUX.
> PROMETTEZ DE NE JAMAIS « *RUN AWAY!* »

407

923 Il n'y a pas de meilleur moyen de se laisser aller que de reprendre contact avec l'enfant en vous. Ce petit aime s'amuser et fait preuve de créativité, de curiosité, de spontanéité, d'abandon et d'imagination! Cessez d'être aussi adulte et retrouvez vos qualités d'enfant. Lectures suggérées :

- ♥ *Le Tao de Pooh*, de Benjamin Hoff
- ♥ *Le petit bout manquant*, de Shel Silverstein
- ♥ La série des *Harry Potter*, de J.K. Rowling
- ♥ *Le Petit homme de fromage et autres contes trop faits*, de Jon Scieska et Lane Smith

924 Votre partenaire est-elle une fanatique du *Magicien d'Oz*? Invitez-la au Musée Judy Garland pour voir des enregistrements et des photos rares, des documentaires et des souvenirs de toutes sortes. C'est aussi à cet endroit que, chaque année, un Festival Judy Garland est organisé. Le Yellow Brick Road est situé à Grand Rapids, au Minnesota. Composez le 1-800-664-JUDY ou visitez le www.judygarlandmuseum.com.

Quelle est votre quête?

925 Si vous décidez tous les deux de partager un million de baisers, à quelle *fréquence* devrez-vous vous embrasser?
Note : À des fins pratiques, j'ai élaboré ces hypothèses : chacun de vous dort six heures par nuit — vous ne pouvez donc pas vous embrasser pendant ce temps. Et avec le travail, les allers-retours et les tâches que vous effectuez séparément, vous passez encore soixante heures par semaine séparés l'un de l'autre. En tenant compte de tout cela, voici la fréquence de vos baisers, si vous avez pour objectif d'en échanger un million :

- Sur une période de dix ans, vous devrez vous embrasser toutes les 2,06 minutes.
- Sur une période de vingt ans, vous devrez vous embrasser toutes les 4,12 minutes.
- Sur une période de trente ans, vous devrez vous embrasser toutes les 6,18 minutes.
- Sur une période de quarante ans, vous devrez vous embrasser toutes les 8,24 minutes.
- Sur une période de cinquante ans, vous devrez vous embrasser toutes les 10,3 minutes.
- Sur une période de soixante ans, vous devrez vous embrasser toutes les 12,36 minutes.

Première remarque : Nous vous invitons, bien sûr, à regrouper vos baisers de façon à vous permettre d'avoir le temps de faire autre chose dans la vie.

Deuxième remarque : Je suis désolé, mais les juges ont décidé que les baisers très, *très* longs ne comptaient que pour un seul. (Cette décision concerne également les baisers pénétrants ou « *French Kiss* »).

926 Si votre quête est de remplir la maison du merveilleux arôme des fleurs, soyez avertis que vos fleurs préférées ne sont peut-être pas les plus *odorantes*. Créez un bouquet de fleurs dont le parfum est particulièrement intense et votre geste romantique prendra une toute nouvelle dimension.

> FLEURS PARTICULIÈREMENT
> ODORANTES :
> FRÉSIA
> ROSE
> LYS DE CASABLANCA
> LYS RUBRUM
> JASMIN DE MADAGASCAR
> LILAS
> GARDÉNIAS
> JACINTHES

927 Partez à la recherche de la « parfaite pizza ». Cela pourrait prendre des mois, des années, vous gagnerez peut-être cinq kilos — mais si votre partenaire est un *amateur* de pizza, cela aura valu la peine!

GREGORY J.P. GODEK

Apprendre à te connaître

928 Interviewez sa mère, son père, sa parenté, ses amis et ses collègues — pour connaître ses petites manies bizarres, ses passe-temps et ses passions et savoir ce que votre partenaire apprécie et ce qu'il ou elle aime moins.

929 Quelle est la différence entre « sexy » et « vulgaire » ? Quelle est la différence entre « mignon » et « superficiel » ? Je parie que *vos* réponses diffèrent de celles de votre partenaire. Mais vous ne le saurez jamais si vous n'en discutez pas.

930

♥ Faites des séances d'expression libre et de partage : choisissez un objet que vous aimez tous les deux. Parlez de son histoire et de ce qu'il représente pour vous. (Un vieux gant de baseball ; une poupée d'enfance ; quelque chose qui vous a été offert par vos grands-parents ; un animal en peluche ; un trophée ; un bijou, etc.)

♥ Une variante : visitez des *endroits* qui ont une signification particulière pour vous.

931 Procurez-vous quelques livres d'astrologie et découvrez ce que les étoiles révèlent sur la personnalité de votre partenaire. Celui que je préfère est *Star Signs*, de Linda Goodman. Ce qui rend ce livre si intéressant est le fait qu'il décrit toutes les jumelages possibles entre les signes du zodiaque.

Questions supplémentaires en prime

Questions pour « apprendre à te connaître » :

♥ Crois-tu au coup de foudre ?

♥ Quels sont les trois adjectifs qui te décrivent le mieux ?

♥ Comment as-tu su que nous étions amoureux ?

♥ Quel personnage de bande dessinée serais-tu ?

♥ Quel animal serais-tu ?

- ♥ Ressembles-tu plus à ton père ou à ta mère?
- ♥ Quel était ton jeu préféré, quant tu étais enfant?
- ♥ Es-tu une personne chanceuse?
- ♥ À quel moment te sens-tu le plus créatif?
- ♥ Que ferais-tu si gagnais la loterie?
- ♥ Est-ce que tu rêves en couleur?

Garder le contact

932 La véritable communication, entre les amoureux, est constituée d'une part de conversation et de neuf parts d'écoute. Pour une fois, écoutez. Vous en apprendrez beaucoup sur votre partenaire.

- ♥ Écoutez la façon dont les mots sont ressentis. Nous ne disons pas toujours ce que nous pensons, mais le contenu émotionnel est toujours là si nous sommes bien branchés.
- ♥ Écoutez, sans l'interrompre. (Tout un défi — surtout si vous êtes ensemble depuis de nombreuses années!)

933 Répondez avec amour, *sans égard* à ce que dit ou fait votre partenaire. Pourquoi? Parce que les comportements, tels que le fait de se plaindre, de s'inquiéter, de crier ou d'enquiquiner sont tous *des appels d'amour déguisés.* (Quand un enfant adopte ce type de comportements, nous comprenons instinctivement qu'ils sont issus de la peur et qu'ils ne nous visent pas personnellement. Malheureusement, nous faisons rarement preuve d'autant de courtoisie envers les adultes.) Tentez d'exposer ce *qui se passe vraiment, pas seulement ce qui se trouve à la surface.*

934 Rassurez votre partenaire. Renforcez ses qualités. Saluez ses talents et ses aptitudes. Procédez à un renforcement des qualités *qui vous ont tout de suite attirée vers lui.*

♥ Dites-lui ce que vous appréciez le plus chez lui.
♥ Rappelez-lui que vous l'adorez. Pour *vrai*.
♥ Demeurez *positive* quand vous lui parlez.
♥ Concentrez-vous sur la personne qu'elle est *vraiment*, au lieu de fantasmer, de façon irréaliste, sur la « partenaire parfaite ».

> *ENTENDRE* ET *ÉCOUTER* SONT TRÈS, TRÈS DIFFÉRENTS! ON ENTEND AUTOMATIQUEMENT (MÊME PENDANT VOTRE SOMMEIL!) — ALORS QUE POUR ÉCOUTER, IL FAUT EN FAIRE LE CHOIX CONSCIEMMENT. L'ÉCOUTE EST UN DON D'AMOUR QUE VOUS OFFREZ À VOTRE PARTENAIRE.

Messages

935 Fabriquez une enseigne « Nouveaux mariés ». Collez-la sur le pare-brise arrière de votre voiture avant d'entreprendre votre balade du dimanche. Les gens klaxonneront et vous salueront. Faites semblant d'être des nouveaux mariés!
(Vous pourriez peut-être même louer la suite nuptiale d'un hôtel de vote région!)

936

X O X O X O
X O X O X O
X O X O X O X O X O X O X
O X O X O X O X O X O X O
X O X O X O X O X O X O X
O X O X O X O X O X O X O
X O X O X O X O X O X O X
O X O X O X O X O X O X O
X O X O X O X O X O X O X

ALORS QUE LA PLUPART DES GENS ACCOMPAGNENT LA SIGNATURE QU'ILS APPOSENT SUR LEURS LETTRES DE « X » ET DE « O », UN HOMME A ÉCRIT UNE LETTRE ENTIÈRE EN UTILISANT LES « X » ET LES « O » — ET IL A INSÉRÉ UN MESSAGE SECRET PARMI CES CARESSES ET CES BAISERS!

O X O X O X O X O X O X O X O X O X O X O X O X O X O X O X O X
O X O X O X t X O X O X O X O X O X O X O X O X O X O X O X O X O
X O X O X O X O X O X O X O X O X O X O X O X O X O X O X O X O
X O X O X O X O X O X O X u X O X O X O X O X O X O X O X O X
O X O X O X O X O X O X O X O X O X O X O X O X O X O X O X
O X e X O X O X O X O X O X O X O X O X O X O X O X O X O X O
X O s O X O X O X O X O X O X O X m X O X O X O X O X O X
O X O X O X O X O X O X O o O X O X O X O X O X O X O X n X O
X O X O X O X O X O X s X O X O X O X O X e X O X O X O X
O X O X O X O X O X u X O X O X X O X O X O X l X O X O X O X
O X O X a X O X O X O X O X O X O X O X O X O X O X O X O X O
X O X m X O X O X O X O X O X O X O X O X O X O o O X O X O X
O X O X O X O X O X O X O X O X O X O X O X O X O X O X O X
O X O X O X O X O X O X O X O X u X O X O X O X O X O X O X O
X O X O X O X O X O X O X O X O X O X O X O X O X O X O r O X
O X O X O X O X O X O X O X O X O X O X O X O

937

Écrivez un message personnel *quelque part* sur votre corps (avec de l'encre lavable à l'eau) — et invitez-le à le découvrir.

INDICATIF MUSICAL
DE CE CHAPITRE :
CHANSON MESSAGE,
DE PLUME LATRAVERSE

Massages

938 Avant de partir en voyage, laissez une bouteille d'huile à massage parfumée sur la table de chevet, accompagnée d'une note disant : « Je vais m'en servir dès mon retour. »

939 Il y a deux types de massages : sensuels et sexuels. Apprenez les différences subtiles — mais importantes. Un massage *sensuel* est apaisant, régénérant, relaxant. Il incite souvent votre partenaire à rêver. Un massage *sexuel* est stimulant et excitant. Il se termine souvent par l'acte sexuel. Les véritables romantiques savent à quel moment chacun de ces massages est approprié.

> LE TOUCHER
> EST APAISANT.

940 Quelques recommandations de livres sur le massage :

- ❤ *L'art taoïste du massage sensuel*, de Stephen Russell et Jürgen Kolb
- ❤ *L'art du massage*, de Gordon Inkeles et Murray Todris
- ❤ *Lovers' Massage : Soothing Touch for Two*, de Darrin Zeer
- ❤ *Guide du massage amoureux*, de Susan Mumford
- ❤ *Massages secrets pour les amants*, du Dʳ Andrew Stanway

ABC

941

A pour : à la mode, accepter, accolades, admirer, alimenter, amour, anniversaire, aphrodisiaque, arcs-en-ciel, ardent, ardeur, Athènes, attitude, auberge, Australie, aventure

INDICATIF MUSICAL
DE CE CHAPITRE :
L'ALPHABET.
DE WOLFGANG AMADEUS
MOZART

B pour : bagues, Bahamas, bain de minuit, bains moussants, baisers pénétrants, ballons, bicyclette, bijoux, bleu, bonheur, Boston, boucles d'oreilles, boudoir, bouton d'or, brandy, Broadway

C pour : cadeaux, caresses, Casablanca, caviar, cerfs-volants, champagne, chandelles, chansons d'amour, chatons, chevalerie, chevaux, chocolat, cinéma, clair de lune, cœurs, cognac, collier, coquelicots, coquin, courtepointes, créativité crème glacée, cuir

D pour : Dans un jardin, danse lascive, danser, décapotables, dentelle, dévêtu, diamants, dispendieux, disponible, divin

E pour : Elvis, embrasser, émeraudes, encens, énergie, engouement, ensemble, enthousiasme, épaisseur, époux, érotique, évasions, excitation, extérieur, extravagant

F pour : faire l'amour, fantasmes, femme, fidèle, films, fleurs, flirter, France, friandise, frisson, fruits, fuite

G pour : gardénias, gîtes, Glenn Miller, Godiva, gondoles, gourmet, Grèce, gui

H pour : Hawaii, homards, homme, humour, Hyatt

I pour : îles, imaginatif, imprévus, ingénuité, interdépendance, intimité, intrigue, invitation, Italie

GREGORY J.P. GODEK

J pour : jarretelles, jasmin, jaune, java, jazz, Jell-O, jeune de cœur, jonquilles, jouets

K pour : kakis, *Kisses* de Hershey, koalas

L pour : Leo Buscaglia, lettres d'amour, lilas, limousines, lingerie, lire, livres, Londres, loufoque, lunes de miel

M pour : M&M, marcher la main dans la main, mariage, masculin, massage, monogamie, mordiller, Mozart, musique

N pour : Naples, négligé, Népal, noces, Noël, nouveauté, nubile, nuit, nuque, nymphe

O pour : onduler, opéra, orchidée, orgasme, oui

P pour : parapluies, parfum, Paris, parler, passion, patins à glace, perles, photos, pique-niques, pittoresque, pizza, plages, poésie, polka, poupées, préliminaires

Q pour : QE2, qualité, Québec, question, quiches

R pour : radiographie, ravissement, refuges, reine, rendez-vous, repos, Rio, rire, rituel, Riviera, Rome, roses, rouge, rubis

S pour : sexe, slips, souper, spa, stationnement, suggestif

T pour : taquiner, tendresse, thé, théâtre, titiller, toasts, trains, tranquille, très cher, Trinidad, tulipes

U pour : ultime, ultra, union, unisson, univers, urgences,

V pour : vacances, valentins, Venise, Vénus, vibrateurs, Victoria's secret, vierges, vin, violet, voyage

W pour : watt, Web, week-end, whisky, Whistler, *Wisteria*,

X pour : xérès, xérographie, xylophones

Y pour : yachts, yeux, yin et yang

Z pour : zanzibar, zèle, zen, zénith,
zeste, zodiaque, Zurich

« CONNAISSEZ-VOUS VOTRE
ALPHABET ? » DEMANDEZ À VOTRE
PARTENAIRE DE PIGEZ UNE LETTRE.
·LISEZ-LUI LA LISTE DE MOTS
CORRESPONDANTE. IL OU ELLE
A VINGT-QUATRE HEURES POUR ·
TROUVER UN CADEAU ROMANTIQUE
OU POUR POSER UN GESTE ASSOCIÉ À
N'IMPORTE QUEL DE CES MOTS-CLÉS.

XYZ

942 Aujourd'hui, comme chaque jour, embrassez-vous avant de vous dire « bonjour » et « à plus tard ». **B**ien sûr, vous serez là, l'un pour l'autre — toujours. **C**réez un environnement de tendresse et d'amour. **D**écidez simplement de le faire. **É**vadez-vous des enfants. **F**aites des promenades ensemble. **G**ardez-vous du temps que vous pourrez lui consacrer. **H**abitez son cœur. **I**nondez votre partenaire de votre amour. **J**uger? Jamais! **K**idnappez votre partenaire pour des escapades merveilleuses. **L**aissez votre amour s'exprimer et écoutez religieusement. **M**ettez ses désirs au premier plan quand vous faites l'amour. **N**'allez jamais vous coucher si vous êtes encore fâchés. **O**ffrez-lui d'effectuer une tâche ménagère désagréable. **P**renez-la dans vos bras. **Q**uotidiennement, assurez-vous de passer du temps de qualité ensemble. **R**espectez ses sentiments. **S**aisissez le moment, *carpe diem*. **T**ous les jours, dites-lui que vous l'aimez. **U**nissez vos forces. **V**alorisez-la. **W**eek-ends de rêve assurés, de temps à autre. E**X**citez-le comme vous seule savez le faire. **Y**in et yang vous équilibrerez. **Z**élé vous serez, pour satisfaire ses petites passions.

> CHOISISSEZ UNE LETTRE. SUIVEZ LA RECOMMANDATION CORRESPONDANTE PENDANT TOUTE LA SEMAINE. CHOISISSEZ UNE LETTRE DIFFÉRENTE LA SEMAINE PROCHAINE.

943 Offrez à votre partenaire un « Coupon de l'alphabet romantique » : écrivez les lettres de l'alphabet sur vingt-six bouts de papier. Le récipiendaire des coupons pige une lettre. Le donateur organisera une journée romantique agrémentée de cadeaux et de gestes qui commencent par cette lettre.

Pour votre information

944 Liste des chansons qui se trouvent sur la meilleure cassette de musique romantique que j'aie jamais enregistrée :

1. *I Won't Last a Day Without You*, de Paul Williams
2. *Coming Around Again*, de Carly Simon
3. *Closer to Believing*, de Greg Lake/Emerson, Lake & Palmer
4. *Saving My Heart*, de Yes
5. *If I Had a Million Dollars*, de Barenaked Ladies
6. *I'm Gonna Be (500 Miles)*, de The Proclaimers
7. Symphonie n° 35 en *ré* majeur K. 385, de Wolfgang Amadeus Mozart
8. *In the Mood*, de Glenn Miller
9. *Kalena Kai*, de Keola Beamer
10. *Crazy*, de Patsy Kline

945 Il y a *trois* genres de personnes dans le monde : celles qui sont « orientées vers le passé », celles qui sont « orientées vers le présent » et celles qui sont « orientées vers l'avenir ». Votre « style de romantisme » est souvent déterminé par votre « orientation ».

♥ Les personnes *orientées vers le passé* ont tendance à être nostalgiques et sentimentales. Adeptes des albums, elles conservent les choses.
♥ Les personnes *orientées vers le présent* sont spontanées et souvent extrêmement créatives. Elles sont toujours partantes pour les activités de dernière minute et les aventures.
♥ Les personnes *orientées vers l'avenir* excellent dans la planification et l'écoute. Elles aiment faire des surprises et poser des gestes grandioses.

946 Il devient de plus en plus difficile de trouver des 45 tours et il est pratiquement *impossible* de retracer les 78 tours! Trouvez une boutique de disques d'occasion dans votre région ou communiquez avec la House of Oldies, en composant le 212-243-0500, en visitant le www.houseofoldies.com ou en vous rendant au 35, Carmine Street, dans la grosse pomme.

> POUR VOTRE INFORMATION :
> LES RELATIONS AMOUREUSES SE CRÉENT PAR LE DÉVELOPPEMENT D'HABITUDES.

Idées de cadeaux

947 Un *vibromasseur*. Utilisez-le en faisant preuve de créativité.

948 Achetez-lui un ensemble *complet*, ce qui comprend : de beaux articles de lingerie, une robe magnifique, un foulard assorti, un collier ou une broche et des chaussures! Étalez-les sur le lit. Attendez de la voir, bouche bée.

> TRAITEZ-LA COMME UNE REINE ET ELLE VOUS TRAITERA COMME UN ROI.

949 Des draps de satin.

950 Messieurs : approchez avec *délicatesse* le sujet de la lingerie.

- ♥ Votre tout *premier* présent de cette nature *ne devrait pas* être un soutien-gorge avec ouvertures. (Un peu de classe, quand même!)
- ♥ Vous pourriez commencer en lui laissant le choix : agrafez un billet de cent dollars sur un catalogue de lingerie, accompagné d'un mot disant : « C'est toi qui choisis. », ou fabriquez un « coupon de lingerie » personnalisé.
- ♥ Pourquoi ne pas feuilleter un catalogue de lingerie ensemble et discuter de ce que vous aimez et de ce que nous n'aimons pas?

> QUAND VOUS AIMEZ QUELQU'UN TOUS LES SOUHAITS QUE VOUS AVIEZ ACCUMULÉS COMMENCENT À SORTIR DU PLACARD.
> — ELIZABETH BOWEN

Idées de coupons

951 Un concept romantique de base : les coupons d'amour. Voici une petite variante : les coupons d'amour fabriqués à l'aide des petits bouts de papier des friandises *Kisses*, de Hershey.

952 Voici quelques variations sur le thème des coupons d'amour :

Coupon pour la sortie
du samedi soir

Où?
Où tu veux!
Quand?
Quand tu veux!

- ❤ Coupons fabriqués avec vos cartes d'affaires
- ❤ Coupons fabriqués sur des menus de restaurant
- ❤ Coupons fabriqués sur des oreillers
- ❤ Coupons fabriqués sur des signets
- ❤ Coupons insérés dans des documents informatiques
- ❤ Coupons fabriqués à partir de magazines

Coupon pour un
déjeuner au lit

Valable pour la journée
de ton choix.
Expiration : jamais.

953 Une autre variante du concept de coupon d'amour : les coupons de un dollar. Dessinez simplement un billet de un dollar; mettez votre photo au centre; faites une centaine de photocopies, découpez-les; faites-en une liasse. Offrez-les ensuite à votre partenaire, accompagnés d'une liste détaillée d'activités et du coût qui leur est associé.

*Coupon pour le plus
extraordinaire*
bain moussant

Comprenant des huiles
un bain parfumées,
de la musique douce,
du champagne
et des bougies.

Par exemple :

- ♥ Souper à l'extérieur : 5 $
- ♥ Souper à l'extérieur dispendieux : 15 $
- ♥ Cinéma : 3 $
- ♥ Cinéma à la maison : 1 $
- ♥ Je prépare le souper : 12 $
- ♥ Je rapporte le souper : 1 $
- ♥ Un massage de dos : 4 $
- ♥ Aller faire des emplettes avec toi : 20 $
- ♥ Faire l'amour : 1 $
- ♥ Faire l'amour (quand je n'en ai aucune envie) : 98 $

Coupon pour un souper
romantique

Souper gastronomique
préparé par l'émetteur
du coupon.

Tenue vestimentaire
appropriée exigée.

Comment se comprendre mutuellement

954 Il existe plusieurs systèmes conçus pour vous aider à vous comprendre vous-même et à comprendre les autres par l'utilisation de toute une gamme de techniques de « profilage de la personnalité ». Voici quelques recommandations d'ouvrages :

- ♥ *The 16 Personality Types : Descriptions for Self-Discovery*, de Linda V. Berens et Dario Nardi
- ♥ *Soultypes : Matching Your Personality and Spiritual Path*, de Sandra Krebs Hirsch et Jane A. G. Kise.
- ♥ *A Woman's Guide to Personality Types : Enriching Your Family Relationship by Understanding the Four Temperaments*, de Donna Partow.

> AUSSI —
> THE COLOR CODE.
> DE TAYLOR HARTMAN
> WHO DO YOU THINK YOU ARE?.
> DE KEITH HARARY ET EILEEN
> DONAHUE ROBINSON

955 Faites analyser votre écriture et celle de votre partenaire. Vous serez surpris de découvrir ce qu'elle révèle et ce qui peut être «lu».

956 **Dix questions tordues pour vous aider à pénétrer l'esprit (et le cœur) de votre partenaire et vice versa**

1. Quels sont les trois *noms* qui vous décrivent le mieux?
2. Quels sont les trois *adjectifs* qui vous décrivent le mieux?
3. Si vous pouviez sauver du temps dans une bouteille, que feriez-vous avec?
4. Comment voulez-vous qu'on se souvienne de vous?
5. Quels sont vos biens les plus chers?
6. Que vouliez-vous devenir, quand vous étiez petits?
7. Aimeriez-vous mieux être riches ou célèbres?
8. Aimeriez-vous mieux vivre dans un avenir éloigné ou dans un passé lointain?
9. S'il ne vous restait qu'une seule journée à vivre, comment la passeriez-vous?
10. Si vous deviez écrire un livre d'auto-assistance, quel en serait le titre?

«CELUI QUI NE COMPREND PAS VOS SILENCES NE COMPRENDRA PROBABLEMENT PAS VOS MOTS.»
— ELBERT HUBBARD

«LA VIE EST LE PREMIER CADEAU, L'AMOUR EST LE SECOND, ET LA COMPRÉHENSION EST LE TROISIÈME.»
— MARGE PIERCY

GREGORY J.P. GODEK

Auberges mode d'emploi

957 J'ai entendu dire qu'après leur arrivée à l'auberge romantique où ils avaient réservé, la première chose que font certains hommes est d'allumer la télévision. Ou d'appeler la direction pour se plaindre, après avoir constaté qu'il n'y avait pas de téléviseur dans la chambre. *Non, non, non!*

- Réglez votre enregistreur vidéo numérique à la maison avant de partir. Vous ne manquerez ainsi aucune de vos émissions préférées.
- Cachez vos montres dans le placard — passez toute la fin de semaine sans vous préoccuper de l'heure.
- Un petit « délice d'après-midi ».
- Demandez à vos hôtes de vous donner des suggestions d'activités. Ils connaissent toujours très bien leur communauté.
- Réservez d'avance dans les restaurants locaux qui vous ont été recommandés.
- Prenez un bain moussant ou un bain tourbillon ensemble.
- Apportez quelques bons livres.

> PAS D'HORLOGE.
> PAS D'HORAIRE.
> PAS DE SOUCIS.
> PAS D'INQUIÉTUDES.
> PAS D'INTERRUPTIONS.
> PAS DE TÉLÉVISION.
> PAS DE COURRIER.
> PAS DE COURRIELS.
> PAS DE TÉLÉPHONE.
> PAS DE STRESS.
> PAS D'ENFANTS.
> PAS DE TÉLÉAVERTISSEUR.
> PAS D'ORDINATEUR.
> PAS DE DIÈTE.

958 Et voici certaines ressources pour vous permettre de trouver des auberges et des gîtes.

- D'abord deux sites Internet : Gîtes au Québec.com , qui regroupe 277 gites et auberges de toutes les régions du Québec, www.gitesauquebec.com, et le site des auberges du Québec, où 633 établissements de toutes les régions sont inscrits. Ce site affiche également un guide de restaurants. Visitez le www.aubergesquebec.org.
- Le guide *Gîtes et auberges du passant et Tables et Relais du terroir au Québec*, par Nicole Boulanger, propose des escapades gourmandes dans les plus belles régions du Québec. Tous les établissements inscrits dans ce guide ont été sélectionnés selon des normes de qualité supérieure par la Fédération des Agricotours du Québec.

♥ *Complete Guide to Bed and Breakfasts, Inns &*
Guesthouses — L'experte en B&B, Pamela
Lanier, a écrit un guide très détaillé où sont
répertoriés plus de 4 000 établissements du
monde entier. Il comprend également les
recettes préférées de certaines de ces
auberges.

CONSEIL : RÉSERVEZ UN *AN*
D'AVANCE, SI VOUS VOULEZ
VOUS TROUVER DANS
UNE AUBERGE
À LA SAINT-VALENTIN!

Bande sonore d'une histoire d'amour

959 La charge romantique de certaines
scènes au cinéma ne serait
jamais aussi puissante si elle n'était pas
amplifiée par la musique. Vous pouvez
faire comme à Hollywood et créer des
bandes sonores pour accompagner
différentes activités romantiques.
Voici des CD que je recommande
pour rehausser les occasions
romantiques suivantes :

GRAVEZ DES CD DE MUSIQUE
ROMANTIQUE PERSONNALISÉS.
ENREGISTREZ ET OFFREZ-LUI EN
CADEAU DES CD DE CHANSONS
ROMANTIQUES SIGNIFICATIVES.
FAITES DES CD DES GRANDS SUCCÈS DU
TEMPS DE VOS FRÉQUENTATIONS.
FAITES DES CD DES CHANSONS
PRÉFÉRÉES DE VOTRE PARTENAIRE.

Pour un souper romantique
à la chandelle :
♥ *Come Away With Me*,
de Norah Jones
♥ *Picture This*, de Jim Brickman
♥ *Twin Sons of Different Mothers*,
de Fogelberg et Weisberg

Pour des soirées au coin du feu :
- ♥ *Touch*, de John Klemmer
- ♥ *Watermark*, d'Enya
- ♥ *Past Light*, de William Ackerman

Pour une balade à la campagne :
- ♥ *Il Bacio*, de Paul Ventimiglia
- ♥ *Legends*, d'Eric Tingstad et Nancy Rumbel
- ♥ *Crossroads*, de Nicholas Gunn

Pour un pique-nique un dimanche après-midi :
- ♥ *Picnic Suite*, de Jean-Pierre Rampal et Claude Bolling
- ♥ *No Name Face*, de Lifehouse
- ♥ *Musique d'eau*, de George Friedrich Haendel

Pour des ébats romantiques et doux :
- ♥ *Canon en ré majeur* (Canon de Pachelbel), de Johann Pachelbel
- ♥ *Livin' Inside Your Love*, de George Benson
- ♥ *Winter Into Spring*, de George Winston

Pour des ébats fougueux et sexy :
- ♥ *Enigma MCMXC a.D.*, d'Enigma
- ♥ Bande sonore de 9 *semaines et demi*
- ♥ *Midnight Love*, de Marvin Gaye

Directives d'une histoire d'amour

Les *amis* de l'Amour
- ♥ Fidélité
- ♥ Foyer d'attention
- ♥ Attitude bon enfant
- ♥ Demeurer en contact avec vos sentiments
- ♥ Gentillesse
- ♥ Simplicité
- ♥ Clarté de vos priorités dans la vie
- ♥ Sens de l'aventure
- ♥ Attitude créative
- ♥ Patience
- ♥ Tendresse
- ♥ Empathie
- ♥ Bonne volonté
- ♥ Délicatesse
- ♥ Générosité
- ♥ Sens de l'humour
- ♥ Engagement
- ♥ Un bon thérapeute/conseiller/guide religieux ou spirituel
- ♥ Cadeaux qui émeuvent
- ♥ Bons modèles de rôles
- ♥ Écoute avec le cœur
- ♥ Appréciation de la vie
- ♥ Temps – quantité de temps
- ♥ Temps – qualité du temps
- ♥ Respect de votre partenaire
- ♥ Présents qui symbolisent votre amour
- ♥ Une attitude enjouée
- ♥ Contact visuel

Les *ennemis* de l'Amour
- ♥ Retrait émotionnel
- ♥ Tiraillements
- ♥ Jalousie
- ♥ Complexité de la vie moderne
- ♥ Arrogance
- ♥ Attitudes trop pratiques
- ♥ Impatience
- ♥ Culpabilité
- ♥ Ressentiment
- ♥ Égoïsme
- ♥ Manque de temps
- ♥ Immaturité
- ♥ Attitude supérieure
- ♥ Manque de respect
- ♥ Attitudes stéréotypées
- ♥ Manque de modèles de rôles
- ♥ Mesquinerie en général
- ♥ Avarice en matière de temps
- ♥ Avarice en matière d'argent
- ♥ Attitudes rigides
- ♥ Rancune
- ♥ Apathie
- ♥ Peur
- ♥ Stress
- ♥ Paresse
- ♥ Mépris
- ♥ Ennui

« ON NE VOIT BIEN QU'AVEC LE CŒUR. L'ESSENTIEL EST INVISIBLE POUR LES YEUX. » — ANTOINE DE SAINT-EXÉPURY

Bains moussants (1)

961

A Commencez simplement. Faites-lui couler un bain.
Bien chaud. Rempli de bulles.

B Bain et collation : bain moussant accompagné de raisins,
de fromage et de craquelins.

C Bain et musique : bain moussant accompagné de musique relaxante.
En vedette : *Watermark* d'Enya et *Autumn*, de George Winston.

D Bain et bulles : bain moussant accompagné de champagne,
de deux flûtes en cristal et de *vous*!

E Bain et livre : bain moussant accompagné d'un livre de son auteur favori.

F Bain chaud et érotisme torride : bain moussant accompagné
d'un livre érotique — dans lequel vous aurez pris soin de surligner
les passages les plus brûlants. Ce bain est suivi d'ébats passionnés.

G Bain et détente : bain moussant suivi de deux heures de paix et
de tranquillité (pendant que vous amenez les enfants au
restaurant-minute de votre quartier).

Bains moussants (2)

℆ Bain pour deux : regardez le film Duo à trois. Observez bien la scène du bain romantique. Inspirez-vous-en. (Indice : des bougies. Beaucoup, *beaucoup* de bougies.)

℉ Le travail au bureau : attendez-le dans la baignoire à son retour du travail.

℥ Message dans une bouteille : écrivez-lui une lettre d'amour ou un poème. Roulez-le et insérez-le dans une bouteille. Mettez le bouchon et laissez flotter dans la baignoire.

℞ Bain et gymnastique sexuelle : testez votre agilité — faites l'amour dans la baignoire. Si votre baignoire est trop exigüe, étendez des serviettes sur le sol et improvisez!

℟ Bain et produits : explorez une grande variété de poudres, de lotions et de potions. Quand vous en trouvez qu'elle adore, achetez-en en *quantité*.

℀ Pour une touche de classe : les savons européens et les autres produits de bain luxueux importés par Katherine March International. Composez le 1-800-87-MARCH, écrivez au 9286 S.W. 90th Street, Gainesville, Florida 32608-7246 ou visitez le www.katherinemarch.com.

Une touche de classe

$\mathcal{962}$ Soyez à l'affût de concepts et de cadeaux liés aux intérêts de votre amour. Par exemple, si votre partenaire adore *Roméo et Juliette*, ou Shakespeare ou le théâtre en général, voici une idée de cadeau inusitée et raffinée : les articles de One Page Books, lesquels consistent en de grandes et très belles reproductions des textes intégraux de plusieurs pièces et sonnets de Shakespeare. Chaque épreuve mesure 70 x 112 cm. Encadrées, ce sont des œuvres d'art qui feront jaser. Les pièces suivantes sont disponibles :

- ♥ *Roméo et Juliette*
- ♥ *Macbeth*
- ♥ *Hamlet*
- ♥ *Le roi Lear*
- ♥ *La tempête*
- ♥ *Othello*

- ♥ *Les Sonnets*
- ♥ *Le songe d'une nuit d'été*
- ♥ *Beaucoup de bruit pour rien*
- ♥ *Peines d'amour perdues*
- ♥ *La douzième nuit*
- ♥ *Le marchand de Venise*

Visitez le site Internet de The One Page Book Compagny, au www.onepagebooks.com.

$\mathcal{963}$ Allez entendre une symphonie. Procurez-vous le programme de la saison d'avance, achetez les CD des œuvres qui seront jouées, si vous ne les connaissez pas déjà, et écoutez-les *trois* fois. Même si vous n'êtes pas très familier avec la musique classique, cette façon de faire augmentera grandement votre appréciation du concert.

VOUS AVEZ *BIEN* UN STYLO PLUME ÉLÉGANT POUR ÉCRIRE VOS MOTS ET VOS LETTRES D'AMOUR, N'EST-CE PAS?! UN STYLO MONTBLANC AJOUTERA UNE TOUCHE DE CLASSE SANS PAREILLE À VOTRE GESTE.

Une touche

964

- Prenez un cours de massage ensemble. (Consultez le programme du centre d'éducation aux adultes de votre municipalité.)
- Offrez-lui un coupon d'amour personnalisé, échangeable contre un massage professionnel. (Communiquez avec les clubs de santé, les chiropraticiens, les hôtels, les cliniques de physio-thérapie et les spas de votre région pour obtenir les meilleures références.)

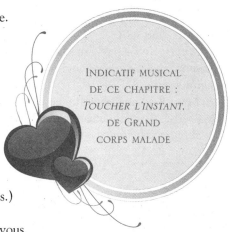

INDICATIF MUSICAL
DE CE CHAPITRE :
TOUCHER L'INSTANT,
DE GRAND
CORPS MALADE

965

Serrez-vous. Blottissez-vous. Caressez-vous. Touchez-vous. Tapotez-vous. Frottez-vous. Effleurez-vous. Flattez-vous. Pelotonnez-vous.

966

Les personnes romantiques sont *sensuelles*. Elles savent faire la différence entre sensualité et sexualité — et comment l'une peut avoir une influence sur l'autre et vice versa. Voici quatorze façons d'améliorer votre sensualité dans la vie :

1. Passez doucement vos doigts dans la chevelure de votre partenaire.
2. Concentrez-vous sur un sens à la fois.
3. Créez une ambiance romantique à l'aide d'un éclairage tamisé.
4. À la maison, faites toujours jouer une douce musique de fond.
5. Disposez trois bouquets de fleurs odorantes dans la maison.
6. Attardez-vous à toucher une partie du corps de votre partenaire chaque jour.

7. Préparez un festin spécial pour votre amour.
8. Intégrez plus de sensualité dans votre façon de faire l'amour.
9. Ralentissez, prenez votre temps, détendez-vous.
10. Au cours des cinq prochaines semaines, offrez-lui cinq cadeaux liés aux cinq sens.
11. Concentrez-vous sur le moment présent. Appréciez le « ici et maintenant ».
12. Achetez dix bougies parfumées.
13. Massez ses épaules ce soir, pendant qu'il regarde la télévision.

UNE EXCELLENTE RESSOURCE : *ACUPRESSURE FOR LOVERS : SECRETS OF TOUCH FOR INCREASING INTIMACY*, DE MICHAEL REED GACH. PH. D.

DEMANDEZ À VOTRE PARTENAIRE DE VOUS DIRE QUELLE EST LA CHOSE LA PLUS SENSUELLE QUE VOUS POURRIEZ FAIRE POUR LUI OU ELLE. *ENSUITE, PROCÉDEZ!*

Au travail

967 Assurez-vous de trouver le temps de faire quelque chose de romantique *pendant un moment où vous êtes le plus occupé au bureau*! Une petite planification vous permettra d'être romantique au beau milieu de la journée.

968 Recrutez la secrétaire et les collègues de travail de votre partenaire comme alliés. Leur complicité peut s'avérer *inestimable* pour le succès des surprises que vous lui préparez. Ils connaissent son horaire ; où il ou elle va dîner et si sa journée a été particulièrement difficile. Ce sont des renseignements cruciaux que vous devez parfois connaître.

969 Une tendance très actuelle en affaires est le GQT — gestion de la qualité totale. Un gestionnaire romantique s'en est inspiré pour instaurer la « qualité totale dans le mariage ». « Fondamentalement, vous appliquez les meilleures techniques d'affaires à votre union », a-t-il expliqué. (Futé!) Par exemple :

- ♥ Comment assurer un bon service à la clientèle pour votre partenaire?
- ♥ Comment votre partenaire et vous pouvez procéder régulièrement à des « revues du rendement » mutuelles?
- ♥ Est-ce que chacun de vous est bien rémunéré émotionnellement?
- ♥ Utilisez-vous de bonnes techniques de gestion pour avoir plus de temps libres?

970 Créez un « tiroir de cadeaux et de cartes » à votre bureau. En tout temps, votre inventaire devrait comprendre : au moins dix cartes de souhaits, une grande quantité de timbres personnalisés, plusieurs babioles, quelques *vrais* cadeaux, du papier d'emballage et des boucles.

> C'EST FACILE D'ÊTRE
> ROMANTIQUE QUAND VOUS
> AVEZ TOUT LE TEMPS DU MONDE.
> LE DÉFI EST DE CONTINUER
> D'EXPRIMER VOTRE AMOUR DANS
> LES PÉRIODES PLUS DIFFICILES,
> OÙ LE TEMPS MANQUE.

GREGORY J.P. GODEK

Au jeu

971 Voyez le romantisme comme un « jeu pour adultes ».
Certaines personnes (surtout les hommes) ont tendance à considérer le romantisme comme étant une activité sérieuse et difficile. Rien n'est plus faux! Le véritable romantisme est une chose facile, en raison du fait qu'il ne s'agit que de l'expression de ce que vous ressentez déjà intérieurement : vos sentiments d'amour et de passion pour votre partenaire.

Le concept de *jeu pour adultes* vous rappelle de vous laisser aller, d'être créatifs, et de vous remémorer le plaisir et la passion que vous ressentiez au début de votre relation. Les adultes doivent réapprendre à jouer — une aptitude naturelle chez les enfants. Plusieurs des idées de ce livre représentent essentiellement des exercices qui vous incitent *à jouer*.

> DE NOMBREUX COUPLES M'ONT CONFIÉ QUE CE SIMPLE CONCEPT A TRANSFORMÉ LEUR RELATION « AGRÉABLE MAIS ENNUYEUSE » EN UNE HISTOIRE D'AMOUR PASSIONNÉE ET AMUSANTE.

972 Envoyez un taxi le prendre au bureau. Demandez au chauffeur de lui remettre une enveloppe scellée. La note qu'elle contient indiquera : « Le travail constant et le manque de jeux font de toi quelqu'un d'ennuyeux — alors viens me rejoindre et jouer avec moi! » Payez d'avance la course du taxi (incluant le pourboire) et demandez au chauffeur de le déposer à l'hôtel local. Laissez une autre enveloppe scellée à son intention à la réception. (Je vous laisse le soin de décider de ce que vous écrirez!) Attendez-le dans la suite nuptiale avec du champagne bien frais et un lit tout chaud.

> « LA FEMME EST UN MERVEILLEUX COMPAGNON DE JEUX POUR L'HOMME. »
> — PIERRE DESPROGES

973
♥ Faites de la peinture à doigts ensemble.
♥ Avec vos doigts, peignez sur le *corps de votre partenaire* et vice versa!

974 Utilisez les jouets de vos enfants comme outils romantiques. Les crayons de couleur sont idéaux pour écrire de petits mots. De la pâte à modeler peut servir à sculpter des messages et des symboles. Les Legos sont parfaits pour épeler des messages ou créer une piste dans la maison, de la porte d'entrée à votre chambre, où vous l'attendez pour vous amuser à des petits jeux bien à vous.

> « NOUS N'ARRÊTONS PAS DE NOUS AMUSER EN VIEILLISSANT. NOUS VIEILLISSONS LORSQUE NOUS ARRÊTONS DE NOUS AMUSER. »
> — GEORGE BERNARD SHAW

Conseils en matière de sexualité pour les filles

975 Plus souvent.

> DES MILLIERS D'HOMMES, DANS MES COURS SUR LES RELATIONS AMOUREUSES, M'ONT CONFIÉ QUE LE FAIT DE VOIR LEUR COMPAGNE PORTER DE LA LINGERIE PLUS SOUVENT EST L'UNE DES CHOSES QU'ILS SOUHAITENT INTENSÉMENT ET FACE À LAQUELLE LEUR ÉPOUSE SEMBLE RÉSISTER.

Conseils en matière de sexualité pour les gars

976 Faites l'amour comme elle veut que vous le fassiez.

> LE SECRET, POUR ÊTRE « L'AMANT DU SIÈCLE », SE TROUVE DANS UN SEUL PETIT MOT, LES GARS : PRÉLIMINAIRES.

Idées romantique$$$

977 Achetez un équipement de camping au lieu de prendre des vacances dispendieuses. Cette seule dépense vous permettra de profiter de nombreuses années de vacances abordables. (Vous serez également prêts pour des vacances de dernière minute et des petites escapades de fins de semaine.)

978 Procurez-vous des *billets de saison* pour les spectacles et les événements auxquels vous assistez. Vous épargnerez de l'argent à long terme, aurez de meilleurs sièges et sortirez plus souvent! Les places dans les loges sont vraiment super — au baseball, comme au ballet!

¢¢¢¢¢¢¢¢¢¢¢!!!!!!!!!!!!!!

979 De nombreux billets pour les concerts et les pièces de théâtre sont vendus à prix réduit le jour même du spectacle. Si votre partenaire est capable de vivre une légère incertitude, il s'agit d'une excellente façon d'épargner un peu d'argent, tout en profitant d'une soirée de culture et de divertissement.

980 Où trouver des fleurs abordables : dans les supermarchés. Auprès des vendeurs ambulants. Dans les prés. Dans votre propre jardin. Dans celui de votre voisin. Dans les marchés publics. Sur le bord de la route.

981 Découvrez les pièces montées par le théâtre de votre communauté. Elles sont amusantes, abordables et divertissantes. De nombreuses villes et municipalités ont vraiment d'excellentes troupes de théâtre au sein de leur collectivité. Appelez-les dès aujourd'hui pour connaître leur programmation. N'oubliez pas d'appeler dans les municipalités voisines aussi!

Idées romantique$$$

982 Dans la catégorie « dépenser le plus d'argent possible pour le plus petit objet », le gagnant est ... le diamant!
Dans la catégorie « extravagance à Times Square », le gagnant est...

Des sièges dans la troisième rangée au centre, pour le spectacle le plus populaire présenté à Broadway. (À moins d'avoir un cousin dans le domaine, vous n'aurez pas d'autre choix que de vous procurer des billets beaucoup trop chers — mais ô combien appréciés — auprès d'un courtier qui détient l'exclusivité).

Dans la catégorie « Oh! Mon Dieu! Je n'ai jamais pensé que cela était possible! », le gagnant est...

L'embauche d'un groupe rock ou d'un artiste connus pour la célébration privée d'un anniversaire. Cette fois, vous aurez à débourser autour de 200 000 $ (sans blague!), mais à ce prix, certains Gros Noms sont prêts à se déplacer! Parmi les grandes vedettes américaines qui se sont produites dans des fêtes privées, on compte notamment Prince, The Beach Boys et Robin Williams.

$$$$$$$$$$$!!!!!!!!!!!!!!!

983 D'autres bons moyens de dépenser beaucoup d'argent pour votre amour :

- ♥ Du caviar
- ♥ Un stylo MontBlanc
- ♥ Une montre Rolex
- ♥ Une moto Harley-Davidson Fat Boy FLSTF
- ♥ Une manteau de vison pleine longueur
- ♥ Une Porsche 911 Carrera Cabriolet

984 Un souper au célèbre restaurant The Wild Boar, à Nashville, au Tennessee. La carte des vins comporte des centaines de pages et présente trois mille sélections. L'inventaire total de la cave à vin s'élève à 15 000 bouteilles. Le couvert est plaqué d'or dix-huit carats. La collection d'œuvres d'art est évaluée à deux millions de dollars. Composez le 615-329-1313.

« LES ESKIMOS ONT CINQUANTE-DEUX MOTS QUI SIGNIFIENT *NEIGE*, PUISQU'ELLE REPRÉSENTE TOUT LEUR UNIVERS. IL DEVRAIT Y EN AVOIR AUTANT POUR *AMOUR*! »
—MARGARET ATWOOD

Avocats en amour

985 Conseils en matière de sentiments amoureux pour les cadres d'entreprises :

💗 Pour les avocats amoureux : traitez votre partenaire comme un associé ou une associée de même niveau, au sein de la «firme» que constitue votre relation.

💗 Pour les vendeurs amoureux : traitez-la encore mieux que s'il s'agissait de votre meilleur client.

💗 Pour les vice-présidents amoureux : préparez un *Rapport annuel* de la relation pour votre partenaire.

💗 Pour les directeurs de la publicité : créez une campagne publicitaire qui exprime votre amour.

💗 Pour les courtiers en valeurs mobilières amoureux : s'il y avait un «indice Dow Jones de la relation amoureuse», comment se comporteraient vos actions?

💗 Pour les directeurs des relations publiques : créez un *plan de communications* pour votre partenaire.

💗 Pour les gestionnaires amoureux : gérez-vous votre relation aussi bien que votre carrière?

💗 Pour les directeurs régionaux : si votre partenaire avait la responsabilité de remettre les primes associées à votre rendement à la maison, quelle importance cette prime aurait-elle?

💗 Pour les cadres intermédiaires : mettez-vous autant d'ardeur à perfectionner vos compétences amoureuses que vos compétences au golf?

💗 Pour les comptables agréés amoureux : menez une analyse de rentabilité de l'amour dans votre vie.

💗 Pour les ingénieurs amoureux : augmentez l'expression de votre affection de vingt-trois p. cent.

VOTRE CARRIÈRE VOUS ÉLOIGNE L'UN DE L'AUTRE PENDANT LA MAJEURE PARTIE DE VOS JOURNÉES, MAIS PROFITEZ BIEN DU TEMPS QUE VOUS PASSEZ ENSEMBLE.

GREGORY J.P. GODEK

- Pour les chercheurs d'emploi amoureux : élaborez un CV de la relation qui contient la liste de vos qualifications.
- Pour les présidents d'entreprises amoureux : êtes-vous une source d'inspiration et assurez-vous un leadership adéquat à la maison?

MBA en amour

986 Encore plus de conseils en matière de sentiments amoureux pour les cadres d'entreprises :

- Pour les présidents-directeurs généraux amoureux : assurez-vous le bonheur de votre principal actionnaire?
- Pour les gros bonnets membres de conseils d'administration amoureux : vos activités quotidiennes sont-elles en synchronisme avec votre *Énoncé de mission?*
- Pour les conseillers financiers amoureux : révisez votre investissement émotionnel dans votre partenaire.
- Pour les gestionnaires du marketing amoureux : identifiez et atteignez les objectifs stratégiques de votre relation.
- Pour les superviseurs amoureux : déléguez plus — et arrivez à la maison plus tôt.
- Pour les cadres supérieurs du secteur manufacturier amoureux : vos fournisseurs de cadeaux romantiques sont-ils bien alignés?
- Pour les banquiers amoureux : vous n'offrez pas de grille-pains de mauvaise qualité à vos plus importants clients, n'est-ce pas? *Alors?*
- Pour les gestionnaires des ventes amoureux : consacrez dix p. cent plus d'efforts à votre plus important client — et vous verrez votre prime augmenter de façon proportionnelle.

INDICATIF MUSICAL
DE CE CHAPITRE :
LE BLUES DU BUSINESSMAN,
DE CLAUDE DUBOIS

- Pour les programmeurs informatiques amoureux : éliminer les « bogues » de votre relation.
- Pour les experts de l'assurance de la qualité amoureux : assurez le niveau de qualité du temps passé avec votre partenaire.
- Pour les gestionnaires des ressources humaines amoureux : remplissez, vous et votre partenaire, l'un de vos questionnaires permettant d'établir le profil de la personne. Utilisez les résultats pour améliorer votre relation.
- Pour les entrepreneurs amoureux : vous créez quelque chose de neuf et de précieux. Allez-y!

POUR LES BOURREAUX DE TRAVAIL DE TOUS LES SECTEURS AMOUREUX : IL S'AGIT D'UN CLICHÉ MAIS C'EST VRAI : PERSONNE, SUR SON LIT DE MORT, N'A JAMAIS DIT : « JE REGRETTE DE N'AVOIR PAS PASSÉ PLUS DE TEMPS AU BUREAU. »

Cœurs (nᵒˢ 1 à 75)

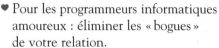

1. Préparez une pizza en forme de cœur.
2. Vos initiales dans un cœur — dans une publicité aérienne.
3. Taillez les éponges de la cuisine en forme de cœur.
4. Alors que vous êtes dans un dîner officiel, tracez nonchalamment un cœur, sur le dos de sa main.
5. Faites construire une piscine en forme de cœur.
6. Vos initiales dans un cœur — dans le ciment encore humide d'un trottoir.
7. Tracez un cœur dans les vitres embuées.
8. Vos initiales dans un cœur de six mètres, tracé dans la neige.
9. Une courtepointe avec un motif de cœur.
10. Vos initiales dans un cœur — dans une brique de votre patio.
11. Disposez des rondelles de pepperoni en forme de cœur, sur la pizza.

GREGORY J.P. GODEK

12. Tracez un cœur de quinze mètres sur le sable.

13. Faites griller des hamburgers en forme de cœur.

14. Des sandwiches en forme de cœur.

15. Pour ceux qui ont la bosse des math : r = a (I-cosA)

16. Utilisez des autocollants en forme de cœur.

17. Des diachylons avec des motifs en cœur.

18. Tracez un cœur de huit mètres sur la glace quand vous allez patiner.

19. Des napperons en forme de cœur.

20. Une cravate avec un motif de cœur.

21. Un morceau de fromage taillé en cœur.

22. Une grosse tasse en forme de cœur.

23. Une grosse tasse avec un motif de cœur.

24. Un paillasson en forme de cœur.

25. Des bas avec des cœurs brodés.

26. Des dessous de plats en forme de cœur.

27. Des lunettes en forme de cœur.

28. Un drapeau avec des cœurs dessus.

29. Des trous en forme de cœur, dans une tarte fraîchement cuite.

30. Préparez des biscuits aux brisures de chocolat en forme de cœur.

31. Des confettis en forme de cœur.

32. La boîte de chocolats en forme de cœur classique.

33. Des friandises au chocolat en forme de cœur.

34. Sculptez un cœur et vos initiales — dans un arbre.

35. Faites-vous faire un tatouage en forme de cœur avec vos initiales au milieu.

36. Des cartes de vœux avec des cœurs.

37. Pliez les serviettes de tables en forme de cœur.

38. Des caleçons en soie avec un motif de cœur.

39. Dessinez des cœurs sur le miroir de la salle de bain avec du rouge à lèvres.

40. Utilisez seulement des timbres d'amour personnalisés avec des cœurs dessus.

41. Trouvez un vin dont l'étiquette comprend des cœurs.

42. Un timbre en caoutchouc en forme de cœur.

43. Des gâteaux en forme de cœur.

44. Des motifs de cœur dans le glaçage du gâteau.

45. Des bougies en forme de cœur.

46. Des amuse-gueule en forme de cœur.

47. Des encadrements en forme de cœur.

INDICATIF MUSICAL
DE CE CHAPITRE :
UN BATTEMENT DE CŒUR,
DE NARAYANA.

48. Des couronnes décoratives en forme de cœur.
49. Des cubes de glace en forme de cœur.
50. Un tapis en forme de cœur.
51. Trouvez un moule à Jell-o en forme de cœur.
52. Taillez des rondelles de bananes en forme de cœur et intégrez-les dans du Jell-o.
53. Faites des crêpes en forme de cœur.
54. Taillez des rôties en forme de cœur.
55. Taillez une rôtie en forme de cœur et faites frire un œuf au centre.
56. Des gâteries aux Rice Krispies en forme de cœur.
57. Tranchez des fraises en forme de cœur.
58. Un pendentif en forme de cœur.
59. Une broche en forme de cœur.
60. Des boucles d'oreilles en forme de cœur.
61. Des pâtes en forme de cœur.
62. Des ballons rouges en forme de cœur.
63. Des emporte-pièces en forme de cœur.
64. Des porte-clés en forme de cœur.
65. Des bonbons en forme de cœur.
66. Taillez la pelouse en lui donnant la forme d'un cœur géant.
67. Faites un cerf-volant en forme cœur, tous les deux.
68. Procurez-vous une énorme boîte de bonbons de la Saint-Valentin en forme de cœur.
69. Des arbrisseaux et des topiaires en forme de cœur.
70. Une grande sculpture de glace en forme de cœur.
71. Envoyez une enveloppe remplie de paillettes scintillantes en forme de cœur.
72. Pendant que vous vous faites bronzer, placez un tout petit morceau de carton en forme de cœur sur votre corps.
73. Taillez une feuille de papier en forme de cœur et rédigez une lettre d'amour dessus.
74. Grattez la glace de votre pare-brise en forme de cœur.
75. Des lits en forme de cœur (dans les Poconos).

VOUS RAPPELEZ-VOUS COMMENT TAILLER DES CŒURS PARFAITEMENT SYMÉTRIQUES, COMME ON EN FAISAIT À L'ÉCOLE? (PLIEZ LE PAPIER EN DEUX ET DESSINEZ LA MOITIÉ D'UN CŒUR SUR UN CÔTÉ, LE CENTRE SE TROUVANT SUR LA PLIURE. COUPEZ ET VOILÀ!)

GREGORY J.P. GODEK

À mon humble avis

988 À mon humble avis, les relations commencent à mal tourner quand les couples cessent d'être romantiques. La plupart des couples permettent à leur relation A + de glisser vers une relation médiocre C -.

Comment retrouvez-vous le statut d'une relation A +? En prenant des mesures créatives, basées sur cette observation judicieuse :

« Le progrès n'est parfois possible qu'en retournant là où vous avez fait votre première erreur. » — C.S. Lewis

> « UN SEUL MOT NOUS LIBÈRE DU POIDS DES SOUFFRANCES DE LA VIE, C'EST LE MOT AMOUR. »
> — SOPHOCLE

989 À mon humble avis, tous les couples devraient, au moins une fois au cours de leur vie à deux, aller se baigner à poil. Faire une promenade au clair de lune, dans les Caraïbes. Se chanter des chansons ridicules. Boire trop de champagne. Rester debout toute la nuit à parler et à faire l'amour et à parler et à faire l'amour et à manger et à faire l'amour et à regarder des vieux films et à faire l'amour et à faire l'amour. Faire un tour dans un tunnel de l'amour. Jouer à Las Vegas. Aller entendre son artiste favori en concert. Faire un enfant. Regarder les étoiles filantes.

990 À mon humble avis, la moitié des conseils sur l'amour sont, au mieux, erronés et, au pire, nuisibles. Les trois-quarts des livres sur les relations de couple sont des formules simplistes présentées dans un « psycho jargon » destiné à vous impressionner.

> L'AMOUR SANS ACTION N'EST PAS DE L'AMOUR. AU MIEUX, IL S'AGIT D'UN SOUHAIT. AU PIRE, C'EST UN IMPOSTEUR.

Je suis une personne optimiste et très positive, mais — je me méfie des belles promesses et des solutions trop simples. Je ne crois pas que vous puissiez transformer une relation D - en une relation A +. (Les gens ne fonctionnent tout simplement pas comme cela.) Vous pouvez transformer une relation C- en une relation B +. Vous pouvez hisser un B - vers un A solide. Et c'est *bien assez*, croyez-vous?

Mes préférences personnelles

991 Le bouquet perpétuel. Vous offrez à votre partenaire une fleur par jour, que vous placez dans un petit vase. Chaque jour, vous arrivez avec une nouvelle fleur d'une espèce différente. En une semaine, vous avez un bouquet complet. Faites cela pendant trois ou quatre mois — chaque jour, vous remplacez une fleur fanée par une nouvelle. Votre amour aura un bouquet qui change sans cesse, qui lui rappellera toujours l'amour que vous ressentez pour elle ou lui et l'appui sur lequel votre partenaire peut compter.

992 Un de mes rituels avec Karyn est la cérémonie associée au changement des saisons, au cours de laquelle nous utilisons des unes du *New Yorker* que nous avons fait encadrer.

> MES PRÉFÉRENCES PERSONNELLES :
>
> CHANSON : *I Won't Last A Day Without You*, DE PAUL WILLIAMS
> GROUPE ROCK : THE MOODY BLUES
> LIVRE: *EN TERRE ÉTRANGÈRE*, DE ROBERT A. HEINLEIN
> RÉCIT : *L'ARTISTE DU BEAU*, DE NATHANIEL HAWTHORNE
> ÉMISSION DE TÉLÉVISION : *BABYLON 5*
> AUBERGE : THE VICTORIAN INN, À MARTHA'S VINEYARD. 508-627-4784. WWW.THEVIC.COM
> BANDES DESSINÉES : *CALVIN ET HOBBES*
> CITATION : « CHACUN DE NOUS EST UN ANGE À UNE AILE, QUI NE PEUT VOLER QU'EN ÉTREIGNANT UN AUTRE ANGE. » — LUCIANO DE CRESCENZO
> FEMME : KARYN LYNN GODEK

GREGORY J.P. GODEK

Pour chacune des saisons, les pages couvertures de plusieurs magazines ornent les murs de notre salle de séjour. (Pour votre information, nous célébrons cinq saisons.)

Au début de chaque saison, nous entreprenons ce petit rituel : nous mettons de l'ambiance avec de la musique saisonnière ; nous remplissons deux verres à dégustation de Baileys Irish Cream pour le toast saisonnier ; nous sortons les tournevis rituels ; nous ouvrons chaque encadrement pour y glisser une nouvelle illustration ; nous replaçons chaque encadrement ; nous nous asseyons, faisons un autre toast, nous remémorons la dernière saison et voyons avec enthousiasme l'arrivée de la nouvelle.

Voici notre sélection musicale habituelle pour ce rituel saisonnier :

- ♥ Hiver : *Antartica*, de Vangelis
- ♥ Printemps : *A Winter's Solstice*, collection Windham Hill
- ♥ Été : *The Sacred Fire*, de Nicholas Gunn
- ♥ Automne: *Autumn*, de George Winston
- ♥ Noël : A *Charlie Brown Christmas*, de The Vince Guaraldi Trio

Parfois, selon notre humeur, nous faisons jouer la saison appropriée des *Quatre Saisons*, d'Antonio Vivaldi.

La crème de la crème

993 Le cadeau le plus romantique : le don de temps
Le présent le plus romantique : votre propre présence
La voiture la plus romantique : une Triumph Spitfire
La bande dessinée la plus romantique : *Rose Is Rose*
L'émission de télévision la plus romantique de tous les temps : *Mad About You*
La ville la plus romantique (dans le monde) : Vérone, en Italie
La ville la plus romantique (aux États-Unis) : San Francisco, en Californie
La couleur la plus romantique : rouge/PMS # 1795 CVU
La comédie musicale la plus romantique de Broadway : *Le fantôme de l'opéra*
Le film le plus romantique : *Casablanca*
L'actrice la plus romantique : Greta Garbo
L'acteur le plus romantique : Clark Gable
L'hôtel le plus romantique : The Grand Hotel, Île Mackinac
La voix masculine la plus romantique : Barry White
La voix féminine la plus romantique : Sade
La chanson la plus romantique : *You Are So Beautiful* (To Me), de Joe Cocker

ÊTES-VOUS D'ACCORD?
QUELS SONT *VOS* CHOIX?

GREGORY J.P. GODEK

Le meilleur conseil

994 Les filles : Vous voulez plus de r*omantisme*? Faites l'amour *plus souvent*. (Essayez de faire l'amour tous les soirs — soir après soir après soir après soir — jusqu'à ce qu'il vous *supplie* d'arrêter! Essayez, juste pour faire une petite expérience. Cela pourrait transformer votre relation ho-hum en une histoire d'amour brûlante!)

> NON, CE N'EST
> PAS UNE BLAGUE.

995 Les gars : Vous voulez plus de *rapports sexuels*? Soyez plus *romantiques*. (Comme Don Juan. Comme Roméo. Comme Clark Gable. Romantique tous les jours, de toutes les manières possible. Faites-lui la cour en vous servant de chacune des idées de ce livre — ensuite, pensez à mille et une autres façons d'être romantique. Et elle fera l'amour comme vous n'aviez jamais osé en rêver.)

> WOW, LES GARS, CE N'EST PAS
> DE LA PHYSIQUE QUANTIQUE!

996 La meilleure façon d'avoir plus de temps dans la vie : assassinez votre téléviseur.

997 Utilisez les cadeaux et les présents pour exprimer votre amour et votre appréciation. Ne vous en servez pas pour vous excuser après une querelle ou pour une idiotie que vous avez faite. Cette stratégie pourrait éventuellement se retourner contre vous.

998

♥ Le cadeau qu'on n'a pas demandé est le plus apprécié.
♥ Le cadeau surprise est le plus cher.

> « L'AMOUR NE MEURT
> PAS FACILEMENT. C'EST
> UNE CHOSE VIVANTE. IL
> PROSPÈRE FACE À TOUS LES
> RISQUES DE LA VIE,
> SAUF LA NÉGLIGENCE. »
> — JAMES D. BRYDEN

Les dix meilleures raisons d'être romantique

999

A

1. Vous serez plus heureux.
2. Votre *partenaire* sera plus heureux.
3. Vous ferez l'amour plus souvent.
4. Vous *apprécierez* la sexualité encore plus.
5. Vous vous élèverez au-delà de la médiocrité et développerez une relation A +.
6. Vous connaîtrez l'engouement de nouveau.
7. Vous réduirez les risques que votre partenaire vous trompe.
8. Vous augmenterez les chances de demeurer ensemble.
9. Vous ajouterez de la profondeur et de la valeur à votre relation.
10. Vous construirez un havre sûr où vous pourrez vraiment être vous-même.

VOUS SOUHAITEREZ PEUT-ÊTRE FAIRE UN PARCHEMIN DE CES RAISONS ET LE PRÉSENTER À VOTRE PARTENAIRE.

B Et *quelques* raisons de plus d'être romantique :

11. Vous serez vraiment écouté et bien compris par un autre être humain.
12. Vous économiserez de l'argent en exprimant votre amour par mille petites attentions créatives.
13. Faire preuve de créativité vous apportera des avantages dans d'autres secteurs de votre vie.
14. Vous vivrez probablement plus longtemps.
15. Vous serez de meilleurs parents.
16. Vous serez de bons modèles de rôles pour vos enfants.
17. Vous serez de bons modèles de rôles pour vos amis et vos voisins.
18. Vos enfants comprendront mieux l'amour que la plupart.
19. Vos enfants sauront ce qu'est réellement l'amour.
20. Vos enfants auront de meilleures chances de choisir judicieusement leurs partenaires.

« DANS LES RÊVES COMME EN AMOUR, RIEN N'EST IMPOSSIBLE. »
— JANOS ARANY

449

GREGORY J.P. GODEK

Les quarante-cinq meilleures raisons d'être romantique

Et voici encore plus de raisons d'être romantique :

24. Vous en viendrez à apprécier l'unicité de votre partenaire.
25. Vous réduirez ou éliminerez les coûts d'une thérapie!
26. Vous obtiendrez plus de ce que vous voulez dans la vie.
27. Vous renforcerez votre estime de vous-même et votre confiance en vous.
28. Vous n'aurez jamais besoin d'écrire au courrier du cœur pour obtenir des conseils.
29. Vous serez plus en mesure de vivre votre foi (l'amour est l'axe central de toute religion).
30. Vous aurez la conscience tranquille en sachant que vous avez accompli quelque chose que peu de gens ont réussi.
31. Vous développerez une relation vraiment mature.
32. Vous irez au-delà du fait de considérer votre partenaire comme un stéréotype.
33. Vous aurez plus d'énergie et de concentration pour votre carrière.
34. Vous confondrez le scepticisme de votre belle-famille.
35. Vous approfondirez votre compréhension du sexe opposé.
36. Vous rétablirez la connexion avec votre nature créative, impulsive, spontanée et bon enfant.
37. Vous atteindrez votre plein potentiel dans la vie.
38. Vous ne vivrez plus jamais de panique dans la perspective de la St-Valentin!
39. Vous ne vous sentirez plus jamais coupable d'avoir oublié un anniversaire de mariage ou de naissance.
40. Vous resterez jeune de cœur.
41. Vous permettrez au monde de continuer de tourner. (L'amour fait tourner le monde.)

N° 45 : LA VIE EST TROP COURTE POUR NE PAS ÊTRE ROMANTIQUE!

42. Vous garderez votre amour vivant.
43. Votre partenaire souhaite que vous soyez romantique. Quelle autre raison voulez-vous?
44. Pourquoi pas?

La fin

1000 Il était une fois ... et ils vécurent heureux jusqu'à la fin de leurs jours. La fin parfaite de toute histoire, n'est-ce pas?

Je devine que *votre* histoire — votre histoire personnelle, l'histoire d'amour que vous créez ensemble — se situe quelque part dans sa phase intermédiaire. Alors, comment ça va? Est-ce qu'elle ressemble à ce que vous espériez? Si c'est la cas, c'est *merveilleux*! Sinon, terminez ce chapitre de votre histoire et commencez-en un *nouveau*. Un chapitre stimulant. Un chapitre enrichissant. Un chapitre *romantique*.

Imaginez que votre vie est un roman et que vous et votre partenaire en êtes les coauteurs. Vous avez toute la liberté artistique de faire de votre histoire d'*amour* l'histoire de votre *vie*.

Et si vous avez besoin d'aide pour réaliser quelques scènes romantiques, veuillez utiliser ces *1001 façons d'être romantique* comme ressource. Utilisez ces idées, donnez-leur une petite touche créative, enrichissez-les de votre personnalité unique et elles deviendront vôtres.

> INDICATIF MUSICAL
> DE CE CHAPITRE :
> *C'EST LA FIN,*
> DE MORY KANTE.

> « LE COUP DE FOUDRE AU PREMIER REGARD EST FACILE À COMPRENDRE ; MAIS QUAND DEUX PERSONNES ONT PASSÉ LEUR VIE À SE REGARDER, CELA DEVIENT UN MIRACLE. »
> — AMY BLOOM

GREGORY J.P. GODEK

Le commencement

 Au commencement était le Mot. Et ce mot était amour. *Amour*. Dans toutes les langues, c'est le mot le plus important. C'est l'expérience qui donne tout son *sens* au fait d'être humain. « Je t'aime ». C'est pratiquement la *première* (et très bien-venue) expression que nous entendons à notre naissance et c'est habituellement la *dernière* (et la très réconfortante) locution que nous entendons avant de mourir. Le mot a*mour* nous obsède ensuite chaque année que nous vivons entre ces deux événements.

> EN AMOUR, LE SECRET EST QU'IL N'Y A PAS DE SECRET. EXPRIMEZ SIMPLEMENT VOTRE AMOUR. IL EXISTE AU *MOINS* 1001 FAÇONS DE LE FAIRE.

Même si le temps passe et que chaque couple crée son histoire, l'amour doit être recréé chaque jour. Si votre hier était merveilleux, il contribuera à faire de votre aujourd'hui une plus belle journée encore. Si votre hier était moins heureux, il vous motivera à faire de votre aujourd'hui une journée *différente*.

Oui, vous *pouvez* transformer une relation C - en une relation A +. J'ai aidé de nombreux couples à atteindre cet objectif. *1001 façons d'être romantique* peut aussi vous y aider.

Ce n'est pas la fin — c'est seulement le commencement de votre vie en tant que personne plus heureuse, plus aimante et plus aimée.

L'amour doit être vrai et animé par l'action, la pensée et la bienveillance. En un mot, par le romantisme.

> « LE ROMANTISME EST LE CARBURANT QUI GARDE L'AMOUR BRÛLANT. »
> — RUSTY SILVEY

Nous avons pensé vous proposer ces quelques lignes pour y inscrire vos commentaires ou les numéros des suggestions qui vous intéressent — au lieu de les encercler, comme l'auteur le suggère, et de donner au livre les allures d'un outil de travail, comme l'exemplaire de la traductrice.

Notes :

_____

_____

_____

_____

_____

_____

_____

_____

_____

_____

_____

_____

_____

_____

_____

_____

_____

_____

_____

Notes :

Notes :

Notes :

Notes :

Notes :

Notes :

Notes :

À propos de l'auteur

Gregory J.P. Godek est auteur, chercheur, conférencier et artiste de la scène, mari et père de famille. Sa forte tendance vers le romantisme s'est manifestée bien longtemps avant qu'elle ne devienne une vocation, puis une préoccupation — et finalement — une occupation. M. Godek donne ses cours sur les relations amoureuses depuis vingt ans.

Cet ouvrage a été écrit à la demande de milliers de femmes qui avaient soif de romantisme et d'hommes déficients en cette matière. Ce livre *fonctionne*. Il ne s'agit pas d'un volume profond et théorique ni d'un autre livre mignon sur l'amour. C'est un manuel pratique, inspirant (et parfois humoristique).

Greg Godek est apparu sur la scène nationale américaine en 1991, lors de la publication de *1001 façons d'être romantique*. L'auteur est devenu une véritable vedette dans tous les États-Unis et son livre s'est instantanément hissé au rang des classiques. Personne avant lui n'avait réussi à combiner autant de conseils pratiques à juste ce qu'il faut de psychologie. Greg Godek a, depuis, enseigné le romantisme sur le plateau d'Oprah; conseillé des couples troublés à l'émission *Donahue*; partagé ses trucs avec Montel; et lancé la plus grande tournée de signature de livres dans l'histoire de l'édition, en dévoilant son autobus de tournée, fabriqué sur mesure, pendant l'émission *Good Morning America*.

« L'AMOUR EST ROMANTIQUE.
TOUT LE RESTE
EST COMPROMIS. »
— GREG GODEK

Chaque année, *1001 façons d'être romantique* continue d'être un best-seller, avec plus de 1,5 million d'exemplaires imprimés. Ce succès a entraîné la publication de douze autres ouvrages et d'une collection de CD de musique romantique classique. Jay Leno a d'ailleurs déjà fait référence au livre dans l'un de ses monologues au *Tonight Show*. M. Godek a donné des cours sur les relations amoureuses à l'armée américaine, à des associations d'entreprises et à des auditoires du monde entier. Il est un enseignant et un modèle de rôle et non un thérapeute ou un théoricien. Il n'a pas de théorie sur les animaux qu'il veut vous inculquer.

Il est hautement conscient de la diversité de l'expérience humaine, de l'infinie variabilité de la personnalité et de l'unicité de chaque individu. Greg Godek croit que le romantisme consiste en l'expression de l'amour au moyen de milliers de petits gestes qui reflètent votre créativité et la particularité de votre partenaire.

Il travaille sur cette édition depuis des *années*. Des centaines de nouvelles idées et de notes personnelles sont désormais incluses dans cette édition entièrement révisée de *1001 façons d'être romantique*.

« GODEK... CONTRIBUE À TRANSFORMER LES HOMMES ET LES FEMMES EN ROMÉO ET JULIETTE MODERNES. »
— UPI

GREGORY J.P. GODEK

L'utilisation de 5 454 lb de Rolland Enviro100 Édition
plutôt que du papier vierge réduit votre empreinte écologique de :

Arbre(s): 46
Déchets solides : 1 336 kg
Eau : 126 402 L
Matières en suspension dans l'eau : 8,5 kg
Émissions atmosphériques : 2 934 kg
Gaz naturel : 191 m3

Imprimé sur Rolland Enviro100, contenant
100% de fibres recyclées postconsommation,
certifié Éco-Logo, Procédé sans chlore, FSC
Recyclé et fabriqué à partir d'énergie biogaz.